公共経済学

川出真清
Kawade Masumi

［著］

日評ベーシック・シリーズ

日本評論社

まえがき

　本書は公共経済学の初学者向けテキストです。近年の急激な少子高齢化をともなう大学教育のユニバーサル化の一方で、産業革命にも匹敵する人工知能を中心とした情報技術のシンギュラリティ（技術的特異点）が生じ、高度に個性化・多様化された産業人が求められています。また、専門性の高い内容をできるだけ多くの学修者に浸透させることで、学修者のどのような識見を磨くかという教育の価値の明確化も求められています。実際、アクティブ・ラーニングをはじめとした対話的探究のなかでは、現実社会で知識を引き出すことを超えて、新奇な発見や新しい知識の結合を行う技能の養成も目標とされます。このような社会変革のなかで、筆者は主体的に公共経済学を学ぶ学修者への価値をより明確に発信する必要があると考えました。そこで、本書は研究者を目指すわけではない学修者にも価値のある公共経済学の思考アプローチを解説することで、公共経済学にとどまらない社会全体の活動に役立つ視点、発想方法をこれからの社会で活用する武器として身に着けてほしいと考えて執筆しました。

　残念ながら、初年次に行われる基礎経済学は経済学の作法にあたる方法論の解説に注力するあまり、現実応用性や概念の本質的な意義が見えにくくなり、十分な理解が進まずに、経済学を学ぶ意義を見失っている学生をよく見かけます。一方で、社会が求める高度かつ個性化・多様化された人材になるためには、経済学の基礎理解の養成は大切です。そこで、本書はミクロ経済学やマクロ経済学といった基礎経済学の入門部分を学んだばかりで、基礎部分への理解が十分ではない大学2年生を念頭に解説しました。基礎経済学の入門部分が十分理解できなくとも、物語的で平易な説明を通じて、理解の敷居を低くしました。公共経済学の知識だけでなく、基礎経済学の振り返りをともなう螺旋型学修により、経済学全般の深い理解も実現できます。

　さらに、本書は文部科学省が推進しているアクティブ・ラーニングに加え、

i

デジタル・トランスフォーメーションを用いたオンライン教育や探究型学修といった学びの形にも配慮しました。オンライン教材、解説動画、対話的授業、探究型学修といった新しい学びの形の拡大で、これまで教材の主流を占めていた書籍というメディアは、その地位の低下が懸念されます。しかし、情報技術の革新が進むなかでも、印刷版、電子版を問わず、書籍というメディアにしかできないことを模索したいと考えてきました。たとえば、直接対話が可能な授業は教育学者のジョン・デューイ（John Dewey）が提唱した受講者の「経験の再構成」によって深い理解は得られますが、網羅的に解説することができません。オンライン教材は時間と場所を問わずに手軽に受講や見直しができますが、一方通行に終わってしまいます。書籍は紙面の制約を通じて記述を煮詰めることで、濃厚にすべてを伝えられますが、深い理解には読者自身の「眼光紙背に徹す」る力が必要となり、一定水準の理解には困難がともないます。すなわち、受講生の理解度にも配慮した、メディアの長所短所のバランスのよい組み合わせが必要だといえます。

　近年、エンターテインメントのなかでも原作、漫画化、アニメ化、ドラマ化、観光化など、メディアミックスが成熟してきました。学問においても、執筆者によってしっかり煮詰められた原作ともいえる解説を、読者がさまざまな学びの局面で、手元において何度も読み返すときに書籍という媒体がうってつけです。社会におけるメディアの進化とアクティブ・ラーニングを実践のなかで、書籍が扇の要として、さまざまな学習形態と繋げられることが見えてきました。書籍を出発点として、要所の解説に特化したオンライン教材を検索し、さらに授業での担当教員への質問や議論の材料に利用したり、逆に通過点として、授業で知った概念について思索を深める触媒としても利用できます。さまざまなメディア（経路）から通じて学んだことを、読者自身がテキストに直接メモする体験を通じて、テキストを読者専用資料として育てることができるだろうと考えました。

　ただ、筆者は対話型授業の熟練に6年程度の時間を要し、テキスト執筆は時期尚早と考えていました。しかし、日本評論社の道中真紀さんからお声がけをいただき、私の問題意識は共感できるので、自由に執筆してみてほしいと背中を押していただいたことから、従来のテキストとは異なるアプローチでチャレ

ンジしてみようということになりました。

　本書は詳細な解説をすべき箇所では、わかりやすい図表や最小限の数式にとどめ、日常感覚での理解が可能な部分は、数理的な関係性に配慮しながらも、厳密さに長じた形式言語での記述にこだわらず、自然言語による直感的で物語的な解説を優先しました。2010年に出版した拙著『コンパクト統計学』（新世社）も、大学 1 年生に数学のなかでも統計学独特の考え方をわかりやすく説明する趣旨で執筆しました。『コンパクト統計学』の後半部は推定・仮説検定という複雑で数理的な手続きの解説が不可避で、フォーマットや紙幅などの制約もあり、駆け足になってしまった思いもあります。一方、執筆当時も数理的な解説は学生の反応を見ながら、その解像度を調節する必要もあり、習熟には一定の演習が必要なので、テキストでの解説は振り返りに活用するにとどめ、授業などで生身の教員が受講生の理解度に合わせて、直接解説するのが適していると考えていました。その意味では、本書でも理解度に応じてメディアを適切に選択すべきという趣旨を変えていません。本書はすべてを厳密に解説するのではなく、初学者向けのエッセンス理解を重視して、専門的な数理的解説は、他書で確認したり、質問可能な授業、さらには筆者の YouTube チャンネルなどに進むことで、その理解を深めてほしいと考えています。

　わが国では、公共経済学においても、初中級の日本語テキストがすでに数多く市販されており、読者が参照したり、本書と合わせて、教員が授業で追加解説することで、理解を深めることができる環境が整っています。その意味で、本書は料理における出汁のようなエッセンスを解説することで、授業やオンライン教材などの他の食材や調味料を繋ぐアンカーの役割をもたせられるように配慮しました。従来、テキストは一冊を通読することで学修が完結することを期待されていましたが、メディアの多様化で、その他メディアも含めた守備範囲が変化しています。従来のテキストも、式展開や図表の説明について、一つひとつを解説しているわけではなく、素描的な説明にとどまり、授業などで教員が受講生に向かって、黒板でテキストの解像度を調節して一つずつ解説するのが一般的でした。昨今では、それが動画に置き換わり、対面式の授業は、わかりにくい数理解説や、主題の理解を深めることに重心が移ったといえます。そして、テキストも受講者の問題意識を喚起するためのたたき台として、他の

まえがき　　iii

メディアと繋がっていくための土台になっていくと思われます。その意味で、テキストは、網羅的な視点を提供しつつ、探究型学修が目的とする背後にある学科間の共通の視点を浮き彫りにし、読者がさらなる知的好奇心を問いかける新しい場となるのではないかと考えています。

　したがって、本書だけで公共経済学の理解を完結することを目的とはせず、公共経済学の全体像と各主題の導入を示しながら、講義、読者どうしの議論、情報メディアへの問いかけを通じて、本書の各主題への理解を探究してほしいと考えています。本書を用いる教員には、本書よりも伝わりやすい表現や十分説明されていない数理的な追加解説を、他の初中級の教科書などを参照しながら講義し、さらには財政学の展開、経済学や社会の歴史や思想などにも広げながら、教員オリジナルの授業を展開してほしいと考えています。また、本書を初学書として利用する学生は、本書で示される基本事項のエッセンス理解を試みつつ、腑に落ちなかったところ、新たに出てくる疑問を、実際の授業での教員との対話や、筆者が開設する情報メディアなどを通じて質問をして理解を深めてもらいたいと思います。

　本書は初学者向けで解説は平易ですが、内容面は数理的理解に繋がる煮詰めた内容にしています。テキストという書籍メディアとその他のメディアが、原作小説とドラマやアニメーション、関連小説との関係のように、相互補完的なかたちで、公共経済学そして経済学に関心をもつ人々の深い理解に貢献できることを願っています。本書が学習者と教育者、さまざまなメディア教材を繋ぐ共通プラットフォームとなり、学ぶ側と教える側の相互理解を促進する触媒の役割を演じられれば、本書はその目的を達成できたと考えています。

　本書の執筆では、その企画を提案いただき、自由な執筆を支援してくださった日本評論社の道中真紀さん、読者サイドの目線でていねいなコメントをいただいた同社の守屋克美さんに感謝申し上げます。また著者の日本大学経済学部における担当科目、公共経済学の受講生の北原佑基さん、受講生で私のゼミのゼミ生でもある佐藤陸さんには、本書の草稿の段階で、たくさんの意見をいただきました。さらに社会人や高校生の立場で本書の表現や内容について率直な意見をくれた妻の玲子と息子の清静にも、この場を借りて感謝の意を示したいと思います。

本書はパック旅行でたとえると、著者がツアーガイド、読者がツアー参加者です。ツアーガイドの仕事は参加者の皆さんの旅行を意義深いものにするために、さまざまな工夫をすることだと思っています。著名な物理学者アルベルト・アインシュタイン（Albert Einstein）の「6歳児に説明できなければ、それを理解しているとは言わない」（If you can't explain it to a six-year-old, you don't understand it yourself.）という言葉を自分への戒めとして、本書の解説が、その使命を果たしているかを論評する気持ちで、読者の皆様にご覧いただきたいと思います。

技術進歩がもたらす社会混乱を乗り越えられる人間の叡智を信じて
2024年の年の瀬に

川出真清

目次

まえがき…**i**

第1章　公共経済学と財政学経済理論──財政と経済学の関係…**1**
　1.1　政府の役割…**1**
　1.2　公共経済学とは…**2**
　1.3　経済学における公共経済学…**4**
　1.4　学問としての公共経済学…**5**
　1.5　財政学と公共経済学…**6**
　1.6　公共経済学と基礎経済学…**9**
　1.7　公共経済学で何を学ぶのか…**11**
　1.8　本書の位置づけ…**12**

第2章　基礎理論の要点──厚生改善と費用便益…**14**
　2.1　基礎理論のための基本的視点…**15**
　2.2　ミクロ経済学…**22**
　2.3　マクロ経済学…**38**
　2.4　期待効用理論…**41**

第3章　所得課税と超過負担──資金調達と隠れた負担…**46**
　3.1　課税とは…**47**
　3.2　所得税とは…**48**
　3.3　一括税と所得効果…**50**
　3.4　比例税と一括税…**52**
　3.5　比例税と代替効果…**54**
　3.6　所得効果と代替効果の関係…**58**
　3.7　超過負担の解釈と代替効果の影響…**60**
　3.8　比例税の便益と負担…**63**
　3.9　課税に必要な慎重さ…**64**

vii

第4章 **法人税**——リスク選択と資金調達…**66**
    4.1 法人と法人税…**67**
    4.2 法人税の超過負担…**68**
    4.3 リスク事業と機会費用…**70**
    4.4 法人税と二重課税問題…**73**
    4.5 資本コストと資金調達問題…**74**
    4.6 企業活動と法人税…**78**
    4.7 法人税の負担軽減に向けた取り組み…**80**

第5章 **間接税と租税の帰着**——租税負担の力学…**82**
    5.1 間接税とは…**82**
    5.2 租税の転嫁と帰着…**85**
    5.3 間接税の転嫁と帰着…**86**
    5.4 間接税の帰着と価格弾力性の関係…**88**
    5.5 所得格差と税負担…**91**

第6章 **外部性**——市場外現象の市場化と制度の転用…**94**
    6.1 外部性とは…**94**
    6.2 外部性の構造…**96**
    6.3 ピグー税…**98**
    6.4 コース定理…**100**
    6.5 市場化における転用の発想…**104**

第7章 **産業振興**——事業支援と厚生損失…**106**
    7.1 補助金とは…**106**
    7.2 補助金による増産効果…**107**
    7.3 補助金がもたらす波及効果…**112**
    7.4 従量補助金か、一括補助金か…**114**
    7.5 補助金の全体負担…**115**

第8章 **公的規制と自然独占**——強制の原則と例外…**118**
    8.1 公的規制とは…**118**
    8.2 自然独占の発生…**120**
    8.3 自然独占の問題点と望ましい結果…**122**

8.4 公的規制の方法…**124**

8.5 固定費用と二部料金制…**125**

8.6 投資資金とピーク・ロード料金…**127**

8.7 公的規制と誘導の違い…**128**

第9章 **公共財——メカニズム・デザインと裁量…130**

9.1 公共財と私的財…**130**

9.2 公共財の最適性…**132**

9.3 社会計画者による最適化…**134**

9.4 公共財の水準と限界代替率…**138**

9.5 社会計画者の限界とメカニズム・デザイン…**140**

9.6 リンダール・メカニズムとその限界…**141**

9.7 ヴィックリー=クラーク=グローブス・メカニズムとその限界…**147**

9.8 民主主義社会における制度と裁量のバランス…**152**

第10章 **景気対策と不確実性、公債——危険回避とリスク移転…155**

10.1 財政支出政策の乗数効果…**156**

10.2 減税政策と財政支出政策…**158**

10.3 予算編成と景気と不確実性…**160**

10.4 不確実性のもとでの景気対策…**162**

10.5 政府債務の累増とリスク費用…**165**

10.6 政府債務と財政破綻の条件…**169**

10.7 景気浮揚と財政破綻のトレードオフ…**169**

第11章 **公共選択論——民主主義制度と政治道徳…172**

11.1 公共選択と政府の失敗…**172**

11.2 投票のパラドクスと民主主義の限界…**173**

11.3 中位投票者定理と政策中立化…**176**

11.4 複数選挙のパラドクスと評価の歪曲…**177**

11.5 政党制、官僚制の組織問題…**180**

11.6 議会制度の限界…**182**

11.7 公共選択論による社会への示唆…**183**

第12章　**地方財政──分権化と相互牽制**…185

　　12.1　行政組織と所掌事務…185

　　12.2　地方分権の意義…186

　　12.3　地域間の相互影響…188

　　12.4　地方財政と将来像…193

第13章　**社会保障──非対称情報と現実的折衷**…195

　　13.1　社会保障の役割…195

　　13.2　不確実性、情報の非対称と強制保険…196

　　13.3　診療費と社会保険財政…203

　　13.4　生活保護と負の所得税…206

　　13.5　情報の非対称性、リスクと政府介入…209

第14章　**公共経済学と厚生増進──自由と強制の調和に取り組む**…211

　　14.1　本書で得られた教訓…211

　　14.2　経済学としての公共経済学…214

　　14.3　空気が読めない経済学と不都合な真実…215

　　14.4　「強制力」を学び、「自由」に立ち返る…217

　　14.5　幸福増進と社会科学…219

　　14.6　公共経済学の限界と社会との関わり…221

あとがき……223

索　引……226

第1章

公共経済学と財政学、経済理論
——財政と経済学の関係

　公共経済学は財政学の一領域であり、財政学は社会における政府の経済統治の行動規範を考察する学問です。本章では社会における財政活動の位置づけ、財政学における公共経済学の位置づけ、現代経済学における公共経済学の位置づけを概観するなかで、経済学を学ぶ理由にも立ち返りながら、公共部門を経済学で学ぶ意義への理解を深めます。

1.1　政府の役割

　財政学および公共経済学は政府が社会において果たすべき役割を考察する学問です。では、政府の社会における基本的な役割とは何でしょうか。政府の役割について最も一般的な考え方は**社会契約説**による解釈です。社会契約説とは「人は生まれもって自由かつ平等に生活を営むことができる自然権が与えられるものの、それを各自が無制限に行使してしまうと自由や平等をたがいに侵害し、自らの幸福追求ができなくなってしまうので、国家と一定の自由を制限する契約を結ぶことで、安全に幸福追求を実現する」という考え方です。国家はここでは政府を意味し、契約を引き受けた政府は、たとえば、殺人をしない、納税をすることをはじめに、一定の自由の制約を人々に義務づけることで、契約者の安全を約束します。

　すなわち、根源的に自由と平等が権利とされる社会において、政府は自由の行き過ぎにともなう問題点を解決するために創設された「自由を制約する仮想的制度」と考えることができます[1]。仮想的制度を活用することは人間社会で

はめずらしくなく、たとえば学校も自然界にはじめから存在するわけではなく、集中的かつ体系的な教育の必要から、人間が教育機関という仮想的組織を構築して、学生や教員といった役割づけをして、教育を効果的に実施する制度といえます。政府は自由と平等が前提とされる社会で、人々の幸福を実現する自由を制約する仮想的制度だと考えることができます。したがって、財政学は人々の幸福を増進する手段として、自由を制限する政府という制度をどのように活用するかについて、考察することになります。

1.2　公共経済学とは

公共経済学は財政学のなかにあって、主にミクロ経済学の領域である一般均衡理論や厚生経済分析を基盤として分析を行う応用現代経済学の一領域です。歴史的に財政学は、アダム・スミス（Adam Smith）を始祖とするイギリスの系譜とプロイセンの官房学から派生したドイツの系譜のなかで、個別に進展してきました。とくに、前者は自由と市場原理を、後者は統制と社会連帯を、社会政策上の価値の軸としています[2]。双方の幸福観、世界観の相違から、大同団結的に現代財政の問題解決に取り組んでおり、公共経済学はアダム・スミスが志向した節度ある政府介入と市場原理を重んじるイギリス流の系譜に位置づけられます[3]。

Desmarais-Tremblay et al.（2023）によれば、公共経済学は本書でも第 9 章

1）政治学の文献では、自由民主主義の対義語である人民民主主義のように、市場経済が前提とする個人の自由や平等を必要条件としない民主主義もあります。本書は西欧の思想的発展のなかで生まれた資本主義社会を前提としています。

2）イギリスの系譜では、社会契約論的な立場から、社会および市場の自由と平等を通じた主体性が人々の幸福追求の原点であると考えます。そのため、各人の幸福追求は各人自身が幸福の形を含めて自由に決めるべきで、その判断に介入するのは望ましくないと考えます。一方、ドイツの系譜からは、社会的な無駄を減らした社会繁栄こそが人々の幸福追求の原点であると考え、自由のなかで生じる個人の間の非協力も問題視します。そのため、繁栄への社会目標に向けて、国民の自発的行動を促す社会的連帯を喚起し、有能な指導者が国民を統制して社会活動に積極的に介入することで、利己的行動を制限して、社会活動を有機的に結びつけることを重視します。

002

のサミュエルソン・ルールとして登場するポール・サミュエルソン（Paul Samuelson）が公共財に注目した際に、市場経済における政府の役割を強調したことから、財政学内部での分岐が始まったとされます[4]。その際は、市場原理をたいせつにしながら、自由がもつ弊害を、政府がもつ強制力によっていかに緩和するかが主題となっていきました。なお、後節で再論しますが、財政学では歴史や制度、思想に関する議論も多く行われ、マックス・ウェーバー（Max Weber）などの社会学からのアプローチもありますが、公共経済学は現代経済学に特化している点も特徴です。

　公共経済学が取り扱う領域は、アメリカ経済学会の *Journal of Economic Literature* 誌の JEL コードによると、政府制度、課税・補助金・政府歳入、財政政策・政府機関分析、公共財、政府支出・関連政策、政府予算・財政赤字・政府債務、地方財政・政府間財政、その他に分類され、現代経済学の手法で分析されるのが特徴です。したがって、歴史研究、思想研究、比較制度論、現地調査などは対象外です。公共経済学は現代経済学が効率性規範を最も重視する観点から、目的合理性にもとづく、無駄の排除に取り組むのが一般的です。次節では、公共経済学の規範を形成する現代経済学の意義から公共経済学の営為を考えてみましょう。

3）両者の考え方には、それぞれの国が置かれた状況が影響を与えていると考えることもできます。イギリスにはイギリス経験論とよばれる、経験を積み重ねて帰納的に問題解決を行う伝統があります。一方、ドイツは神聖ローマ帝国崩壊後、分裂した地域国家を統一し、急速に富国強兵を進めなければならず、イギリス経験論を導入したドイツ観念論へと発展した部分はあるものの、大陸合理論の影響下で正しいとされる論理を用いて現実に適用して演繹的に問題解決する伝統があります。帰納的な問題解決には長い時間が必要であり、演繹的な解決は元となる論理さえあっていれば、短時間で問題解決できる長所があります。

4）Desmarais-Tremblay, M., M. Johnson and R. Sturn（2023）"From Public Finance to Public Economics," *The European Journal of the History of Economic Thought*, Vol.30(5), pp. 934-964

1.3 経済学における公共経済学

　公共経済学の位置づけをより明確にするため、経済学の語源から、経済学の手段や目的を簡単に確認してみましょう。経済学は英語では economics と表記され、$οικνϕμια$（**オイコノミア**）が語源とされます。語源の意味は $οικϕ[ς]$（オイコ［ス］）の部分が家、$νϕμια$（ノミア）の部分が律法（あるいは掟）で、社会を1つの家庭ととらえ、社会資源を上手に運営する律法、すなわち規範を考える学問といえます。その派生語から、現在は economy という単語が節約の意味で使われています。すなわち、economics とは無駄な資源（浪費）を生じさせず、社会にある資源を有効活用する手段を考える学問であるといえます。

　一方、日本語では経済学という言葉は「**経世済民**」（『抱朴子』）に由来します。漢字の「経」は「糸」を機織りの縦糸として張る状況の「巠」を示すことから、安定を意味します。すなわち、世の中を安定させることが「経世」になります。また、漢字の「済」は「氵」で示される水が偏りなく満たされる状況の「斉」を示すことから、充足を意味します。つまり、国民を偏りなく充足させるのが「済民」になります。まとめると、経世済民では「世の中を安定させて、それぞれの立場の国民を充足させること」を目的としていると考えることができます。なお、変化する社会で安定するとはどのような状況を指すのか、さらに国民が偏りなく満たされた状況とはどういう状況なのかは重要な価値判断の問題です。経済という言葉は、国民を満足させ、社会を安定させることを目標とする、為政者における統治の要諦ともいえます。

　ここまでの議論から、economics の語源から、経済学は浪費の削減を手段として用いられてきたことがわかります。公共経済学も経済学の一領域なので、政府活動を通じて社会の無駄を削減する方法を検討していると考えてよいでしょう。一方、経済学の語源からは、政府を用いて「世の中を安定させて、それぞれの立場の国民を充足させること」ともいえます。公共経済学は社会の安定と主権者となった国民の充足を最終的な目標と考えているといえます。まとめると、公共経済学はとくに主権者である国民によって社会合意された政治経済制度の浪費の解消を通じて、より効率的な社会制度の構築に取り組むことで、経世済民を達成することが使命（ミッション）と考えることができます。

1.4　学問としての公共経済学

　経済学の目標に触れたので、さかのぼって学問の目的についても考えてみましょう。学問とは何でしょうか[5]。「学び問う」の文字通り、「学び」と「問い」で構成されます。まずは「学び」とは「真似ぶ」が由来とされ、反復される事柄を真似ることで、繰り返されるさまざまな出来事に対処しようとします。次に、「学び」では解決できていないことを「問う」ことで、いままで見つけられていない「繰り返し」を発見、新たな「学び」を構築して、絶え間ない「学び」と「問い」の循環を行うことを指します。すなわち、人間が認知を問わず、繰り返されている事象を見出す作業が学問といえます。

　繰り返される現在に満足している人には「現在の学び」で十分ですが、それでは満足できない人には「新たな学び」を使って、現在の生活を変える必要があります。そう考えると、「問う」という行為には「問う」人自身の**個人的な動機**が必要です。学習者や社会がなぜその学問をするのか、それが問いかけの源泉となることもわかります。人工知能ではプロンプトとよばれる入力者の指示による会話形式で知識伝達が行われますが、プロンプトはまさに問答法の「問う」部分にあたります。知識の集積作業が人工知能で自動化されたとしても、「問う」部分は非常に個人的な動機で生成されるもので、個性化・多様化された「問い」は今後もその重要度を変えることはないでしょう。

　繰り返される事柄には「構造」が存在します。人間はその構造を上手に組み合わせることで、もともと手を焼く事柄でも自分たちの都合のよいかたちに組み替えて、人間に都合よく利用することを習得しました。経済学も学問の一つの領域として、経済活動で繰り返されることを構造として見出して、不都合な場合にはそれを組み替えることで都合よく利用します。そのため、経済構造の理解が必要となりますし、本書でも経済構造の解説を平易な範囲で行います。

5）英語で学問を意味する言葉 Academics は、プラトンが紀元前387年に設立した高等教育学校が設置された地名（Academia）に由来します。Academia 自体はアテネの郊外にあり、ギリシアのアテネを守護する英雄神 Akadēmos に由来し、現代の対話の授業に当たる問答法による教育が行われていたとされます。

そこで、構造の理解についても触れなければなりません。構造には**レイヤー**（階層）とよばれる理解が有益です。たとえば、自動車は移動のための日常使いさえできれば十分な人もいれば、車体の形状から加速のスピードまで細かくこだわる人もいます。この場合、こだわりのない人は自動車ではアクセルとブレーキなどの基本機能、交通ルールさえわかれば十分で、維持管理を自動車会社に依頼してしまえば何の問題も起きません。しかし、細かくこだわる人にとっては、自動車の細かな部品から駆動系、空力特性にいたるまで、くわしく理解しようとする人も出てきます。これが構造のレイヤーとよばれるもので、運転手が直接触れるハンドルやブレーキを上位レイヤー、運転時に意識することが少ないネジや風圧などの専門的なものを下位レイヤーと名づけると、ライトユーザーは上位レイヤーのみ、ヘビーユーザーは下位レイヤーまでと、理解すべき構造のレイヤーが異なります。

また、自動車を設計して販売する製造者と一部を改修して動作をよくしようとするヘビーユーザーでも、必要となる構造のレイヤーの深さが異なります。このように、構造の理解には学びたい事柄への動機によって、構造の理解に必要となるレイヤーも異なります。もちろん、ライトユーザーといっても、自動車でいえば、駆動系の劣化、バッテリーなどの電気系の注意点、暴風時の車体動作など、知っておいたほうがよいこともあります。そう考えると、構造の理解のレイヤーを意識しながら、学ぶことも重要です。

本書は初学者向けのテキストなので、下位レイヤーの細かな解説は行いませんが、中位にあたるレイヤーに関する説明や中位レイヤーが上位レイヤーとどのように繋がっているかなど、上位から中位のレイヤーにあたる構造の解説を行います。重要なのは、なぜ学ぶのかという動機を読者が意識しながら、解説される内容がどのレイヤーに位置するかを考えてみることです。細かすぎる解説はとりあえず読み流すなどして、上位レイヤーの理解を優先すると、その後に下位レイヤーの理解が容易になります。

1.5　財政学と公共経済学

財政学は公共経済学を包摂する学問です。実際、財政学のなかで公共経済学

の事項を取り扱うことも少なくありません。財政学自体は政府による**経済統治**の方法論として、古くは旧約聖書レビ記にちなんだ貧者への施しのようすを描いたミレーの絵画「落ち穂拾い」、江戸時代の経世論などとして、学問として成立する以前から、経済にとどまらず政治や文化、社会習慣にいたるまでを包摂する方法論として存在しました。支配者をともなう社会制度は人間が文明を構築した際にはすでに存在し、イギリスのことわざ「死と税金からは逃げられない」（Nothing is certain but death and taxes.）にあるように、支配者はかならず市民の安全と引き換えに金銭や資源を要求し、専業の支配者となってきました。そのようななかで、財政学は経済統治のあり方を体系化し、社会統治理念から実際の法令やその運用にいたるまで、為政者の意図に適う経済統治制度のあり方を模索してきました。社会によって制度化された強制力を**権力**とよびますが、財政学は為政者の意に沿った社会を実現するための権力のあり方を考察する広範な学問であると言い換えることもできます。

　財政学の系譜はイギリス、ドイツの2つを源流とすると述べました。前者は**自由**と**市場**、後者は**統制**と**連帯**を重んじますが、いずれの立場を重視するにせよ、市民革命を通じて成立した民主主義のなかで生まれた「**社会合意**」が重要な条件となります。そのなかで、自由が生み出した自律ルールである市場原理を重視して、市場原理が抱える構造上の問題解決を中心に据えるのか、社会合意によって正当化された統制や社会連帯を実現し、共有された価値規範によって市場管理のあり方を考えるのか、各研究者の関心の方向性はさまざまです。

　ただ、統治思想的には、ジル・ドゥルーズ（Glles Deleuze）やフェリックス・ガタリ（Félix Guattari）などのポスト構造主義的な歴史解釈にもとづくと、権力者が王権神授説などをはじめとした国家や宗教による権力秩序をそれぞれで提唱し、それぞれの地域における社会や国民がそのコード（行動規範）を遵守してきた「権力のコード化」が進展した中世、その後に国民国家や帝国主義などに代表される国家そして世界へのコードの一元化を目指す権力の「超コード化」が行われた近現代を経て、現代は権力秩序が民衆に移って多様化した「脱コード化」が進んでいると考えられます。そうであれば、統制や連帯といった行動規範を政府が中心となって構築する余地は、以前に比べて小さくなっているともいえるでしょう。このように財政学においても、学術的系譜や問

第1章　公共経済学と財政学、経済理論　　**007**

題解決の方法論の違いで見解も変わります。これらの財政学の思想的系譜の詳細については財政学の書籍に譲ります。

いずれの立場であっても「脱コード化」した民主主義社会においては、政府指導者が理念優先の社会像を推進しようとしても、国民による合意が得られなければ、画餅に帰すだけでなく、場合によっては国民の大きな反発により、権力の座から追われかねません。そのため、財政学でも社会合意について、現実的な視点が必要です。公共経済学はあくまでも、不特定の人々であっても、交換を通じれば、**互恵関係**を得られる市場活動を尊重しながら、人々が経済主体が利他心や連帯感をもたなくとも、社会的な厚生を増進するために、政府ができる取り組みを検討します。

すなわち、アダム・スミスが道徳感情論で期待した「内なるもうひとりの自分」が十分機能しない人々が形成する社会であっても、社会を厚生増進できるように政府部門がどう補強できるかが主題となります[6]。公共経済学では、国民が自発的に連帯感を発揮して、問題が解決できるのであれば、政府は第6章の外部性で解説するように合理性の範囲で支援し、あくまでも個人の自由な価値判断に委ねる立場を取ります。したがって、市場機能の尊重や唯一政府だけが行使できる強制性の限界から、公共経済学では国民の自発的な連帯によって、問題を解決することを否定するものでもありません。また、公共経済学は、強制力を活用しながら、できるだけ市場原理を歪めることなく、市場原理が抱える課題に取り組む学問領域であって、強制力を無限に使って市場原理で生じるすべての課題を解決することも公共経済学の使命ではありません。

さらに、何が無駄なのか、浪費はいっさい認められないのか、それともある程度は許容されるのかは**価値判断**に依存するテーマです。無駄や浪費とはある

6）私益と公益との利害相反に対するバランスは、アダム・スミスだけでなく、フランスの思想家ルソー（Jean-Jacques Rouseau）の全体意思（人々の私益心の集合体）と一般意志（人々の公益心の集合）による分類など、多くの思想家が両者の調和に取り組みながら、現在も望ましい解決策が得られていない問題です。公共経済学はこのような困難な問題の根本解決に直接取り組むのではなく、暫定的な解決であるものの、私益の強制的管理という方法で、眼前の問題を一つずつ改善する社会改良的なアプローチを取っているともいえるでしょう。

障害によって、目標達成に貢献できなかった資源と考えることができます。このとき、目標の設定しだいでそれが無駄かどうか、無駄としての大きさについても判断が変わります。たとえば、人々の幸福の単純な総和が社会全体の幸福と考える場合、大きな所得格差は高所得者が十分幸福を享受しているので無駄がないといえるかもしれません。一方で、なるべく平等を重視することが望ましいという価値判断のもとでは、大きな所得格差は高所得者の所得が大きな無駄となって見えることでしょう。公共経済学はこの無駄について、学問が価値判断をするのではなく、与えられた価値判断のもとで計測値を提供するにとどめ、最終判断を主権者である国民に任せようとします。

公共経済学は人々の価値観の自由に干渉せず、社会的な合意手続きによって客観的に形成された価値判断のもとで、無駄がどのように計測でき、その解消をどのようにすればよいかを検討します。そして、最終的な価値判断を国民や個人に委ねます。したがって、経済活動のなかで無駄が生じたかどうか、さらにはそれが些細なものか重大なものかは一人ひとりの国民が判断しなければなりません。

以上のように、公共経済学は価値観を含めた自由と市場経済の自律を重んじ、社会の協働を強いるような何らかの価値観を示すことは避け、価値観にかかわらず自律的な活動を優先しながら、その価値観から導かれる無駄を測定して、削減することを営みとしています。そのため、人々の自由に立ち入らないことで解決できない問題も出てきますが、それらは公共経済学ではなく、哲学や世論で議論されるべきテーマだともいえるでしょう。

1.6　公共経済学と基礎経済学

基礎経済学とは、ミクロ経済学、マクロ経済学を総称した経済学における基礎理論にあたる分野です。他の科学分野でも難解な基礎研究をもとに、現実的な課題解決として応用研究が展開するように、各研究領域の世界観を基底する重要な研究領域です。公共経済学は応用理論に位置づけられ、その他の応用経済学と同じく、基礎経済学を基盤として、現実問題の解決を試みます。

では、公共経済学はミクロ経済学、マクロ経済学のなかで、何を果たそうと

しているのでしょうか。公共経済学は政府部門の経済学として、ミクロ経済学、マクロ経済学のなかで政府部門を取り扱う分野です。そうであれば、基礎経済学で政府部門の議論をしてしまえば不要にも見えます。このようななかで、公共経済学は、政府部門の強制力に焦点を当て、市場活動の課題や活用時の長所短所を解明して、社会運営を行う国民が両者の望ましいバランスを判断するのに役立つ情報を提供する学問だといえます。

　ミクロ経済学は古典派経済学以来、**市場の自律性**がもたらす需要者と供給者の互恵関係の望ましさとその堅持を重視します。ゲーム理論は互恵効果の限界に直面して、限界の発生要件の解明、さらには改善方法の研究へと拡大しています。第9章の公共財ではメカニズム・デザインとしてその一端を学びますが、非協力的な環境下でも市場が機能する範囲としない場合の対処策の研究を行い、匿名かつ非協力な参加者のなかでも望ましい帰結を得る方法を考案しています。このような分析姿勢は市場という自律性をいかに活かしきるかという視点で進められているといえるでしょう。しかし、非協力な参加者が自律的に互恵関係を構築できるメカニズムをいくら考案しても、政府による強制力を使わずにメカニズムだけで問題解決できる状況にはいたっていません。

　マクロ経済学は、ミクロ経済学における**市場の自律性の限界**を指摘するかたちで分化した学問領域です。マクロ経済学ではとくに、財政および金融による政府の介入の有効性を論じますが、政府当局者が社会的厚生を最大化すべく滅私奉公する仮定（ノーブレス・オブリージュ、あるいはハーベイロードの仮定）を前提とするために、現実の政策提言において過度な政策介入を容認する温床ともなり、それが本書の第11章でも解説する公共選択論の誕生を促す契機ともなっています。マクロ経済学は市場の自律性の不足を政府介入によってどのように補完すべきかという視点で構築されていますが、介入する政府自体が抱える社会への負担の問題（「政府の失敗」といいます）に対して問題解決できる状況にはなっていません。

　すなわち、基礎経済学にも自身の分析姿勢（アプローチ）があり、その方向性に沿った研究が行われます。そのなかで、公共経済学は世界中で日々利用されている強制力に関する現実的な利点と欠点のバランスを考える応用経済学の立場から、ミクロ経済学とマクロ経済学の双方の叡智をふまえつつ、実際の解

決策を模索する学問といえます。

1.7　公共経済学で何を学ぶのか

　公共経済学は、市場がもつ有効性と限界、そこに**強制力**を用いて政府が介入する有効性と限界、政府部門をもってしても解決されない問題について理解を深める機会を提供します。そして、公共経済学の主題はひとえに市場ではあまり用いられない強制力に集約されます。法令をはじめとした国家を通じた強制力が自由を重んじる市場にどのように作用するのかを理解し、強制力の便益と費用を評価することは、社会で政府部門に従事するか否かにかかわらず、学修者の社会における価値判断力を磨くのに有益です。

　強制という行為は社会的には政府だけに許されますが、育児や会社の運営でも弱いかたちで私的に行使することがあります。たとえば、近視眼的にゲームに熱中する子どもに長期的に役立つ勉強を強いたり、業務命令というかたちで社員として上司から何らかの行動を強いられることもあるでしょう。この強制という行為がもつ費用と便益が把握できるようになると、強制する側に立ったときに便益ばかりでなく費用に配慮したバランスのとれた方法を考えられるようになり、強制される側に立ったときに強制する側の価値判断に対して、自分なりに妥当性を判断、問題があれば、それを感情にとどめず、論理的に反論することもできます。

　本書ではミクロ経済学の概念や図表、必要に応じて数式を利用します。江戸時代、勘定奉行は一般的な自然言語だけでなく、数値という形式言語を駆使して、幕府や藩の財政を支えました。経済学も同様で、曖昧な要素が残る自然言語を数学をはじめとした形式言語から見直すことで、ときに生じる物語的理解の誤解を解く役割を担っていることも学びます。すなわち、財政学などで物語的に社会を理解するだけでなく、あえて別の観点から社会をとらえなおすことで、私たち見落としている**費用と便益**（cost and benefit）、そして**浪費**（waste）を把握することの重要性を理解できるでしょう。

第 1 章　公共経済学と財政学、経済理論　**011**

1.8 本書の位置づけ

本書は公共経済学の入門書から初級書という位置づけで執筆しました。一般的に、学修段階に応じて、入門、初級、中級、上級と分けられ、大学の学部レベルでは、入門は1年から2年次、初級は2年から3年次、中級は3年次以降の意欲的な学修者、上級は大学院初級レベルと想定できるでしょう。

そのため、本書は2年から3年生で、基礎理論であるミクロ経済学およびマクロ経済学の入門レベルを学んだ学生が、応用経済学の一領域として公共経済学を学修したい場合に適した書籍となっています。本書は多用する基礎理論の入門・初級部分を中心に解説しますが、基礎理論の入門レベルを学んだことがあることを前提としている点に留意してください。

とくに、理論的精密さの面で、本書は入門面のわかりやすさを重視すべく自然言語を多用するため、基礎理論での数理的解説を他の初中級書などに譲ることがある点も理解してください。もちろん、本書は入門書から初級書という位置づけなので、基礎理論の理解が曖昧なままでも、本書における基礎理解の振り返りを通じて、基礎理論の学び直しにもなり、さらに応用面の解説を通じて、より深くその意味を理解できるよう配慮しています。

また、本書はできるだけ各事項を噛み砕いて説明することを心がけましたが、それでも紙数の制限上、詳細な解説やさまざまな概念を有機的に結びつけたりするには限界があります。そこは昨今拡大している対話型授業のなかで、読者からの疑問点の表明と、担当教員の対話的解説を通じて、解消してほしいと願っています。とくに、本書の背後にある強制力を背景とした政府介入と自由が尊ばれる市場活動という水と油のような両者の望ましい関係性については、置かれた立場や時代などにも大きく左右されますし、受講生と担当教員の間でもさまざまな視点で議論ができるはずです。

本書で解説する手段としての政策介入、そしてその効果については、技術的かつ現実的制約のなかで、理念としての政府の望ましいあり方を考える機会になるでしょう。本書が伝えるメッセージは、政府のあり方以外にも、一般社会での親子の関係のような強制力をともなう管理と自由な環境から生まれる子どもの自主性、創造性との関係にも応用できます。すなわち、自由と強制の関係

性というテーマが公共経済学の裏側にある本質的問題です。この公共経済学からの問いかけを本書や担当教員の教材、授業内の議論を通じて深め、実際の社会生活で活かされることを願います。

最後に、公共経済学には日本語でも多数の優れた初中級書があるため、入門面の解説に注力して、専門性の高い初級書や高度な中級書にスムーズに進むことができるよう執筆しました。中級書は数式や複雑な図表が登場しますが、本書が示した説明上の視点や、図説の解釈方法を用いれば、教員との対話型授業を通じて、その意味を理解していくことができると考えます。本書を通じて、さらに公共経済学への理解を深めたいと考えた学生は、ぜひ初中級書に進み、公共経済学の課題解決について理論的考察を深めてください。

第1章　公共経済学と財政学、経済理論　013

第2章

基礎理論の要点
——厚生改善と費用便益

　本章では、本書で用いる大学入門レベルの基礎理論の要点について解説します。前章で説明したとおり、基礎理論はミクロ経済学とマクロ経済学で構成されています。公共経済学は、この基礎理論の分析的枠組みを前提に、現実の問題に対する政策介入の方法論を検討する学問領域です。本章では、数理モデルで示される基礎理論の基本概念を、できるだけ平易な言語表現である自然言語と直感的に理解しやすい図を用いて説明します。

　自然言語とは、日常会話や読み書きなどに使われる言語で、日常生活のコミュニケーションに用いられます。それに対して、形式言語は数式やプログラミング言語など、論理的な説明や表現が必要な場合に利用される言語です。自然言語と形式言語は、日本語と英語の関係のように、異なる目的で成立した異なる体系の言語を翻訳し合うような関係です。自然言語で論理の大まかな考え方が理解できれば、形式言語でも理解しやすくなります。そのため、本章では自然言語主体での解説を行います。

　なお、日本語表現と英語表現の微妙なニュアンスが完全に一致しないのと同様に、日常生活の情報伝達で細部までわかりやすく表現できるけれども曖昧な部分が残る自然言語と、単純化されてわかりにくいけれども正確さに特化した形式言語の意味合いを正確に一致させるには、非常にこまかな説明が必要です。そこで、厳密さを棚に上げて、形式言語が伝えたい趣旨を自然言語で伝えることを優先しています。必要に応じて基礎理論の初級から中級の書籍で厳密さを確認しながら、本章の自然言語と図による解説で、エッセンスとなる基礎理論の分析的大枠の理解を深めてください。

2.1　基礎理論のための基本的視点

　経済学における基礎理論は、ミクロ経済学とマクロ経済学に大別されます。ミクロ経済学は経済主体を、マクロ経済学は需要項目を分析対象として、それぞれの世界観のなかで経済活動を描写しています。経済主体や需要項目という着眼点も、経済現象をどのような目的で描写するかという世界観から導かれています。目的と手段という観点からとらえなおすことで、各基礎理論の分析手法（アプローチ）について理解でき、その恩恵と限界も理解できます。

　なお、基礎経済学の基本事項の解説の前に、経済学がどのような観点で社会を見ているかをまとめてみましょう。基礎経済学を学ぶ際につまずきがちな観点を理解すれば、その意義を他の概念と繋げて理解できるでしょう。

2.1.1　市場取引と自由平等な選択

　経済学が対象とする活動にはかならず**交換取引**がともないます。交換取引は双方の自発的な動機によって行われ、双方の満足が促される互恵（win-win）が実現される行為です。したがって、第三者が両者の取引に干渉するのは望ましくなく、双方の合意を尊重する自由が求められます。このとき、取引を行う両者の間の自由の尊重が不可欠となります。また、封建時代のように身分が低いことで取引が拒まれたり、身分が高いことで格安に取引を強いられるような不当な取引を強制されない**平等**も必要です。

　取引は双方が持つ資源や能力を相互に交換するために**分業**も促し、その取引にいたるまでには、さまざまな人々との交換取引が積み重ねられます。企業の側からすれば、取引に備えるために仕入れや加工を行う必要がありますし、個人の側からすれば、仕事などをして貨幣を準備する必要があります。すなわち、さまざまな人々との分業の一環として、取引は実施されていると考えることができるでしょう。

　なお、この取引では**価格**と**数量**が資源選択における必要な情報だといえます。たとえば、取引をする際に、売手がまず価格を提示して、買手が購入の有無、さらには購入の数量を決定すると考えられるでしょう。すなわち、経済活動の分析には価格と数量が重要な情報だと考えられます。

第 2 章　基礎理論の要点　　**015**

2.1.2　価格と数量

　価格と数量、どちらが経済活動の決定要因になるかというと、現代経済学では、完全競争市場で自律的に調整された価格（市場価格）を見ながら、売手と買手は取引数量を決めると考えることから、最も重要な情報は価格で、経済主体が決められるのは数量と考えるのが一般的です。先程の例では、売手が価格を提示していますが、経済学では繰り返される市場活動のなかで形成された妥当と思われる市場価格を売手が想定して提示しつつ、赤字が出ないように販売数量を準備します。買手も市場が妥当としている価格で販売されていれば、自分が納得する数量だけ売手から購入します。ここで売手と買手の両者が決められない価格がどう決まるかが重要です。この市場価格の決定はミクロ経済学では不特定多数の売手（供給者）と買手（需要者）の絶え間ない相互交渉のなかで、「見えざる手に導かれ」るように、特定の誰かが決めたわけでもなく、市場の総意として自律的に調整されると考えます。

　なお、売手は市場で調整された価格よりも高い価格で売り出すことも可能ですが、それでは他の売手との価格競争に負けるので結局売れませんし、市場価格よりも低く売る意味もありません。買手にとっては市場価格がわかっていれば、それ以上の価格で買う必要もないので、市場取引では売手も買手も与えられた市場価格のもとで取引数量の調整だけを行うことになります。売手も買手も価格に影響力をもたず、与えられた価格のもとで取引をすることを「**プライステイカー**（価格受容者）」と呼びます。

　すなわち、交換取引では双方に提供する財・サービスに加え、価格設定や取引数量の自由が与えられますが、市場で調整された価格を売手や買手が自由に設定しても意味をもたなくなるため、与えられた価格のもとで提供する財・サービスの取引数量を決定する自由だけが与えられます。このように考えると、財・サービスにどのような特徴があるか、市場では価格がどうなっているかを見ながら、取引者双方は取引数量を調節していることがわかります。

2.1.3　資源制約と選好

　経済の原則は限られた資源という制限下での最適化、あるいは浪費や無駄の削減です。社会が必要とする資源が無制限にあれば、浪費の削減は無意味で、

経済学の活躍する領域がないといってもよいでしょう。したがって、資源の制約は経済活動における重要な条件です。資源が制約されるからこそ、限られた資源のなかで人々が何を重視するかが重要になります。資源制約のなかで、**選好**は人がどのような財・サービスを優先するかを表す最重要の考え方です。財・サービスの好みやリスクに対する態度など、コーヒーが好きか紅茶が好きかから始まり、同じ人でも夏と冬でアイスクリームとホットココアの好みが変わるなど選好は変わります。本書でも選好の違いが与える経済への影響を取り上げることになりますが、ミクロ経済学で解説する無差別曲線の形状が人の選好の特徴を表します。さらに、好き嫌いは、コーヒーよりも紅茶が好きといったかたちで、単独で表すよりも比較のなかで表すのが一般的で、選択が重要になります。そのため、無差別曲線の形状から嗜好の強度を表す弾力性を求めることができます。

2.1.4　資源選択と弾力性

　経済活動には自由と平等が重要な要素です。自由が守られることで、選好にもとづいて取引の可否を表明できますし、平等が守られることで、身分によって取引を拒否されたり、不当な条件を課されることもありません。そのときに重要になるのは、個人の取引の優先基準である選好です。選好は購入判断の基準であり、どのような財・サービスを優先的に取引するかが選好で決まります。一方で、経済活動には資源制約が必要であることを述べましたが、選好だけでなく、資源制約との対話のなかで、どの程度の取引を行うのかが決まります。たとえば、いくらお寿司が好きでも、予算が少なかったり、値段が高かったら、お寿司は控えて、おにぎりを選ぶと考えればよいでしょう。したがって、選好と資源制約の対話の結果で取引が決まります。

　このとき、環境変化によって、経済行動がどう変わるかという強さの指標はその経済主体の選好を端的に表す指標になります。これが**弾力性**（elasticity）とよばれる概念です。弾力性とは環境変化に対する経済活動の伸縮性という意味で、経済活動の柔軟さ、あるいは自由さ、敏感さと言い換えることもできます。環境変化に柔軟、あるいは敏感ということは、環境変化に大きく影響されることを意味します。たとえば、後述の価格弾力性は価格変化という環境変化

第 2 章　基礎理論の要点　017

によって、その財・サービスの取引量をどの程度変更するかを表します。価格弾力性が高いときは、価格が変化すれば、取引量を大きく変えますし、低ければ、価格が変化しても取引量をほとんど変えないことを意味します。こう考えると、弾力性の程度は選好で決まると考えることができます。必要度の高い財・サービスは売るにせよ、買うにせよ、取引の執着の強度が高いので、環境変化にはあまり反応しませんし、必要度が低かったり、同程度の満足が得られるかわりの財・サービスがあれば、その財・サービスにはこだわりがないため環境変化に柔軟に反応します。すなわち、弾力性とは資源選択の際の柔軟さとして現れる選好の強度を示す指標だといえます。

2.1.5 限界概念と総量概念

　経済学は逐次的な経済行動の判断を限界概念で行い、その帰結を総量概念で評価することが一般的です。初期の経済学では総額を基準にする考え方や平均などの逐次的な判断を基準にする考え方が交錯した時期を経たあと、カール・メンガー（Carl Menger）に代表される**限界革命**とよばれる逐次的判断を重視する考え方への転換が起こり、現代の経済学にも受け継がれています[1]。たとえば、後述の限界効用や限界費用で解説するように、さまざまな財・サービスを購入・販売する際に、すべての財・サービスの限界効用が等しくなるところで、買手である需要者は各財・サービスの需要量を決定します。すなわち、家計であれ、企業であれ、活動水準を決定する際に**追加的な行為で生じる費用と便益**を測りながら、両者が均衡するまで活動を続けます。

　経済活動の初期、需要者（あるいは、家計）は求める資源の不足のために取引をするので、追加的な経済行為による便益のほうが費用を上回るため、活動を続けることで便益を増やすことができる一方、限界効用は徐々に低下するため、一定水準にいたると便益と費用が均衡してしまいます。それを超えると費

1）ちなみに、平均による評価は総額を取引個数で割ることで得られるので、実質的には、総量概念になります。たとえば、ミクロ経済学の企業活動におけるサンク・コスト（埋没費用）は費用総額に組み込まれますが、企業の操業という生産活動で変化する限界概念に関係がありません。そのため、経済学ではサンク・コストは生産活動時の逐次的な選択判断には加えていけないということになります。

用が便益を超過する逆転状況になるために、追加的な活動をすることで損害が生じます。便益が費用を超えれば取引を継続、均衡すれば停止、下回れば縮小します。経済学では、追加的行動の選択を限界的概念としてとらえ、限界的行動で積み重ねられた費用と便益、さらにはその純便益の集計結果を総量概念によって、最終評価します。ちなみに、後述の「市場均衡と余剰分析」では消費者であれ生産者であれ、限界余剰がゼロになるまで取引を行い、その結果となる余剰の総量が消費者余剰、生産者余剰、総余剰となります。なお、限界余剰は経済行動の判断を表す限界概念であり、総余剰は経済行動の結果を表す総量概念になっていることがわかります。

2.1.6 序数基準と基数基準

　経済学が目指す社会幸福の増進を測るための幸福の定義が必要です。経済学では人々の幸福の水準を表す効用を計測できると考えます。ただ、人の幸福度は外部の人間が計測することはむずかしく、本人しか知りえず、個人のプライバシーにも属する問題です。他者が個人の効用を計測して、個人間での幸福度の比較ができるとしてしまうと、場合によっては身分の高い人の幸せを大きく見積もって、身分の低い人間は近代までのように奴隷にしてよいという結論が出てくる恐れもあります。したがって、人の序列を生む恐れのある個人の幸福度の比較は人道的にデリケートな問題です。そこで、通常の経済学では、効用関数の他者比較は避けて、**序数基準**で個人内の大小関係のみを判定します。序数とは第1位、第2位のように、順序だけが重要で、たとえば、数字が大きいほど効用水準が高いとすれば、第1位よりも第2位のほうが効用が高くなります。ただ、第1位よりも第2位は幸福度がほんの少ししか差がないかもしれませんし、何倍も差があるかもしれません。こうすれば、同じ人のなかでも、幸福度を明確に数量化したために生じるデリケートな問題（ある人にある時点で1単位の幸福度を提供したから、後日1単位の幸福度を取り上げてもいいというような考え方）も回避できます。すなわち、序数基準は、個人のなかだけに限って、効用（幸福度）の大小関係のみを描写するのにとどめ、序数基準が順序だからといって、他者の間での比較を行わないことにしています。

　一方で、個人間の比較をしたいというよりも、社会全体の幸福度を測りたい

第2章　基礎理論の要点　　019

という社会的要請もあります。その際に序数基準を維持したい場合、失業率や所得などを代理の指標にして効用水準の変化を予想することは可能です。ただ、間接的な指標を数多く組み合わせようとすると収拾もつかなくなるので、各個人の効用水準の総和を認めて、社会の幸福度を表すこともあります。これを**基数基準**といいます。基数基準では効用は大小だけでなく、数値としての意味ももつようになります。数値としての意味をもつため、足し算や引き算、掛け算や割り算も可能になるので、便利になったように見えます。

しかし、数値としての意味ももつ基数基準の効用関数は、効用水準を金銭価値として変換できてしまうという問題も生じます。こうなると、個人の幸福水準を金銭価値に変換できる（金銭基準といいます）ことになってしまいます。この考え方を極端に推し進めると、個人の幸福の金銭的価値といった、人間の存在価値を金銭化して、生命を選別する非人道的な考え方に推し進めることすら可能です。ただ、経済学は効用水準を金銭化すること自体が目的ではなく、基数基準や金銭基準による効用関数が序数基準では処理できない込み入った問題で分析が可能になるといった利便性を重視するだけなので、比較分析の範囲に限定して使用します。本書でも、国民や住民の満足度を扱った第11章や第12章では、個人の満足度とさまざまな費用をすべて金銭で描くことで、解説をわかりやすくすることが理解できるはずです。

基数基準は四則演算が可能だということで、個人の効用を確率と組み合わせて数量化したいという要請もあります。本章で後述し、さらに第10章や第13章で使用する期待効用理論（フォン・ノイマン＝モルゲンシュテルン効用関数）は効用水準を、確率を使って期待値に変換できるとする考え方です。この効用関数も、基数基準であり、金銭基準にも変換できる問題を持ってしまいます。ただ、期待効用関数は個人内部の比較分析に限って利用され、分析用途を限定することでデリケートな問題を回避しています。

2.1.7 絶対水準と相対比率

日常生活は金銭を**絶対水準**で計測するのがわかりやすいでしょう[2]。1万円の所得を得たというのは、大変うれしいことだと誰もが思うでしょう。しかしながら、絶対水準では誤解をしてしまうこともあります。たとえば、社会人は

収入が多いものの、住居費や食費、交際費などの支出も多く、1万円の所得を得たとしても生活費にすぐに消えてしまうことも多いでしょう。一方で、学生は社会人よりも収入が少なくとも、余暇も多く、家族からの支援で生活費の割合も低いので、1万円の価値が大きなものになるでしょう。このように考えると、金額という考え方では、客観的な評価をする際に不十分なことも多くあります。その際に利用するのが**相対比率**です。相対比率とは絶対水準の値を割り算による計算加工をすることで、比較しやすい指標にする方法です。たとえば、1万円を総所得の比率で考えてみましょう。ある社会人の所得が300万円、学生の所得が100万円としましょう。すると、社会人にとって1万円の総所得の比率は0.33%、学生の比率は1%になります。すると、社会人と学生との1万円の価値がまったく同じではないと表現できます。

　この考え方は、ミクロ経済学でよく用いられる限界代替率でも利用されます。ある事柄が1単位変化したときのもう一方の変化量を比率にとることで、交換数量ではなく、交換比率として指標化しています。すなわち、ある環境変化によって、2つの財・サービスの間で、一方が変化した量を100%として、もう一方が何パーセント変化するかを表した指標になります[3]。経済主体、時代や国家間で扱う絶対水準が異なるものを比較することの多い経済学では、相対比率で指標化して大小評価する方法がよく使われます。

2.1.8　自律と他律
　自由を尊重した選択によって、各個人が幸福を増進することの重要性は、近代社会が宗教改革や市民革命を通じて学んだ重要な価値観です。自分の状態を

2）相対基準と絶対基準は古来から論争となった考え方でした。ただ、「人間は万物の尺度である」という言葉を残したとされるギリシアの哲学者であるピタゴラスはそれぞれの人々の知覚こそが基準であり、宇宙に絶対的な基準があるわけではないと主張したとされ、経済学も相対的に社会を見る伝統を受け継いでいるといえます。

3）財・サービスの一単位について、パン1個と牛乳1リットルの関係を見るか、パン1個と牛乳1ガロンの関係を見るかなど、分母や分子になる単位の取り方にかかわらず、変化を表すパーセント（百分率）の値の関係は安定していることにも注意しましょう。相対比率は単位にかかわらず、安定した関係を評価できるメリットがあります。

第2章　基礎理論の要点

把握して、適切にお世話をして、幸せに生きるということは本人にしかできないことでもあります。そのときに重要な考え方として、自律と他律があります。**自律**とは自分を律する、自分で自分のことを規律づける意味であり、自由という権利のなかで自分自身の幸せを達成するための自己管理をすることです。一方、**他律**とは他者を律する、他者が相手のことを思って他者の行動を制限する意味で、他者管理のことで、自己管理にはできないことを可能にします。取引をはじめとした経済活動は、自由と平等を重視しており、自律を最も大事に考えます。ここで問題なのは、各個人が自分を律してさえいれば、社会は問題なく人々に幸福を提供できるのかという点です。

アダム・スミスを始祖とする現代経済学は取引の互恵関係、さらには価格調整メカニズムによる調整過程により、「見えざる手に導かれる」ように、自由と自律によって社会が最適な結果を得ることができると主張しました。したがって、他律は自由を制約する望ましいものではないという考え方が広がります。しかしながら、ケインズ経済学における不景気時の政府による経済政策の有効性、ナッシュ（John Nash）による個人間の非協力関係によるゲーム理論の必要性といった指摘がなされ、現代経済学でも大きな見直しがもたらされました。その結果、すべてを自律に委ねることなく、適切な他律のあり方についても、検討が必要となりました。財政学でも自由と自律を尊重しながら、最小限の他律を考えるイギリス流と、自由も幸福の増進の手段と考えて、自律と他律を等しく考えるドイツ流の考え方があることは、すでに述べたとおりです[4]。

2.2　ミクロ経済学

ミクロ経済学は現代経済学の源流として、基本的な経済行動を描写・検討します。ミクロ経済学はとくに、限られた資源という資源制約のなかで、無駄や

4）自主的な規律づけである自律や道徳心の方向や強さが人によって異なる点を道徳哲学者でもあったアダム・スミスも指摘しています。そのような多様性のなかで、欲望と自律を個人内部だけでなく、他律を用いる側の社会全体も、どうバランスを取るのが望ましいかについて、明確な答えは出ていません。

浪費のない効率的な経済活動の実現を目標とします。そのため、経済活動のプレーヤーである**経済主体**に着目して、各経済主体がどう行動するかを解明、望ましい行動規範は何かを問うべく、数理的に定式化し、経済のさまざまな場面での規範的行動（望まれる行動）を議論します。ゲーム理論の登場により方向性を一部修正することになるのですが、ミクロ経済学は各経済主体が自己のみの効用や利潤を最大化することだけに専心しても、市場経済の価格調整機能（いわゆるアダム・スミスが『道徳感情論』の第4部第1章や『国富論』の第4編第2章で述べた「見えざる手に導かれて」と比喩される）により、すべての経済主体が誰も傷つくことなく、win-win のかたちで最善の便益を享受できることを最も重視します。そのため、市場介入を行う「政策」はできるかぎり排し、市場経済において自由な取引を推進すべきと主張します。本書では公共経済学の入門レベルの分析で必要となる市場均衡、家計行動、余剰分析について振り返ります。

2.2.1　市場均衡と余剰

　経済学は市場を分析する学問です。その市場は「**完全競争市場**」を前提として、数多くの不特定多数の主体による取引（資源交換）を通じて、win-win の互恵関係が生じると考えます。通常であれば、互恵関係は信頼できる特定の相手とだけと結ぶのが安全ですが、市場では取引される財・サービスの信頼性だけ確保できれば、取引相手の人間性や道徳性を問う必要はありません。市場取引で互恵関係が生まれるのはなぜでしょうか、その理由は、需要曲線と供給曲線の交点を用いた厚生分析によって説明されます。このことを理解するために、まずは需要曲線と供給曲線について振り返り、需要曲線と供給曲線の交点を用いた余剰による厚生分析について確認します。

2.2.2　限界効用と需要曲線

　家計は財・サービスの消費によって、効用（幸福感）を得ることができます。このとき、購入量を増やして消費を追加すれば、さらに高い効用を得ることができます。家計が購入してそのまま消費をすることを前提とすれば、消費による効用の増加分があるといえます。この追加的な購入（とその後の消費）による追加的な効用の増加分を**限界効用**（marginal utility）といいます。限界

図2.1 需要と供給の均衡と余剰

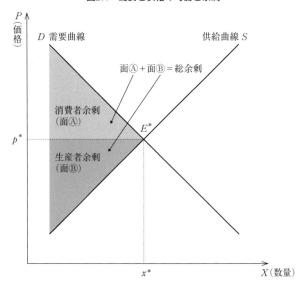

効用は累積した購入量の増加にしたがって、減少すると考えます。たとえば、喉がとても渇いている状態で、1杯目に飲むお茶と2杯目に飲むお茶では、1杯目のほうが喜びが大きいことを考えればわかりやすいでしょう。このように考えると、消費が増えるにつれて効用は低減します。これを**限界効用逓減の法則**といいます。

理論的な関係性は他書に譲りますが、消費量の増加にしたがって限界効用が低下すると考えれば、消費者はある財・サービスの消費量が増加すれば、それらに対して払ってもよいと考える額（支払意思額）も低下すると考えられるでしょう。現代の経済学では消費者は市場から価格が提示されて購入量を決めると考えるため、数量から評価額ではなく、評価額で数量が決まるように見直すと、価格が低下するにしたがって、購入量を増やしていると考えることもできます。すると、**図2.1**上の線Dで示されるような右下がりの購入価格と購入量の関係を描くことができ、これを**需要曲線**（demand curve）といいます。ここまでは個人の需要に着目した説明になっており、個別需要曲線とよばれますが、市場全体の多数の需要者を総和した市場需要曲線に広げることもできま

す。すると、市場全体で見ても、価格が低下すれば需要量は増加すると考えることができます。

2.2.3　限界費用と供給曲線

　企業における生産は、生産規模の拡大に応じて生産量が減少するとする**収穫逓減の法則**を前提とすれば、生産量を増やすほどに単位あたりの生産に必要な費用は増加します。わかりやすい例を使うと、固定費用がないとして、収穫逓減の法則が成り立つ場合には、1万円の費用を投入して10単位の生産物を作ることができた場合、追加で1万円の費用を投入しても10単位の生産物を作ることができずに、5単位しか生産できないといった状況を考えてみましょう[5]。この状況では、10単位の生産物であれば、1単位の生産に0.1万円の費用がかかっていたのに、次の10単位の生産物になると、1単位の生産に0.2万円の費用がかかってしまいます。すなわち、生産量が増加するにつれて、費用が増加すると考えます。

　ここでの説明は10個単位で説明しましたが、1単位ずつで表す限界概念で考えることもでき、生産量が1単位ずつ増加するにつれて、少しずつ費用が増加すると見ることもできます。1単位の生産量を増やす際に追加でかかる費用を**限界費用**（marginal cost）といい、限界費用が生産量の増加につれて上昇することを**限界費用逓増の法則**といい、前述の収穫逓減の法則の裏側だと考えることができます。

　2.1.5項の限界概念で解説したとおり、企業にとって見れば、生産費用をまかなうことができれば、とりあえずは赤字にはならないので、販売することに躊躇することはありません。市場が提示してくる販売価格がすでに決まっているとき、企業の生産初期の限界費用が販売価格を下回っていれば、限界費用が販売価格よりも低いので、企業は利潤を得ることができます。ただ、限界費用が逓増すると、1つあたりの生産費用が上昇し始めて利潤が徐々に小さくなり、1単位分の生産費用（限界費用のこと）と販売価格が等しくなるところに

5）ここでは、1万円の費用を投入すると10単位の生産物を作ることができますが、総額で2万円の費用を投入しても15単位の生産物しか作れない状況の例示をしています。

第2章　基礎理論の要点　**025**

いたれば、企業に利潤は出なくなります。

　企業にとって、市場での販売価格と限界費用に一致する点では利潤は出ないものの、その前までの生産で利潤が出ているので、結果的に販売価格と限界費用に一致するまで生産活動を続けることで利潤を得ることができます。生産活動を表す供給量は限界費用と同じ線として描かれ、市場で決められた取引価格を受け入れる（受容する）かたちで決まります。限界費用は生産量に応じて増加することから、図2.1上の線 S のような右上がりの曲線になります。この販売価格と販売量の右上がりの関係性を**供給曲線**（supply curve）といいます。

2.2.4　市場均衡と余剰分析

　需要曲線と供給曲線は、図2.1のように縦軸に価格、横軸に取引数量で示されるグラフ上に描くことが可能です[6]。このとき、需要曲線と供給曲線の交点で、取引量は決定されます。前述のとおり、需要者も供給者も均衡した価格 p^* であれば、たがいに取引すると表明しているわけなので、実際に取引を行うことになります。その取引を促す理由は図2.1の面Ⓐと面Ⓑで示される便益が得られるからです。個別であれ、市場全体であれ、需要曲線と供給曲線につ

6）縦軸に価格、横軸に取引量を示すのは、価格（原因）が与えられて取引量（行動）を決めると考えれば、標準的な数学的表現方法とは軸の位置が逆です。これは、経済学が成立する過程で、価格と取引量のどちらが原因になるかが不確定な時期があり、当初は農産物のように短期的に生産調整が効かない経済活動が分析対象だったことから、供給量で価格が決まると考え、このような表記も存在していました。Gordon（1982）によれば、価格が取引数量を決定するという合意が得られた後、本書でも利用した消費者余剰や生産者余剰を金銭的に図示する際に、アルフレッド・マーシャル（Alfred Marshall）が当時の現代経済学の標準テキストとなった『経済学原理』を執筆した際に、縦軸に金額を取ることで厚生（お得感や利潤）が見やすくなると考えたため、軸の配置が逆になったとされます（Gordon, S.（1982）"Why Did Marshall Transpose the Axes?," *Eastern Economic Journal,* vol. 8(1), pp. 31-45）。現代では完全競争市場のため、価格が市場で決まり、需要者も供給者も取引数量を決定すると考えるため、図上の因果関係が逆ですが、余剰評価が簡単なことから、過去の慣例として定着したとされるのが一般的です。どのような事情であれ、縦軸が価格であることで、価格の上昇・下降が直感的にわかりやすい部分がありますが、同時に不都合も生じ、後述の価格弾力性のように、弾力性が高い場合に曲線が急ではなく、緩になるといった混乱も生じます。

図2.2 市場均衡と余剰分析

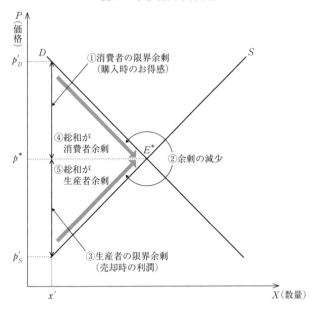

いて、この面の意味はほぼ同じで、ここでは1人の消費者と1つの企業の間の個別需要曲線と個別供給曲線の交点だと考えて、その理由を解説します。

　図2.2において、個別需要曲線 D をもつ家計は取引量 x' を消費できるのであれば、価格 p'_D を支払う用意がありました。しかし、実際の均衡した価格 p^* は需要者の支払ってもよい価格 p'_D よりも安くなります。これは消費量が x' の段階では価格 p'_D を支払ってもよいと思っていたのに、価格 p^* の支払いですんだことを意味します。これは $p'_D - p^*$ の分だけ安く買うことができたことを意味します。すなわち、市場で提示される価格は一定になる市場の特性によって、支払意思額よりも安く買えた、すなわち①のようなお得感を享受できます。このお得感を**消費者の限界余剰**といいます。もちろん消費量が増えれば、②のように支払意思額は減少して余剰も縮小しますが、それでも均衡した価格 p^* の直前までは、支払意思額よりも安いので、安く買うことができたという便益を享受し続けることができます。

　供給者である生産者にとっても同じ考え方で、少量の生産であれば安く生産

できるので安い単価でも販売したい販売意思額 p_S' をもっていたものの、市場では高い価格 p^* で売れたので、③のような高く売れた分の利潤 p^*-p_S' が生まれたと考えることができます。市場で均衡した価格 p^* までのその差額 p^*-p_S' の合計を**生産者の限界余剰**といいます。なお、こちらも消費者の限界余剰と同じく、②のように限界費用の上昇で、余剰が縮小します。

このように考えると、均衡した価格 p^* で、取引量 x^* だけ取引すれば、需要者は消費者の限界余剰の総和である消費者余剰（図の④の部分）、供給者は生産者の限界余剰の総和である生産者余剰（図の⑤の部分）を得られるので、取引することで総額で双方共に大きな便益を手に入れられます。そのため、交換取引は成立して、家計も企業も互恵（win-win）の関係が得られます。社会から見ても、消費者余剰と生産者余剰は市場取引による果実と考えることができるので、両者を合わせて**総余剰**といい、余剰面から市場取引を評価することを**余剰分析**とよびます。

2.2.5 限界費用と限界利潤

限界費用と供給曲線のところで触れましたが、限界費用は１単位の財・サー

図2.3 収入、費用と利潤の関係

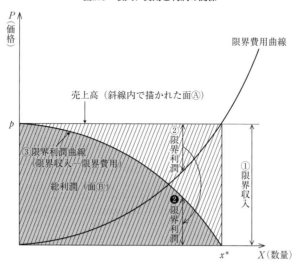

ビスを生産するのに必要な費用です。一方、市場では値札などを付けるかたちで定額で財・サービスは販売され、売れるたびに p の売上げが入ります。この関係を**図 2.3** で示しています。1 単位の財・サービスが売れると p だけの収入が入ることから、①の高さを**限界収入**といいます。また総収入は限界収入 p に x^* を掛け合わせた面Ⓐで、斜線で描かれた部分の面積になります。一方で、限界収入から限界費用を引くと、②で示されるような 1 単位あたりの財・サービスが売れたときの利潤になります。これを**限界利潤**とよびます。限界利潤は②から❷へ移動させることで、③のような右下がりの限界利潤曲線を描くことができます。限界利潤曲線は生産量に対していくらの利潤が得られるかを示した曲線で、x^* で利潤がゼロになります。また、各取引の利潤を集めた面Ⓑは総利潤と考えることができ、さらに面Ⓐの面積から面Ⓑ（濃いシャドウ面）の面積を引くと総費用も計算できます。このように、経済学では限界便益から限界費用の差をとって限界純便益を計算し、さらにその面積を**純便益**として描くことがよくあります。本書のなかでは、費用と便益というかたちで利用されることが多いですが、便益から費用を除いた純粋な便益である純便益とその総量を測る方法として理解をしておいてください。

2.2.6 無差別曲線と予算制約線

家計行動における財・サービスの選択の際に、2 つの財・サービスの間の選択に集約させることもできます[7]。一定の効用水準を実現するために、2 つの財・サービスをどう組み合わせるかについて表したものが**無差別曲線**（utility indifference curve）です。

図 2.4 の $U(x_1, x_2)$ には、無差別曲線が示されています。この無差別曲線はたんなる同一効用水準を実現する X_1 と X_2 の財・サービスの組み合わせを示すだけでなく、消費者の主観的な 2 つの財・サービスの間の交換比率として①

7）複数の財・サービスがあるので比較できないという場合には、一方を特定の財・サービス、もう一方を合成財（その他複数の財・サービスを適切に組み合わせたもの）として表現すれば、1 つの財・サービスを他の財とどう組み合わせるかについて、消費者の行動を表現することができます。

第 2 章 基礎理論の要点 | 029

図2.4 無差別曲線と予算制約線

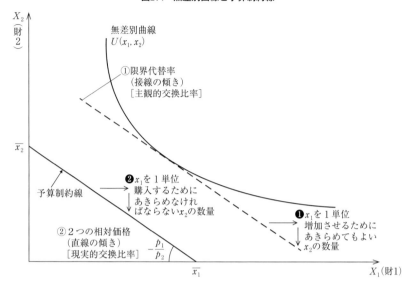

のように示される限界代替率という傾きも表現できます。限界代替率は図2.4の❶のように、効用水準を維持する条件で、財 X_1 を1単位入手するためにあきらめてもよい財 X_2 の数量の比率になっています。

一方、家計には予算という現実の資源制約があります。また、市場で取引される際には市場価格が存在します。家計の予算と市場価格の関係を示したものが予算制約線です。予算制約線は予算を2つの財・サービス X_1 と X_2 を購入する際の組み合わせであり、図2.4では $\bar{x}_1$ と $\bar{x}_2$ を結ぶ線で表されています。X_1 軸と X_2 軸には予算で購入可能な最大量 $\bar{x}_1, \bar{x}_2$ が示され、②で示される予算制約線の傾きは2つの財の相対価格 p_1/p_2 になっています。この相対価格は市場での取引価格のことであり、現実的交換比率ともいわれ、❷のように X_1 を1単位手に入れるために必要となる X_2 の数量の比率として表現されます。

家計の効用を最大化するためには、図2.4における無差別曲線と予算制約線が接する点で取引が行われる必要があります。これは、主観的交換比率①と現実的交換比率②の両者が一致するところで取引が行われることを意味し、消費者の効用最大化プロセスのなかで、主観（消費者の主観的な交換比率）と現実

（市場で提示される現実的な交換比率）の一致が達成されること、すなわち家計は現実に適応することが自身の効用を最大化するという特徴も確認できます。

2.2.7　所得効果と代替効果

市場では価格という重要なシグナルをもとに、需要者も供給者も取引量を決定します。経済主体は与えられた所得（すなわち購買力）のなかで、財・サービスに付与された価格を条件として、自身の効用や利潤を最大にする取引量を決めます。これは市場で提供される価格情報に合わせて、取引量を適応させていると考えることができます。経済主体による環境変化への適応について、数量と性質の観点で有益な情報に分解することができます。

たとえば、その他の財・サービスの価格が変化しない状態で、ある特定の財の価格が上昇したとしましょう。すると、家計は価格上昇した財を無理して購入することは避けて、他の財に振り替えて節約するでしょう。このとき、たった1つの財の価格上昇であっても、それ以前に比べて家計状況は悪化したので、それに適応しようとして他の財に振り替える行為と解釈できます。このことは、価格上昇によって経済状況が悪化した数量的変化と、価格が上昇した財・サービスから価格が変わらなかった財・サービスへと移し替えて負担を軽減する性質的変化が生じたと考えられます。

経済学は、価格上昇時の節約について、価格上昇で家計の経済水準が悪化する数量的効果（別の言い方をすれば、購買力が減少する効果）と、特定の財が価格上昇した際に価格が変わらないことで割安に見えるようになった他の財・サービスへと需要を振り替える性質的効果の2つに要因分解しようとします。前者を純粋な経済水準（購買力）の変化を表す**所得効果**（income effect）、後者を経済水準にかかわらず、財・サービスの価格関係に合わせてやりくりする、すなわち市場環境への適応を表す**代替効果**（substitution effect）とよび、数量的な要素である購買力と性質的な要素である財サービス間のバランスのなかで取引量が決まると考えます。

このように考えると、価格変化だけでなく、家計の予算があって市場から価格が提示された状況下でも、家計が財・サービスの購入量を決めるとき、家計の経済水準と財・サービス間の資源配分という2つの観点で行動を分解できる

ともいえそうです。家計はまず財布にあたる購入限度を示す予算が決められている状態で、市場から提示される財・サービスの価格を見ながら取引規模の目安を決めます。これが家計の豊かさという経済水準を表す所得効果の源泉となります。そして、市場で提示される価格にしたがって、取引される資源間の配分割合をバランスさせて、予算と一致するように調節します。これが市場価格に合わせて家計がやりくりする代替効果の源泉になります。実際の取引のなかでは、取引数量と配分割合は相互調整しながら決まりますが、最終的には経済水準と資源配分が数量と性質を表す指標となります。なお、経済水準が低ければ、好みのものも買えませんし、十分に豊かで、好みのものをたくさん購入するといって購入を増やしたとしても、その増加分が鈍化することもあります。また、どの経済水準であるかにかかわらず、いくら好みの財・サービスであっても、他の財・サービスに比べてかなり高価だった場合には、他の財・サービスとのバランスの観点で控えめに購入しますし、あまり好みでない財・サービスでも、非常に安価であれば、価格面で魅力があるためにわずかでも購入しておこうといった行動が起こります[8]。

　今後、政府が課税や補助金といった政策手段を使う際に市場価格に直接影響を与えますが、所得効果で表される経済水準の増減（豊かさの調整）と、代替効果で表される資源配分の再調整（バランスの調整）の効果を、それぞれどの程度生じさせたかを分解する必要があります。ちなみに、価格変化にともなう取引数量の変化を表す所得効果と配分割合の変化を表す代替効果への分解を**スルツキー分解**とよびます。なお、第3章では所得効果と代替効果を用いた課税の効果をくわしく解説します。

8）本文の説明は、所得水準の改善がもたらす所得効果が財・サービスの需要を増やすという正常財を前提としています。財・サービスの需要が減るという、逆の所得効果をもつ下級財の場合には、別の説明が必要となります。下級財はミクロ経済学の初級レベルのテキストを参照してください。なお、代替効果は所得水準に依存せず、市場価格に適応する、あるいはどの財・サービスでも高価なものを回避して、安価なものを選択しようとする性質をもちます。

2.2.8 需要の価格弾力性

　財・サービスを購入する際に、家計は与えられた価格のもと、予算の範囲で自身が満足するまで購入します。このとき、与えられた価格でどれだけ購入するかは、家計によるその財・サービスに対する価値評価を表しているといえます[9]。このとき、市場での価格変化による家計の反応を見ると、有益な情報が得られます。

　ある財の価格が上昇した際に、需要量が減少することは、値段が上がれば購入を控えるという考えにもとづけば、自然な行動です。このとき、どの程度購入量を減らすのかが重要です。たとえば、生活に不可欠で重要な財・サービスであれば、価格上昇にともなって購入量を節約するものの、購入量を大幅に減らせません。一方で、それほど重要でなければ、購入量を大幅に削って、他の財・サービスに振り替えることができます。これは価格変化に対して、購入量がどう変化するかで測ることができます。

　この反応の度合いを、数理的には価格が１％上昇した場合に、何％の購入量を減らすかという関係で評価します。分母に価格の変化率、分子に購入量の変化率を取って、（購入が減るという負の効果を打ち消すために）符号を逆にすることで指標としたものを、**需要の価格弾力性**といいます。需要の価格弾力性は、価格上昇率と購入減少率が等しい１を基準として、その大小を指標化します[10]。１を超える場合には価格上昇よりも購入量減少の割合が大きく、１を下回る場合には逆となります。すなわち、１を超える場合には価格の上昇率以上に購入量の減少率が大きくなるため、大きく購入を手控えたことを意味します。逆に１を下回る場合には、価格が上昇しても、それほど購入量が減らなかったと理解できます。すなわち、１を上回る場合には価格で購入量が大きく反応し、１を下回る場合には価格には購入量は反応しにくいことを意味します。2.1.4項でも解説したように、弾力性という言葉は、変化のしやすさ、柔軟さ

9）財・サービスの価値を価格で評価するのは想像しやすいですが、経済学では需要者も供給者も自身の意志とは関係なく、市場で価格が決定されてしまい、評価価値の指標化ができません。家計自身が決められるものは、家計の財・サービスの取引量で、この取引量の変化のしやすさが家計の財・サービスの評価価値を表すと考えます。

や敏感さとして理解すれば、わかりやすいでしょう。

　家計にとって、価格で敏感に買い方を変えられる財・サービスの重要度は低いでしょうし、価格に鈍感な反応になる（「ならざるえない」場合も含む）財・サービスの重要度は高いでしょう。すなわち、需要における価格弾力性は需要者側のその財を購入する事情を代弁しているといえます。このような価格に対する反応の敏感さは課税や補助金を政策手段として用いる際に、家計がどのような反応をするかを表すので、政策効果を予測する際に重要です。価格弾力性の高い（すなわち敏感な）財・サービスは政策介入によって市場の取引量に過剰反応が出てしまいますし、低いものは反応自体が弱くなります。どちらか一方だけがよいというものではなく、家計の価格に対する反応度（すなわち、弾力性）は政策において不可欠な判断材料になります。なお、第5章の間接税で弾力性がもたらす効果を解説します。

2.2.9　供給の価格弾力性

　需要の価格弾力性と対を成す概念として、**供給の価格弾力性**があります。供給の価格弾力性は需要の価格弾力性を供給者の立場で置き換えればよいといえます。すなわち、供給の価格弾力性が1を上回る場合には価格変動に対して販売量を大きく変更させて、1を下回る場合には販売量を大きく変更しない（「できない」場合も含む）ことになります。企業にとっても、価格によって供給量をどの程度にするかは企業の収益の点で重要です。生産の事情で一度作ると大量に生産できてしまい、さらに在庫の維持や処分が大変な場合は、生産さ

---

10)　1を基準にする意味は、数理的な説明が必要なため、くわしい説明は他書に譲りますが、価格弾力性には購入総額との関係が重要です。まず、消費者がある価格のもとで財・サービスに支出をする場合、特定の財・サービスへの購入総額を考えることができます。たとえば、1本100円のお茶を6本購入した場合の購入総額は600円です。このとき、お茶の価格弾力性が1を超えていると、お茶の価格が上昇するとお茶に支払う総額自体が減ってしまいます。たとえば、お茶の価格弾力性が1を超えていると、お茶1本が200円に値上げされると、購入量を大きく押さえて消費者はお茶を2本購入するだけにとどまり、購入総額は400円になります。逆に価格弾力性が1未満の場合には、お茶1本が200円に値上げされると、購入量は4本に減るものの、購入総額は800円となり、値上げ前の600円よりも増加しています。

れたものをすべて販売したいと考えるので、価格に鈍感にならざるを得ず、価格弾力性は低下します。一方で、ブランド品のように希少性を通じて付加価値を維持したい場合には、価格に敏感に反応して、価格上昇時には生産量を増やして、価格低下時には生産量を減らす対応を取ることになります。したがって、供給の価格弾力性も、需要の価格弾力性と同様に、供給者側の事情を表しているといえます。

2.2.10　パレート改善とパレート最適

　社会が改善するとはどのような状況を指すのでしょうか。社会の改善を判定する基準は多様で、たとえば、高所得の人々には少々重い税負担であっても、低所得の人に所得移転をして豊かになるべきとする考え方もあれば、高所得の人々が豊かになることが最終的に低所得の人々の豊かさに繋がるという考え方もあります。これらの考え方は、人々の価値観に依存するもので、誰もが望ましい判断を下すことは不可能です。そこで、経済学では非常に単純な条件を提示して、この程度であれば、すべての人が合意できるはずと考えます。

　この単純な条件とは、「すべての人々が誰一人として不幸になる（効用が悪化する）ことがなく、一部の人々が幸福になる（効用が改善する）ことを満たせば、社会は改善している」というものです。すなわち、誰一人として不幸にならないなかで、誰かが幸せになるのであれば、社会全体で見れば、誰かが幸せになっているだけなので、社会が改善したと判断できると考えます。このとき、人々が他者の生活に干渉せず、自分の幸福のみを追求しているというジョン・スチュアート・ミル（John Stuart Mill）が重視した自由のあり方にしたがいます。ただし、嫉妬のような他者の幸福を通じてある人が不幸になるような他者の幸せと自分の幸せを混同するようなことは考えません。すると、この立場は、社会の改善という意味で、すべての人が合意できるでしょう。これが**パレート改善**とよばれる考え方です。

　もちろん、この考え方には、社会の改善とは別の倫理的な問題が避けられません。たとえば、ある国の経済で、政府が何らかの天然資源を発見したことから、その便益を配分する際に、為政者一人だけがその便益を独占したとしても、天然資源を発見する前と後で、為政者以外の国民の経済状態は変わらず、

第2章　基礎理論の要点　　**035**

為政者のみがさらに豊かになっているわけなので、パレート改善しているといえます。その意味で、所得格差の是正などの資源配分の妥当性を評価する手段には使えません。パレート改善とは、たんに社会全体が改善したかということを、誰も反対できないほど非常に単純な状況のもとで判断するにすぎず、その意味で非常に弱い条件にすぎない点に限界があります。

　ミクロ経済学では、政府からの資源提供だけでなく、家計と家計、家計と企業の間での交換（取引）も含めて、資源配分を考える際に、パレート改善する行為を繰り返したうえで、これ以上パレート改善可能な行為が存在しない場合が考えられます。たとえば、ある国の政府が偶然手にした天然資源を、国民に少しずつ配分をしていってその天然資源をすべて配分しつくした場合や、後述の厚生経済学の基本定理に出てくるような2つの家計が初期に保有する資源を自発的に交換していった結果、もう交換する必要がなくなった状況などがあります。このように、パレート改善を重ねて、これ以上改善する余地がなくなった状況を**パレート最適**といいます。パレート最適の状況では、これ以上資源配分を進めようとすると、誰かを不幸にする必要が生じるため、パレート改善とはなりません。パレート改善の観点から、資源を使いつくすことができたこの状況をパレート最適といいます。

　図2.5には2人の経済におけるパレート最適の状況を描いています。2つのX, Yの財・サービスの選択について、AさんとBさんの無差別曲線があるとします。両者の無差別曲線は、左下と右上を原点として斜向かいにあると考えます。すると、Aさんは右上に進むほど、Bさんは左下に進むほど効用が高くなります。そのうえで、両者がX, Yの資源をそれぞれ異なる量をもつと考えます。これを初期保有点Iで示して、それぞれが一方ずつを多めにもっている状態で、両者が交換を行うことを考えます。最初に、U'_A, U'_Bのように両者の無差別曲線が交差している状況を描くことが可能です。そのときには、①のように両者の無差別曲線の交わった面Ⓐ上（図2.5のシャドウ部分）の任意の点で、いずれも効用を上昇させることができます。そこで、②のようにAさんとBさんの両者が最も効用を改善できる取引の組み合わせ（交換比率）を話し合ったとします。おたがいの交換比率が決まって点E^*において交換すると、③のU^*_A, U^*_Bようにおたがいの効用を高めながら、一定の交換比率で交換でき

図2.5 交換の均衡とパレート最適

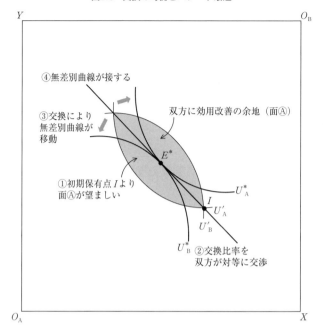

ることがわかります。双方にとって、固定された交換比率で両者の効用を上げられるのですから、拒否する理由がありません。

このとき、両者の無差別曲線の特徴として、④のように接していることがわかります。これは別の解釈をすれば、無差別曲線が接してしまうまで交換したあとでは、一方の効用を上げる（AさんでいえばAさんで右上に動かす）ときには、もう一方の効用を下げる（Bさんでいえば右上に動く）必要があると読み取ることができます。そのように解釈すれば、パレート最適の状況になっているともいえます。その結果、パレート最適の状況では双方の無差別曲線が接しています。

2.2.11 厚生経済学の基本定理

厚生経済学とはある所得分配における価値観のもとで効率的な資源配分の実現に向けて、社会体制や社会制度のあるべき姿を考察するミクロ経済学の一領域です。厚生経済学でも完全競争市場とよばれる不特定多数の需要者と供給者

が市場を通じて調整・形成した均衡価格のもとで、取引を行うことを前提とします。また、価値判断に関しては、前項の「パレート改善とパレート最適」で解説したパレート最適性を効率性の指標として用います。すると、完全競争市場の望ましさについて2つの定理が示されます。

完全競争市場というミクロ経済学が大前提としている取引形態は、パレート最適の意味での資源配分の効率性を達成できるとする定理を**厚生経済学の第一基本定理**といいます。さらに、所得配分上のどのような価値判断のもとで所得再分配をしても、その後に完全競争市場を導入することで、パレート最適を実現した所得再分配ができるとする定理を**厚生経済学の第二基本定理**といいます。とくに、厚生経済学の第二基本定理は、所得分配はどのような価値観にもとづいてもよく、完全競争市場が所得再分配後のパレート最適性を実現できることを利用して、経済効率性を確保しながら、完全な平等から不平等までのすべての資源配分を実現できることを保証しています。

この2つの定理がもつ意義は、ミクロ経済学において、完全競争市場という市場交換手段以外の経済メカニズムにこだわる必要がないという点にあります。完全競争市場はパレート最適性にもとづく効率性を促す手段として大変有用で、完全競争市場以外の他の経済メカニズムなどを考案してもそれが実現可能かもしれないけれども、少なくとも完全競争市場を用いれば、さまざまな価値判断による所得配分ができ、さらに効率的な資源配分が実現可能であることを保証しています。

2.3 マクロ経済学

マクロ経済学は、経済政策を通じて市場の安定化をはかろうとする**景気循環論**が起源です。景気循環論は、ミクロ経済学の中核となる価格調整機能が有効に機能しないことで、失業が生まれるという課題を問題視し、その解決策として有効需要とよばれる需要量への政府介入の望ましさを主張しています。本書では触れませんが、政策介入により高い経済成長を長期的に持続させる経済成長論も重要な研究領域となっています。

また、ミクロ経済学と異なり、マクロ経済学は市場活動に対して、政策介入

することについて、積極的であるべきと主張します。本書では公共経済学で取り扱う財政政策で必要となる *IS-LM* 分析（あるいは *IS-MP* 分析）における *IS* 曲線の説明を中心に振り返ります。

2.3.1 需要項目と経済主体

マクロ経済学は、ミクロ経済学が家計、企業、政府という経済主体で分類するのとは異なり、消費、投資、政府支出、純輸出（輸出 − 輸入）という需要項目とよばれる項目によって分類します。これは、マクロ経済学がプレーヤーである経済主体の行為よりも、活動の結果、とくに需要という経済活動の結果に注目するからで、国民経済全体の需要面の結果改善に目標を置くからです。

結果に注目する理由は、現実の市場取引では、理想的な市場原理が機能しない部分が多数あるため、演繹的に経済構造を積み上げるのではなく、現実主義的に失業をはじめとした経済的成果を確認しながら、帰納的に現実課題を発見して、理論的解決を行うことが望ましいと考えるからです。たとえば、景気悪化時に家計がさらなる悪化に備えて節約をすれば、個々の家計は景気悪化に対応できますが、すべての人が景気悪化に備えて節約してしまうと、経済全体で見れば、消費面の需要が大きく減退して、経済全体の景気がさらに低迷することがあります。

これは、個々の合理的なミクロ経済学による精緻な論理構築を演繹的に積み上げたとしても、個々の経済合理性が全体の経済合理性に繋がらない例です。このような個別の行動と全体の結果に関する逆説的な状況を、**合成の誤謬**とよびます。そのため、結果を表す統計データを多用して、経済構造から期待される結果と実際の結果の違いを評価しながら、その原因となる問題点を帰納法的に点検して、その改善に取り組みます。

2.3.2 乗数効果と *IS* 曲線

マクロ経済学では市場を、財市場、金融市場、労働市場の3市場に分け、各市場での均衡、さらに3市場間の関係について議論します。このとき、基本的なマクロ経済学では、とくに財市場と金融市場の関係を財政政策と金融政策の関係で分析することが一般的です。公共経済学はとくに財政政策に関わる財市

場における財政政策の効果と、金融市場への波及効果について基本事項を振り返ります。

　まず、財政政策とは、公共事業投資などの財政支出と所得減税などの減税の2つの手段があります。いずれの手段をとっても、財政政策は財市場において、総所得を増加させる影響をもちます。その原因として乗数効果があります。**乗数効果**とは、何らかの正の総所得ショックによって、経済全体の消費が増加することを発端として、消費増加できる総所得増加を誘発がさらなる消費増加を誘発し、また総所得増加へ戻るという無限の繰り返しが起きることを指します。この繰り返しの効果は、回数が増えるにしたがって減衰しますが、結果的に初期の総所得ショックに加えて、総所得を増加させる効果をもちます。たとえば、政府が1兆円の減税を行えば、経済全体で見れば、消費増加と所得増加の循環で、民間部門に1兆円の国民の手元所得が増加するのに加えて、乗数効果によって0.2兆円の総所得の追加的な増加も促すことができます。

　マクロ経済学では、需要項目の総和である総需要と総供給の間の財市場の均衡を、総所得が調節すると考え、総所得を軸に据えています。そのうえで、金融市場において決定された利子率を通じて投資水準が決定され、投資水準に見合うかたちで総貯蓄、そして総所得が決定される関係性を用いて、総所得と利子率の関係を描写することから *IS* 曲線（投資 investment と貯蓄 savings に由来）とよびます。

2.3.3　*LM* 曲線（*MP* 曲線）

　金融市場については資金（貨幣）の需給均衡の観点から、所得と利子率の関係が形成されます。この所得と「名目」利子率の相関関係を貨幣の需給均衡を示す観点から *LM* 曲線（流動性需要 liquidity preference と貨幣供給 money supply に由来）とよび、近年では貨幣の受給均衡が「実質」利子率の調節を行う金融政策によって達成されるとする考えから *MP* 曲線（金融政策 manetary policy に由来）として議論されることもあります。*LM* 曲線にせよ *MP* 曲線にせよ、貨幣需要と貨幣供給の間を利子率が調整すると考え、利子率を軸に考えます。そして、総所得は貨幣需要の増減に影響を与えるとしています。*LM* 曲線の特徴は経済全体の総所得が増加すると、貨幣需要が拡大することで、（名目）利子

率が上昇するという関係をもっています。そのため、財政政策によって経済刺激すると総所得が増加するため、LM曲線で示されるように、金融市場が利子率を上昇させる役割をもちます。なお、LM曲線（MP曲線）では財市場による総所得の決定をふまえて利子率が決まると考えます。

2.3.4　財政政策とクラウディング・アウト効果

　財政政策は乗数効果を通じて総所得を増加させます。このときの金融市場では、総所得の増加が金融市場でも生じることから、LM曲線で説明したように金融市場の資金需要を誘発して利子率を上昇させます。すると、今度は財市場において、利子率が上昇するため、投資活動を抑制してしまい、総所得の増加の一部を押し戻してしまいます。このような、財政政策で生じた所得増加が金融市場の利子率上昇を経由して、ふたたび財市場の所得増加の一部を打ち消してしまう効果を**クラウディング・アウト効果**といいます。これは財政政策が民間投資という需要を抑制する（英語の原義では「需要を押し退ける」）費用が生じることを示すものです。ここでの費用とは、政府が一時的な景気浮揚を行うと、利子率が上昇して、生産活動の基礎となる民間投資を抑制し、企業活動を中長期的に抑制する副作用を生じさせることも意味します。そのため、クラウディング・アウト効果は政策コストだと考えることができます。

2.4　期待効用理論

　ミクロ経済学でもマクロ経済学でも使う概念として期待効用理論があります[11]。これは不確実性を扱った場合の経済行動を描写する際に有効です。詳細はミクロ経済学の初級書などに譲りますが、前提とする効用が数値の大小にのみ意味をもつ序数的効用の概念ではなく、数値自身が意味を持つ基数的効用にもとづく点が特徴です。ただ、本書では効用水準と後述の期待値の関係がわかれば十分です。

11）行動経済学では、確実な結果を強く選好する確実性効果という考えもあります。そうなると、確実に一定以上の国民所得を維持したいという行動が促されるでしょう。

2.4.1 不確実性と効用水準

期待効用理論は不確実性を扱うことができるのが利点です。経済活動には不確実なことが多く存在します。たとえば、事業にチャレンジして、成功したり失敗したりします。そういったリスクをともなう場合に、図2.6のように、成功した結果と失敗した結果をグラフ上に描くことができます。縦軸は成功（high）、横軸は失敗（low）したときの消費量を考えます（$x_0^H > x_0^L$）。すると、点（x_0^L, x_0^H）はあるリスクをともなう状態を表します。成功すれば大きな所得を得て、大きな消費ができ、失敗すると小さな所得となって、消費量が小さくなる場合です。このとき①のように原点から45度線が引かれていますが、こちらは成功しても失敗しても同じ所得なので、リスクのない状態（リスク・ゼロ）と考えることができ、これを**確実線**とよびます。ここで点（x_0^L, x_0^H）を通る U_R のような無差別曲線を引くことができます[12]。無差別曲線は成功と失敗をともなう結果を示す点を通ることになり、リスクをともなう結果の組み合わせに対する効用水準と考えることができます。この無差別曲線は、原点に向かって頂点を取ることがわかります。

図2.6 不確実性と期待値、効用水準

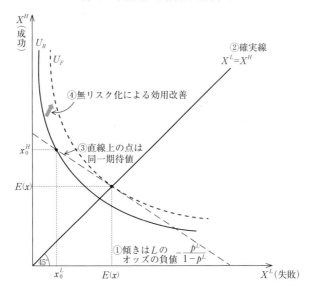

2.4.2 期待値とリスク

　リスクをともなう事柄に対する効用水準に加え、確率を考慮に加える期待値という考え方が大変重要です。**期待値**とは A という事象が起きるかどうかについて確率的な場合に、それにともなう経済利得などの数値が平均的にどうなるかを示した指標です。経済学などでは客観的にどの程度の数値になるかを見なす場合に利用され、数学的期待値ともよばれます[13]。客観というのは主観と対になる言葉で、主観はリスクに対してきびしく見積もったり、寛容だったり、人によって違いますが、客観は人によらない数学的に整合的な判断となります。期待値が数学的に整合的とは、確率的な事象を膨大に繰り返すと平均してどの値になるかを示しています。たとえば、50％で当選すると1万円、50％で外れると0円になるくじを考えて、それを非常に多くの人に販売した場合には、当選金は数学的期待値である5000円を人数分掛けた金額を準備すれば問題なく収支を一致させることができます。これは、このくじを5000円で売れば収支が0円で損も得もない状況になることを意味します。

　なお、公共経済学では、政府が民間にかわって保険者としての機能をもつことがあります。本来は保険会社の手数料などを考えなければなりませんが、それがないと考えると、確率的な事象を相手にする保険会社は期待値を利用して、保険加入者に支払う想定額（期待支払額）を計算できます。

2.4.3 オッズと等期待値線

　期待値を学ぶ際に便利なものに**オッズ**（Odds）という考え方があります。オ

---

12) 本書の不確実性をともなう無差別曲線は、状態空間分析における期待効用関数にもとづく無差別曲線をもとにしています。期待効用関数にもとづく無差別曲線は、リスク回避度とリスク発生確率で無差別曲線の形状が変わります。本書はわかりやすく解説するために、無差別曲線が確実線で対称となるリスク発生確率が0.5の場合を例に描いています。また、無差別曲線の確率と後述の等期待線上のオッズとの間で、確率の主観と客観との間の整合性の議論が必要ですが、本書では無差別曲線上のリスク発生確率と等期待線上のオッズの評価が別々に決まり、異なることを前提に解説しています。

13) 期待値や確率は、主観と客観のとらえ方があります。市場活動では、両者の関係も必要になってきますが、中級以上のミクロ経済学の内容になってしまいます。本書では家計や企業も市場では客観的に自分のリスクを見積もっていると考えることにします。

第2章　基礎理論の要点　043

ッズとは A という事象の起こりやすさを A が起きない事象との比較で表した指標で、「勝ち目」とよばれることもあります[14]。A が起きる確率（probability）を p^A とすると、A が起きない確率は $1-p^A$ です。オッズは「A という事象の起こりやすさ」なので、$p^A/(1-p^A)$ という指標で表現します。オッズが 1 であれば、A の起こりやすさはそれ以外と均等ですし、1 を下回れば起こりにくい、1 を超えれば起きやすいということになります。

　このままではオッズでなくとも確率の比較ですので「何で使うのか？」ということになります。このとき、オッズはこの期待値と確率を変えないで、別の結果の組み合わせを作り出すことができます。たとえば、50％で当選すると 1 万円、50％で外れると 0 円になる先程のくじでは、「50％で当選すると8000 円・50％で外れると2000円」や「50％で当選すると5000円・50％で外れると 5000円」も、期待値で見れば、5000円で同じです。このような関係を**等期待値** （equal expected value）といいますが、自然が決める確率は変えられなくとも、 誰かの負担を求めることなく、不確実性にともなう結果の組み合わせを変えることができます。本書ではその組み合わせを等期待値線、あるいは保険機能で 使うと考えて**保険数理的予算制約線**とよぶことにします[15]。

---

14) たとえば、ある活動の際に、「怪我をするという事象」を A と考えて、オッズを考えてみます。怪我をする確率が0.1だとすると、怪我をしない確率は0.9になります。すなわち、怪我をするオッズは0.1/0.9≃0.1となります。一方、怪我をする確率が0.5（五分五分）ならば0.5/0.5＝1、怪我をする確率が0.9ならば0.9/0.1＝9となって、A という事象が起きやすいほどオッズの数値が上昇します。このとき、オッズは 0 以上の値を取るため、0 から 1 までであれば起こりにくい、1 であれば五分五分、1 を超えて大きくなるほど起きやすい指標になっていることがわかります。もちろん、オッズなど計算しなくとも確率自体を見れば起きやすさは簡単にわかります。そこであえて、オッズを使う理由は、本文にあるような等期待値の組み合わせを簡単に求めたり、統計分析などで 2 つの条件での確率を表現する際に便利なオッズをさらに比率にしたオッズ比を利用できたりと、便利に分析ができるからです。

15) 等期待値（equal expected value）という概念はさまざまな場で利用されていますが、 その組み合わせを示す直線の名称については、解説者によってさまざまです。無差別曲線における傾きであると考えれば、主観的確率との関係など中級以上の込み入った話になりますので、初級書の理解としては、保険会社にとって、等期待値線上の組み合わせの商品は、いずれも所定の予算で収支がゼロになると理解しておけば十分です。

なお、保険数理的予算制約線は図で示す場合には、オッズの符号をマイナスにした、**図 2.6** の①のような傾きの直線で示し、その期待値は確実線②との交点で示される点になります。たとえば、リスク回避の観点から、失敗する場合を横軸として基準に見ると、失敗 x_0^L と成功 x_0^H が確率 $p^L : 1 - p^L$ で起きる場合の等期待値線の傾きは $-p^L/(1-p^L)$、期待値が③のように点 $E(x)$ で示されることがわかります[16]。

2.4.4 リスク回避と期待値

成功と失敗の結果がある場合で効用水準が求められるとしましたが、リスクをともなう点 (x_0^L, x_0^H) の等期待値線と確実線の交点である期待値 $E(x)$ が確実に手に入る場合に、効用水準はどうなるでしょうか。

等期待値線と確実線の交点である期待値の点 $(X^L, X^H) = (E(x), E(x))$ における無差別曲線は④のようにリスクがある U_R からリスク・フリーになる U_F へと移動しています。すなわち、成功と失敗のリスクを抱えるよりも、期待値が確実に手に入るほうが効用水準が上昇することがわかります。どうしてこうなるのかというと、経済活動は通常リスク回避的に行われるからです。たとえ成功による大きな果実があるとしても、失敗したことで低所得に甘んじる可能性があるなら、このようなリスクを避けたいという考え方を、**リスク回避的**といいます。成功時よりは低くなるものの、失敗時よりは高い値を取ることができる数学的な期待値を確実に手に入るなら、確実な方が効用を高くできるのがリスク回避の特徴です。

リスク回避の程度は人や企業によって異なります。一方、数学的な等期待値で表される行動を取る場合には、数学的に中立という意味で、**リスク中立的**とよびます。本書では経済活動で起きるさまざまなリスクのなかで、政府が強制力によってどのような行動変容を促すか、その費用と便益についても学びます。

---

16) 不確実性だけでなく、グラフにおいては独立して動く側が横軸、従属して決まる側が縦軸になるのが一般的で、経済学における価格と数量の関係だけが特例です。本書はリスク回避的に行動する観点から、失敗した場合の経済状況を基準（横軸）にして、成功した場合の経済状況（縦軸）を見ることにします。

第3章

所得課税と超過負担
――資金調達と隠れた負担

　伝統的な財政学のテキストと同じように、本書は課税から解説を始めます。財政学は英語で Public Finance といいますが、これは「公的資金調達」という意味です。政府における資金調達とは租税のことで、課税を指します。課税という活動が英語における「財政学」の意味になることは、この研究領域で課税が最も重要であることを端的に表しています。公的な資金調達は国民の生活における金銭的な活動に直接負担を与えますが、国民の生活において金銭が生み出せる部分は労働や投資といった活動に限られています。政府が国民の日常生活の一部に、過度に運営費を調達しようとすれば、国民生活に支障が出るほどの負担を与え、生活が成り立たなくなることもあります。そうなると、国民は徴税という強制力を用いる政府に対して大きな反感をもつことになります。実際、税収が賄えない際の無理な増税によって、かつてはイギリス革命、アメリカ独立戦争、フランス革命など、市民革命へ発展し、国家統治体制が崩壊したこともあります。すなわち、課税は国民が政府の強制力に直接に接する敏感なテーマでもあります。そのため、現在でも世界中で税制改正は注目の的となり、大きく世論が動きます。

　本章ではそのなかでも所得課税、とくに労働所得について解説を行います。本来、所得税は社会に出てから最も身近に接する税目であり、勤労時はもちろん、退職後も亡くなるまで課税され続けることになります。同時に、納税した税額ばかりに目がいきがちですが、課税の「見えない費用」を知ることで、政府が配慮する負担の実態をより明確に理解することができます。

3.1 課税とは

課税とは政府活動の運営費を調達する主要な手段で、政府は国家に対して反対給付をともなわないかたちで強制的に金銭を徴収します。反対給付とは取引の場合に必要な財・サービスにあたるもので、財・サービスの提供なしに一方的に金銭を徴収することを意味します。また、現代財政において、課税は金銭で行われます。当たり前のように見えますが、わが国の大宝律令の租税は、租とよばれる米、庸とよばれる労役、調とよばれる布や特産物など、金銭を用いない現物納税も行われていました。金銭という手段を取ることは、同時に生産された資源を一度は経済活動を介しなければならないことを意味しており、国民は経済活動を行わなければ納税することができません。政府にとっても、国民が経済活動に携わった部分の課税にとどまり、国民の活動全体に課税できるわけでもありません。その意味で、経済活動という狭い領域だけから運営費を調達しています。

課税せずとも運営費が調達できればいいですが、経済学では限られた資源という制約を前提としており、打ち出の小槌のような無制限に資源があることを前提にできません。さらに、政府の運営費をボランティアの募金のように求めても、多くの人々は経済的に余裕がなく、余裕のある誰かが払ってくれるだろうと期待して、十分な資金調達ができません[1]。結果的に、強制的に金銭を調達する以外に手段がないのが現状です。一方で、強制的な金銭の徴収を行うため、国民の負担に十分配慮しながら、適切に負担を求めることが必要です。また、強い強制性をもつため、条件別に等しく課税されなければならないなど、平等性、透明性の確保も必要です。

このとき、財政学では課税する際の根拠として、応益説と応能説という視点で考えます。国民は政府による公共サービスによって便益を得ているという観点からその便益に応じて租税によって社会の運営費を負担すべきとするのが応

---

1) 第9章の公共財で学びますが、政府が課税で強制しなくとも国民は一定額の資金を自発的に運営費を拠出しますが、個人の範囲内の望ましい水準という条件にとどまるので、課税を行ったほうが結果的に国民の厚生を増進できることが知られています。

第3章　所得課税と超過負担　047

益説で、国民はその便益に応じた負担をすることが望ましいとされます。ただ、応益説にもとづくと、社会的に支援が必要な人々に対して社会的支援に応じて費用の負担を求めなければならないというこまった問題が生じます。次に、**応能説**は国民の経済的能力に応じて、社会の運営費の負担を行うべきという考え方です。応能説にもとづくと、経済力のある国民に負担が集中し、便益を受けることのできるその他の国民は費用負担を考えずにサービスの拡充を求めてしまうというこまった問題が生じてしまいます。したがって、一方の考え方だけで課税するのは望ましくなく、両者のバランスをどう取るのかが重要だといえます。政治的な過程を通じなければ課税されない租税法律主義が採られるのは、専制政治における課税の横暴の反省だけでなく、課税による強制力を社会的合意のなかでバランスを取るための対話が条件ともいえます。

この課税には模範とすべき規範が財政学において示されています。くわしい課税規範については財政学の書籍に譲りますが、現代における課税は、経済活動における判断をなるべく歪めないという**中立性**（neutrality）、経済効率に配慮すべきという**効率性**（efficiency）、わかりやすくかつ簡便に課税すべきという**明瞭・簡素性**（certainty and simplicity）、政策目標に対して効果的でかつ負担が公平であるべきとする**有効・公平性**（effectiveness and fairness）、社会変化に柔軟に対応できるべきとする**柔軟性**（flexibility）の原則にもとづくのが望ましいとされます。わが国ではこれをまとめて、**公平・簡素・中立の3原則**としています。有効・公平性を集約したと考えられる公平については社会的に望ましい水準については国会をはじめとした議会で議論されます。明瞭・簡素性を集約したと考えられる簡素については課税実務での取り組みとなります。公共経済学ではとくに、中立性と効率性と柔軟性を集約したと考えられる中立という観点で課税を考察することになります。

3.2　所得税とは

所得税は一定期間に生じた所得に課される租税で、経済活動における生産の範囲内に課税する性質をもちます。第4章の法人税でも解説しますし、さらなる詳細は財政学の入門書に譲りますが、所得は収入と経費に分解でき、入って

図3.1 余暇と所得の最適化行動

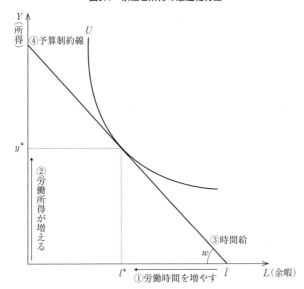

きた金銭にあたる収入から、その収入を得るために必要となった経費を引くことで、手元に残った金銭を所得と考えます。固定資産税や相続税の資産課税とよばれる課税とは異なって、経済全体の資源が次の期間に減少することのないような配慮がなされています。また、所得税は超過累進課税という手段が取られており、所得税に対する税率も総所得が大きくなると税率が上昇するような性質ももっています。これは高所得の家計ほど租税負担に余裕があり、負担余力の大きな家計に負担させることによって、負担の小さい所得の低い家計に過度な負担を与えない配慮がなされています。所得の源泉は給与所得や事業所得等の労働所得とよばれる所得への課税もあれば、利子や配当などの株式収入、不動産収入などの不労所得への課税もあります。本書では、一般的に馴染みぶかい労働所得への課税を使って、所得への課税で生じる「見えない負担」である超過負担について解説します。

労働所得とは労働によって得た所得であり、どの人も1日であれば24時間、1年間であれば365日という時間の制限があります。また、労働時間以外は私生活に利用できますので、それを余暇（leisure）と名づけます。**図3.1**には家

計にとっての余暇と労働所得の最適化を示しています。家計は①のように自分に与えられた時間の一部を労働時間として、残りを余暇時間 l^* として利用します。このとき、労働時間 $\bar{l}-l^*$ に対しては②のように労働所得が支払われることになります。その際には③のように時間単位で時間給 w が支払われることになります。この関係を示したのが④で示される予算制約線です。次に、余暇と労働所得の組み合わせについて無差別曲線 U を描くことができます。すると、予算制約線と無差別曲線が接する点 l^*, y^* が最適な余暇時間と労働所得の組み合わせになります。なお、所得と連動する比例税と比較すると、個人に均等に賦課される一括税は所得に連動した課税ではないため、所得税とはいえません。本書では、一括税を各税との比較に用います。

3.3 一括税と所得効果

一括税 (lump-sum tax) は定額の課税を指し、たとえば、全国民に等しく1万円の課税するようなものが一括税です。このとき、一括税は労働の有無に関係なく課税される点に注意しましょう。一括税は納税者が労働の有無だけでなく、年齢、病気などの事情などにも関係なく、定額に課税される性質があります[2]。家計が労働所得だけで生活している場合を想定して、一括税が賦課された効果を見てみましょう。**図3.2**には労働所得に対して、一括税が課された場合の効果が示されています。

一括税は労働所得を減らす課税なので、第2章の2.2.7項で見た所得を減らす所得効果だけをもたらすことになります。一括税によって定額の所得減少が生じると、図3.2の予算制約線は①のように一括税額分だけ下へ平行移動します。すると、最適な余暇と稼働所得の組み合わせについて、無差別曲線が U から U^L へと移動するので、余暇時間は②のように l^* から l^L へと減少、労働所得も③のように y^* から y^L へと減少していることがわかります。一括税は余暇も所得も減少させる効果をもつことがわかります。このようなことが起きる

---

2) 現実は所得水準に応じて、減免措置が取られますが、ここでは理論上の一括税を解説します。なお、後述のように、一括税は超過負担を生じない特性をもちます。

図3.2 労働所得への一括税の効果

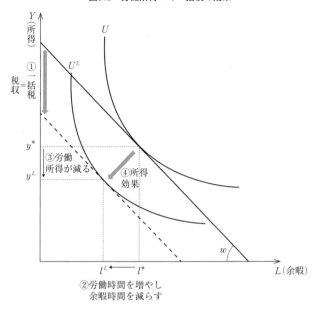

理由について考えてみましょう。

　経済学では家計は経済水準に対して、バランスよく行動をしようとする性質があると考えます。これを所得効果といいます[3]。たとえば、アルバイトをして毎月50時間働いて毎月5万円を稼ぎ、趣味や生活費といった消費に4万円、貯蓄を1万円している学生を考えてみましょう。このとき、毎月1万円の一括税を課税される前と後で、どう行動が変わるかを考えてみましょう。一括税を課されると、手元のお金は5万円から4万円に減ってしまいますから、一括税を課される前と同じだけのお金の使い道を維持するのはむずかしいでしょう。まずは、消費額を3万4000円、貯蓄を6000円というように1万円減らそうと考えます。これではアルバイトの時間は変わりませんので、課税分を取り返すべく、残業を積極的に引き受けるなどして毎月54時間働いて、月に5万4000円に

3）本章の所得効果の解説は正常財を前提としています。なお、所得効果には所得増加で需要が減退する下級財（ギッフェン財を含む）のような例外があります。

労働所得を増やすことも考えたくなるでしょう。すると、4000円増えた分で、消費額を3万7000円、貯蓄額を7000円へと振り替えることができます。一括税の結果、消費額は4万円から3万7000円、貯蓄額は1万円から7000円、50時間労働から54時間労働に増やして、余暇時間が4時間に減らすことで、一括税の負担を均等に分散したと見ることができます。貯蓄も考慮すると複雑になるので、以後はわかりやすくするために、消費と余暇に絞って話を進めます。

　一括税によって生じる所得効果は課税の負担を、余暇時間と消費量の負担へ均等にバランスよく減らす効果となります。金銭に課税される一括税なので、金銭にまつわる活動だけが減ると思いがちですが、家計は金銭的な課税によってダメージを受けた場合に、そのダメージを金銭だけにとどめると、金銭部分に負担がかかりすぎて効用が低くなりすぎてしまいます。そこで、余暇という非金銭的な部分にも振り替えることで負担を分散化して、効用が下がりすぎないように経済活動全体で吸収しようとします。これが課税によって生じる所得効果で、④のような余暇と労働所得の減少によって表現できます。

3.4　比例税と一括税

　比例税（proportional tax）は労働所得の一定割合を税率 t_P として課して、税金を徴収する一般的な所得税の課税方法です。**図 3.3**には比例税が示されており、時間給 w に対して労働所得の比例税率 t_P がかかり、①には課税後の所得 $(1-t_P)w$ が手元に残る予算制約線が示されています。課税によって所得を減少させる点は同じなので、一括税と同じく所得効果が生じます。すなわち、比例税でも金銭的に課税されると、課税されない余暇にも負担を分散しようとして、余暇時間を削りつつ、労働することで所得の減少を埋め合わせようとします。

　一括税と比例税は所得を減らしている意味では同じですが、その課税方法をくわしく見ると大きな違いがあります。3.3節で述べたとおり、一括税は納税者の状況（労働の有無や年齢など）に関係なく、一定額を課税する人頭税である一方で、比例税は労働で得た所得だけに課税します。このように記述すると見過ごしてしまいそうですが、一括税は強力な課税である一方で、比例税は納

図3.3 労働所得への比例税の効果

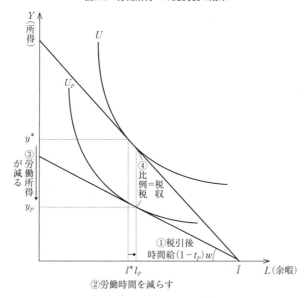

税者の事情に配慮した柔軟な課税ともいえる大きな違いがあります。

たとえば、赤ちゃんまで含めた一括税を考えてみましょう。政府が１人あたり１万円の税金を一括税で課すと決めれば、働くことができない赤ちゃんでも１万円の納税が必要です。一方、比例税であれば、赤ちゃんは働けず、労働所得がないので、ゼロの労働所得にいくら税率をかけてもゼロ、すなわち無税ですみます。また、１年で１億円稼ぐ人と100万円稼ぐ人の間でも、一括税では同じ税額ですが、同じ税率であれば所得の一定割合のため税額が異なります。

このように考えると、一括税は個人の経済事情をかえりみないことで、全員同額で平等な税負担を強力に実現できます。比例税は課税される所得の状況に応じて柔軟に負担額を変えることができます。そう考えると、税負担について、負担額の平等性が維持できる一括税か、所得の生じる事情に配慮した税負担が望ましいかという選択になります。わが国だけでなく、多くの国では柔軟な課税が可能な比例税、すなわち所得に応じた税（所得税）を選択するのが一般的です。しかし、一括税と比例税では経済に与える効果が異なります。

図3.3には比例税の効果が示されています。比例税率 t_P を課すことによっ

て、予算制約線は図3.2の一括税のときよりも低い傾きになります。すると、無差別曲線は U から U_P へと移動するため、余暇時間は②のように l^* から l_P へと増加、労働所得は③のように y^* から y_P へと減少します。

このとき、図3.2の一括税と比較すると、一括税のときは余暇時間が減少しているのに、比例税では増加していることがわかります。これは一括税が予算制約線の平行移動だった一方で、比例税が予算制約線の傾きを低下させることに由来します。比例税は所得額を元に課税しようとして、実質的には時間給にも作用してしまうことが根本原因です。そして、両者の違いは時間給にも作用することで生じる代替効果です。なお、次節以降に重要になる比例税で徴収できる税額も確認しておきましょう。点 l_P の課税前の時間給水準と課税後の時間給水準の差に当たる④の部分が比例税による税収に当たります。

3.5　比例税と代替効果

比例税における代替効果は**図3.4**に示されています。比例税は一括税がもつ所得効果に加えて、所得額に応じて課税しようとすることで、実質的には時間給に作用してしまい、代替効果を生じさせてしまいます。この過程を一括税との比較で確認すると、比例税が課税された予算制約線は①で示されるので、図3.3のときと同じように、最適な余暇水準は点 l_P となります。

このときの効用水準 $\bar{U}$ を維持する一括税を考えてみます。一括税は②のように課税前の予算制約線の平行移動で描けるため、無差別曲線と一括税の予算制約線が接する点 l_L が最適な余暇水準になります。3.3節では一括税は所得効果だけ生じると述べましたが、一括税が余暇と労働所得を減らす所得効果（❷の効果）によって余暇時間を l_L へと減少させたと描けることを意味します。一方で、比例税は所得効果に加えて、代替効果も生じます。代替効果は予算制約線が②から①へと傾斜が変わったことが原因で、❶のように余暇を純粋に増やしてしまいます。では、予算制約線の傾斜の際に生じる代替効果で具体的に何が起きているのでしょうか。

代替効果とは自身の選好のなかで市場価格に一致するような行動を選択して、経済環境に適応する行為です。第2章の2.2.7項でも簡単に解説しました

図3.4 比例税の超過負担（金銭基準）

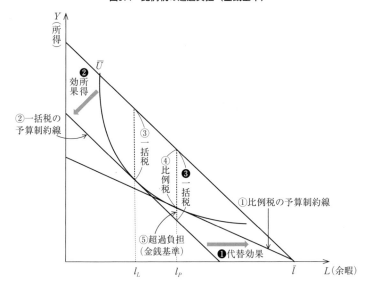

が、代替効果は高価なものを避けて安価なものを多く選択する効果とも言い換えられます。なぜ、経済環境に適応することが安価なものを多く選択することに繋がるのでしょうか。第2章で経済学では価格が市場からの情報として最も重要だと述べました。市場の価格は家計にとっては費用を意味し、市場が提供する価格情報を使って、自身の選好が許す範囲内で低費用なものを選択することで人々は生活水準を最適にすることができるからです。家計だけでなく、すべての経済主体が価格という情報を使って、経済環境への適応、すなわち最適化を実現しているのです。

このとき、余暇と労働所得の費用をどう測ったらよいでしょうか。余暇と所得が対になっているので、比較がむずかしそうですが、次のように考えることで比較可能となります[4]。まず、基準にする側と評価される側を考えます。たとえば、1時間を評価される側と考えて、時給を基準に考えると、1時間の価値を金銭で測ることになり、時給が1時間1000円から1250円に変化した場合には日常生活で見ている「時給基準で測った余暇の価値」を表すことができます。逆に、評価される側の価値で基準となる側を測るという方法もあります。

第3章 所得課税と超過負担 | 055

このときは基準と評価される側を入れ換えて「余暇基準で測った時給の価値」
を求める必要があります。時給が1000円から1250円に変化した場合、1000円を
稼ぐのに60分かかったものが48分になったと時給1000円の価値が時間に変換さ
れます。このとき、いずれを基準にするにしても、基準となる側を分子、評価
される側を分母に置くように、分数を応用することで計算可能です。まず、余
暇1時間と時間給 w の比は「余暇時間：時間給 = 1：w」という関係で示すこ
とができます。このとき、「金銭基準で測った余暇の価値」は時給を余暇時間
で割った金額表記の $w/1 = w$ となります。逆に、「余暇基準で測った時給の価
値」はその逆数の時間表記の $1/w$ で得られます。

　どちらを基準にとっても、本来は問題ないですが、変化する側の価値変化を
理解したい場合には、変化しない側の価値で変化する側の価値の変化を見るの
が望ましいといえます。たとえば、リンゴの価値（味や栄養価など）が変わら
ない状態でリンゴの価格が変わる際に、お金の価値の変化を知りたい場合がそ
れにあたります。100円のリンゴが200円になった場合、リンゴの品質が変わら
なかったとすれば、リンゴの「品質基準で測った金銭の価値」の変化を見る
と、1/100が1/200がとなったと計算できます。すると、品質基準で見ると、金
銭の評価は品質が0.01から0.005へと価値が落ちたと言い換えることができま
す。今回は余暇と所得という2つの概念がセットになっていて、所得という金
銭に課税されることから、所得の価値が評価されると考えられます。一方、1
時間の労働であきらめなければならない余暇の価値は課税の前後でその質が変
わることはないので、余暇を基準にして変化する時間給の評価をすることにし

　4）対になる価値で評価が混乱する類例は為替レートです。為替レートは1米ドル＝100円
　　が1米ドル＝120円になると円安になるといいます。これは米ドルの評価を日本円の基準
　　で測る「自国通貨建て」だからです。本文で解説したように、円の評価を米ドル基準で
　　測る（すなわち円安・円高で評価する）には、評価される価値の側を分母に置いて評価
　　する必要があるため、評価される価値である「円」を逆数にする必要があります。ちな
　　みに、米ドルの評価を日本円の基準で測る「外国通貨建て」では、米ドルの評価を日本
　　円の基準で測る（すなわちドル安・ドル高で評価する）ので、逆数にせずにそのまま評
　　価可能です。なお、米ドル、英ポンドやユーロは他国の通貨価値を基準にして自国の通
　　貨を評価する「外国通貨建て」が使われるので、このような混乱は生じません。

ます。すると、「余暇基準で測った時給の価値」である $1/w$ によって評価することになります。この分数は「時給1円を得るのに必要となる余暇時間」という「時間」単位で計測していること（時間基準）になります。

　もともと余暇1時間と時間給 w の比は「余暇時間：時間給 = 1：w」ですが、比例税の所得税が課税されると「余暇：時間給 = 1：$(1-t_P)w$」に変わってしまいます。その結果、労働所得の時間的費用は、$1/w$ から $1/(1-t_P)w$ になります。課税によって分母が小さくなることから、$1/w < 1/(1-t_P)w$ となるので、労働所得を時間という基準で測ると、課税後のほうが労働所得の時間的価値が高くなってしまいます。すなわち、課税によって労働所得の時間的費用が高なり、課税後も変わらない余暇の価値が「相対的に」安くなったことを意味します[5]。

　代替効果は高価なものを避けて、安価なものを選択する効果と述べました。安価や高価という考え方は相対的なものなので、高価になったものを避けて、他のものに移し替えると言い換えることができます。すなわち、比例税にともなう代替効果では課税で高価となった時給（労働所得）を避けて、価値が変わらないために相対的に安価になった余暇に振り替えてしまいます。ある資源の価値が上がれば、価値が変わらなかったり、価値が下がっている資源を多く使用することで、値段の上がった資源の使用を抑えて、変えられない予算のなかでやりくりしようとする節約は自然な行為です。

　結果的に、課税という金銭的負担により、所得が減少する効果では所得が一方的に減ってしまうので、それを補うべく余暇を削って、労働所得の減少を補う所得効果が生じます。一方で、余暇と労働所得の相対価値は課税によって、

5）「相対的」というのは、それ自身の価格は変化していなくとも、他の価格が変化すれば、価値が変化したのと同じことになるという意味です。なお、本文の説明が唐突でわかりにくい場合には、1時間の仕事で稼ぐ手取り所得が課税によって減ってしまうので、課税前には1時間で1000円稼げたのに、課税後に手取り所得を1000円稼ぐには1時間より多くの時間がかかることを考えてみましょう。すると、所得1000円を稼ぐことが課税によって以前よりも困難になる、すなわち所得1000円を得るのが余暇1時間よりも大変になるといえます。所得1000円を稼ぐのが大変になるなら、楽な余暇を使って節約しようと行動することになります。

第3章　所得課税と超過負担　**057**

後者が高くなってしまうので、高いものを嫌気して、安い余暇に振り替えてしまいます。結果、経済水準の悪化を回復すべく、余暇から労働所得へと振り替えようとする所得効果と、課税によって高価になった労働所得から余暇へと移し替えようとする代替効果の間で打ち消し合う効果を起こしてしまいます。この点が、所得効果だけですむ一括税と異なる点です。比例税は一括税ほど、労働促進的ではなく、労働減退的な部分を持ち合わせている点が重要です。

3.6 所得効果と代替効果の関係

　所得効果と代替効果はどのような関係にあるのでしょうか。所得効果も代替効果も家計の満足度を最大にするために必要な効果ですが、価格上昇時の効果の向きが違います。所得効果は経済水準に関するバランス、別の言い方をすれば、経済的豊かさに適応しようとする効果です。代替効果は経済水準とは別に、最も満足できる支出の組み合わせ、別の言い方をすれば、市場価格という環境に適応しようとする効果です。それぞれについて、くわしく確認しながら、この2つが合成される効果を考えてみましょう。

　所得効果は純粋に経済水準に応じて、家計が消費や余暇を同じ方向にできるだけ均等に増減させることで適応しようとする作用です。高所得家計はありあまる所得を背景に、高価な消費と長い余暇を楽しもうとしますし、低所得家計は生命を維持することが最優先となるので、徹底的に節約したとしても消費も余暇もほとんどない状態になります。すなわち、豊かさの違いで利用できる消費と余暇の総量が異なるのは自然です。また、所得に課税されても、余暇に課税されても、課税という行為はその人がもつことができる所得や時間を減らすことに繋がります。日本でも大宝律令では庸とよばれる労役が、戦前には兵役が課されたこともありますが、本来の課税は金銭に限ったものではありません。いずれに課税しても、その人の利用できる資源が減るという意味では同じで、家計はいずれかまたはすべてに課税されたとしても、課税後の状況を考えながら、経済水準に合わせてよりよいバランスを取ろうとします。

　代替効果は決められた経済水準のなかで、安価なものを多く選択して、高価なものの利用を抑えることで市場価格に適応しようとする作用です。特定の

財・サービスが高価になった場合、購入する組み合わせの比率を価格が変わる前と同じ割合に維持するより、価値が変わらずに相対的に安価に見える財・サービスを多めに消費することで、経済環境への適応による便益を享受できます。たとえば、1000円の予算のなかで、100円の緑茶と烏龍茶があったとして、5本ずつ買うのが望ましいと考えていた人が、価格変更で緑茶が150円、烏龍茶が50円になった場合を考えます。この場合、これまでどおり5本ずつ買うよりも、緑茶を1本あきらめて緑茶を4本にすれば、烏龍茶を8本買うことができ、1000円で購入できたお茶が10本から12本に増えてうれしくなるかもしれません。このとき、代替効果の原則である市場価格に自身の配分割合を適応させる作用がないと、先の例では価格変更があっても行動を変えないため、最適化はできない（所得効果も生じない）ことになります。課税でも同じで、代替効果は課税で高費用になった選択を減らし、相対的に低費用なものを増やすというリバランスを引き起こします。

　比例税は経済水準に応じた柔軟な課税ができるので、家計の所得が減少する（すなわち経済水準が低下する）所得効果を通じて、生活水準に合わせて労働を促しますが、時間給にも影響してしまうために労働で所得を得ることが高価になるという代替効果も生じさせて、課税で負担が重くなった労働所得をあきらめさせ、課税されない余暇で満足させようともします。結果、所得効果と代替効果は相互を打ち消し合う効果を生じさせてしまいます。本書の比例税では余暇が増加するとしていますが、打ち消し合う所得効果と代替効果の大きさの違いで、余暇が増えるか減るかが決まります。

　労働と余暇の選択だけでなく、所得に一定額を課税する一括税は所得効果だけを引き起こします。政府に運営費が必要である以上、家計の所得や余暇に負荷をかけることは仕方のないことでもあります。政府の運営費の調達のために国民の経済水準を下げること自体は不可避だからです。一方、比例税は所得効果に加えて、さらに代替効果を生じさせることを解説しました。代替効果は所得効果と異なり、余暇時間を増やし、労働時間を減らす効果があると述べました。余暇時間や労働時間を増やすも減らすも個人の自由で、課税によって資源配分が変わるだけで、個人が環境に適応するための代替効果は大きな問題がないようにも思えますが、代替効果は実体経済にさらなる負担を与えるというこ

第3章　所得課税と超過負担　059

まった問題を生じさせます。

3.7 超過負担の解釈と代替効果の影響

　所得効果は経済水準の変化を表しますが、代替効果は資源配分の変化を表す効果です。代替効果による資源配分の変化が実体経済にもたらすこまった問題も先の図3.4で示すことができます。ここでは代替効果による労働減少効果が所得効果による労働増加よりも大きなケースを示していますが、代替効果が所得効果より小さくとも説明は変わりません。図3.4では同じ効用水準で固定した際に、③が一括税で課税したときの税収、④が比例税で課税したときの税収を示しています。一括税の予算制約線が平行で、❸は③と同じ長さであることから、一括税の税収は❸で表現できるともいえ、④よりも長いことがわかります。すなわち、課税にともなう効用水準の低下が同じでも、一括税の税収❸より比例税の税収④のほうが税収が小さくなっているのがわかります。すなわち、比例税で税を徴収すると、税収は⑤で示された分だけ税収が減ってしまいます。これを課税における**超過負担**といいます[6]。

　なぜ、税収が減少するのでしょうか。一括税は❸の税収を得ることができますが、比例税は❷で示される所得効果と❶で示される代替効果の組み合わせで④の税収になったと解釈できます。このとき、代替効果の❶が重要で、余暇時間が増え、労働時間が減るという資源配分の性質的変更が生じているといえます。比例税の課税によって、労働所得を避ける代替効果が生じたため、所得効果だけなら増える労働を萎縮させて、金銭収入を減らすことで税収を減らしたと考えることができます。すなわち、代替効果が超過負担の原因といえることになります。別の言い方をすれば、比例税が労働所得の価値を上昇させてしまったために、安価になった余暇へと節約行動を誘発してしまい、本来期待して

6）超過負担は労働市場の需要曲線と供給曲線を利用することで、第5章の間接税で示すような余剰による表現も可能です。両者とも同一の効果ですが、本章では超過負担が生じる源泉が課税物件を避ける代替効果にあることを示すために、個人の余暇と所得の選択による課税の効果として示しています。

いた一括税と同水準の課税ができずに、「税収の目減り」が生じたと考えることができるのです[7]。

　国民の厚生水準（効用水準）が一括税でも比例税でも同じであれば、政府の資金調達の問題なので、税収が減って政府がこまることは、国民には関係ないと思うかもしれません。しかし、政府の予算が決まっていて、決められた一定額の税収をどうしても集めなければならない場合があります。一括税ではなく比例税を選ぶと減ってしまう税収を超過負担といいました。同じだけの効用水準の悪化を条件とすると、一括税で10兆円の税収が集まるのに、比例税では超過負担のためにたとえば9兆円にとどまるなど、10兆円を集めることができません。そうなると、一括税のときの効用よりも悪化させてでも、税収10兆円の確保を優先せざるをえません。その結果、一定額の税収が必要な場合、比例税は一括税よりも国民の痛税感を高めて（効用水準を悪化させて）でも、税収を確保を優先させる必要が生じます。

　図3.5には一括税と同じ水準の税収を集める場合に生じる比例税の超過負担が示されています。なお、税収を同じにするということを**税収中立**とよび、一括税と税収中立な比例税の間でも超過負担を示すことができます。一括税と税収中立な比例税の間の超過負担は、金額で示すことができないので、U_LとU_Pのように、効用水準で表現することになります。まず、一括税の税収は①で示され、同じ効用水準であれば、比例税の税収は②になります。これでは税収中立ではないので、③のように①と❷が等しくなるまで、税率を上げることにします。すると、一括税と税収中立な比例税❷を作ることができます。税収中立の効用水準で、一括税と比例税との比較で④のようになっており、効用水準は$U_L > U_P$となるので、比例税は一括税よりも効用水準を悪化させています。この効用の低下分を**厚生基準の超過負担**といいます。一方、図3.4の⑤で述べた「税収の目減り」は**金銭基準の超過負担**といいます。

7）わかりにくいかもしれませんが、代替効果は家計の効用水準を変化させていませんが、家計の資源配分のバランスを一方向に変更させ、税収を変化させてしてしまっていることが重要です。資源配分の変化は当事者には影響がなくても周囲に影響を与えているという点が代替効果が注目される理由です。

図3.5 比例税の超過負担（厚生基準）

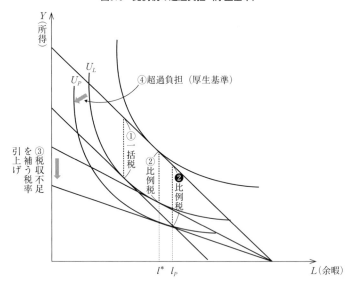

　超過負担の意味を考えてみましょう。超過負担を分解すれば、「超過した負担」という意味になり、「超過」は超えて行き過ぎたという意味になります。何を超えたのかというと、目に見えるの国民の金銭負担です。たとえば、政府が国民に10兆円の税負担を求めた場合、本来の負担は額面どおり10兆円です。一括税であれば、所得効果だけなので、超過負担は生じません。でも、比例税では代替効果が生じるため、超過負担という10兆円だけでないプラス・アルファの負担が生じることを意味します。政府から見れば税収の減少という金額として、国民から見れば一定の税収を集めるのに強いられた金額に表れない効用水準の悪化として描くことができます。この場合、経済全体に与える意味では、金銭基準で見ても、厚生基準で見ても同じです。比例税で得られた税収で十分であれば、一括税を用いると効用水準の悪化がより軽減できるともいえますし、比例税で得た税額は一括税で得られたであろう税収に超過負担分の目減りが生じたものといえるからです。金銭基準、厚生基準のいずれで見ても、超過負担によって、目に見えて負担する税額を「超えて行き過ぎた負担」が生じていることがわかります。

実際に徴収できた税収に比べれば、超過負担は表面上見えず、わかりにくい負担です。しかしながら、経済学が費用と便益を重視する学問であることを考えれば、経済に対する負担は無視することはできません。比例税を用いると、経済全体に税額以外に直接目視できないかたちで追加の負担が生じることを認識しておく必要があるのです。

3.8　比例税の便益と負担

　超過負担が生じるから比例税は止めるべきだ。これは正しい言説でしょうか。古代は別にして、世界中の税制を見ると、一括税中心の所得課税を実施する国家は見当たりません。比例税には3.4節でも述べた所得税としての所得に応じた柔軟性があります。すなわち、所得水準の一定割合で課税されるという性質上、所得のない人は無税、高所得の人には相応の高額が課税できます。一方、一括税は所得にかかわらず課税される国民の経済状況をかえりみません。そのため、低所得の人には相対的に重い負担、高い人には軽い負担になりがちです。すなわち、比例税にも長所があります。一方で、市場価格にも作用することから、超過負担は、その長所を使うための費用ともいえるのです。

　このような見えない負担は、日常生活にもさまざまなかたちで見られます。たとえば、教育的指導としての叱責を考えてみましょう。親が子どもに勉強をさせることで何かしらの経済的利益が出ると考えます。このとき、叱責によって勉強させる場合と対話によって子どもが勉強する場合を考えます。叱責には子どもへの痛みという即効性があるので親の費用は少なく、対話は時間と親の手間がかかると考えます。手早く子どもを勉強させるには叱責によって子どもを勉強させるのが効率的といえるでしょう。しかし、叱責は子どもの心に大きな傷を残します。対話は子どもが納得するまでじっくりと時間をかける必要があり、勉強時間がその分削られてしまいます。さらに、対話する親自身にも、子どもが納得するために、さまざまな疑問に答えられる準備も必要です。すなわち、有形無形の費用が生じます。では、どちらが望ましいのか、これは家庭の価値判断によって違うでしょうが、費用と便益の比較が必要です。課税も同じで、一括税は超過負担が生じませんが、低所得の人々に過大な負担がかかり

第3章　所得課税と超過負担　063

ます。すなわち、高齢者や病床の低所得の人々への課税によって強い不満をもつことが容易に予想されます。一方、比例税では超過負担は生じますが、低所得の人々には許容できる範囲の負担にとどめられます。

3.9 課税に必要な慎重さ

　政府は経済活動から資金を調達したいのであって、経済活動自体を変質させたいのではありません。しかし、一括税は所得水準に応じて負担感が異なり、高所得者よりも低所得者の痛税感が強くなります。そのため、社会的にも合意が困難になるため、負担感が一括税よりも等しくなりやすい比例税という選択肢が最も現実的な手段になります。一括税は代替効果を誘発しない経済効率性という意味でクリーンな課税ですが、所得格差に問題が生じる課税手段であり、一方、比例税は所得格差に問題が生じにくい課税手段ではあるものの、代替効果を通じて経済行動を変質させてしまうことを解説しました。

　このとき、代替効果によってもたらされる超過負担は「見えない費用」を、経済学的に表出させる重要な概念です。国民目線で見れば、一定の税収を得るために、金額には現れない効用水準の低下というかたちで「見えない費用」を引き受けているといえます。一方で、政府目線で見れば、本来得られたであろう税収を所得格差の配慮のためにあきらめざるをえなかった「見えない費用」を払ったといえます。さらに、政治家からすれば、税額には現れないかたちの国民の不満が「見えない費用」であり、民主主義社会では政権与党に不利なかたちで選挙に影響する可能性すらあるでしょう。「相手の立場を理解できるまで、人を評価してはいけない」(Don't judge a man until you've walked a mile in his shoes.) というアメリカ先住民のことわざがあります。政府は経費調達のために経済から得た金銭（税収）だけに目を奪われるのではなく、国民が負担している「見えない費用」をも含めた社会の全負担を評価し、相手の立場を理解したうえで、課税する必要があるのです。

　課税手段の一括税、比例税、それぞれに長所と短所があり、使い分けがされています。現代のほとんどの国家では比例税を採用し、日本であれば比例税主体で、一括税は住民税の均等割部分などに限定されます。また、住民税の均等

割は所得条件で減免措置もあるので、完全な一括税ではありません。この使い分けは、第12章で解説するように、国が所得格差是正を主に担当し、地方は住民サービスを地元でまかなうべきという考え方のもとで、地方の住民税に町内会費のような性質をもたせるところに起源をもちます。そのうえで、原則的に所得にかかわらず、住民サービスの最低限の部分を会費として均等に負担することで、住民自治への費用意識をもたせ、コスト意識を他人任せにしない効果をもっています。このように、実際の政策でも、長所短所を活かした使い分けが行われているのです[8]。

　比例税で生じる課税の「見えない費用」を経済全体が負担していることをふまえると、一括税と比例税の組み合わせ方についても、どちらか二者択一ではなく、さまざまな利害関係者の対話を通じて、税制の細部にいたるあり方について、あらゆる組み合わせを考案しながら、社会的に負担のあり方を合意していく必要があるのです。

---

8) 間接税の部分で解説しますが、超過負担は税率や価格弾力性が大きくなると急増することが知られています。そのため、何でも比例税にするのではなく、一括税を加える部分も必要になります。

第3章　所得課税と超過負担　065

第4章

法人税
──リスク選択と資金調達

　課税には経済活動への歪みがある、社会ではよく指摘される言葉です。本章では法人税が企業行動に与える影響を用いて、課税が市場活動をどう歪曲するかを解説します[1]。法人税を課される側の企業は、大航海時代に海洋活動にともなう船の沈没や海賊からの盗難などの危険に対応するために株式会社が出現したように、リスクのある事業に資源を投入して大きな利益を求めることが使命です。また、アイデアやノウハウはあっても、資金がないというのが一般的で、資金ギャップを埋める金融の存在によって資本主義社会が繁栄する契機となったことからもあきらかなように、企業経営には資金の出し手の返済懸念を払拭する営みである資金調達が重要なテーマの一つです。法人税はそのような企業活動において、リスクが顕在化せずに利益が出た場合に課税を行うのが一般的です。このように考えると、利益が出ている企業に課税するのは問題なさそうですが、課税には所得税で学んだような税負担者の行動変容を生じさせてしまいます。その影響がどういうかたちで社会に影響するかを見定めることは公共経済学において求められる重要なテーマでもあります。

1）歪曲するという言葉は、「歪」が「不」と「正」で構築されるように正しくない方向に「曲」げることを意味します。英語に同じ主旨の言葉で distort というものがあり、接頭語 dis は「（正しさから）離れた」の意味で、語幹 tort は「曲げる」の意味となっており、まさに歪曲そのものと同義になっています。日本語では歪曲という言葉は「事実を歪曲する」という際によく使い、経済学でも distort の名詞形である distortion は「歪み」と表現しますが、本書では語源に沿ったかたちで「歪曲」という表現を使います。

4.1 法人と法人税

　法人とは、英語では corporation と示され、ラテン語の「（団体を含む）体を形成する」という意味の corporare が語源とされています。すなわち、法人とは人々が集まって"団体"を形成し、擬人化された「法律上の人」が一人の人のように振る舞うことを意味しています。法人税はこの法人の活動に課される税です。法人を擬人化することについては、法人実在説と法人擬制説という 2 つの考え方があり、法人という擬人的概念を実際の人間に近い存在と考えるのか、あくまでも仮想的な存在として便宜的に使うにすぎないと考えるか、で異なります。ただし、どちらか一方の立場を取るということはなく、両者を都合に合わせて使い分けるのが現実的な使い方です。

　法人実在説とは、会社は人の集団が一つのまとまりとして活動しているので、人間と同じように政府により恩恵を受けていると考え、個人への課税と同じく課税されるべきと考えます。一方、**法人擬制説**は、会社はあくまでも擬人化されただけであり、会社の所有者（株主）の所有物なので、根源的には企業の所有者である人間の所得に対して課税すべきと考えます。法人実在説からすれば、法人税は人に課税するのと同じなので、課税に何ら問題ないと考え、法人擬制説からすれば、会社が契約や取引をする際に擬人化することが法執行上便利であったり、法人税は会社の所有者に課税する代わりの便宜的手段にすぎないと考えます。

　公共経済学はこの 2 つの立場のなかで、後者の法人擬制説を重視します。その理由は、とくに法人税という税目が所得税でも解説した超過負担や本章で解説する資金調達にともなう経済活動の歪曲という、多くのやっかいな問題を抱えているからで、公共経済学がとくに重視する課税にともなうさまざまな負担を解消するには法人擬制説の立場のほうが都合がよいのです。

　法人税は所得税の一種として、企業が黒字を出した場合にのみ、定率の税をかける比例税を課すのが原則です。一括税を使わないのは、赤字の企業に定額の負担を課してしまうと、資金不足で倒産を引き起こしてしまい、国内の産業活動を萎縮させてしまうからです。したがって、わが国の赤字企業は地方法人税の一括部分を少額だけ納めて、黒字企業が法人税を納税しています。

4.2 法人税の超過負担

最初に、所得税と同じように法人税でも超過負担が生じることを、企業が安全資産を運用する事業だけを行っている場合で確認してみましょう。安全資産とは国債のような破綻するリスクがほとんどなく、運用することで確実に利益が得られる資産を指します。図 **4.1** には収益率 r がかならず実現される資本市場で、第 1 期に資金を投資したり借り入れたりして、第 2 期にそれを精算してそれぞれの時点で資金を配分することを考えます。この企業が現在手持ちでもてる資金は図4.1の①の「初期保有点」で示された点 (m_1, m_2) になります（数字の 1、2 は時点を表します）。m_1 が m_2 より大きいのは、現時点で多めの資金があり、将来の安全資産運用以外の収入はないとします。なお、実際の解説では使いませんが、借入も可能で、そのときの利子率は r で同じだとします。

この企業が資金運用すると、かならず利益が得られて法人税がかかることから、②のように元本を K、元本の収益率を r、法人税の税率を t_p と表すと、

図4.1　安全資産の運用と法人税

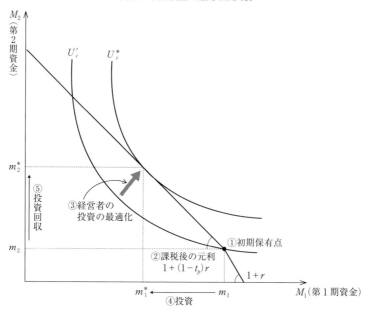

図4.2　法人税の超過負担（金銭基準）

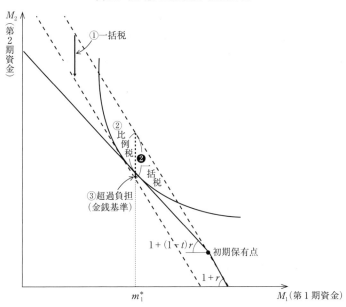

法人税課税後の利子は $(1+(1-t_p)r)K$ になります[2]。このとき、企業の経営者の無差別曲線を考えると、③のように U_c' から U_c^* へと最適化した点が点 (m_1^*, m_2^*) になります。その結果、④のように $m_1-m_1^*$ だけ安全資産に投資して、⑤のように法人税率の分だけ課税された後に手元に残った $m_2^*-m_2$ を第2期に回収しようとします。このように、企業の経営者は安全資産に投資して、比例税の法人税がかかったとしても、第2期に利子と合わせて収入を得たほうが望ましいと考えます。

　第3章の所得税で解説した「見えない負担」である超過負担は**図4.2**に示されています。経営者の無差別曲線を固定したうえで、法人税を比例税ではな

2）企業の利子所得（受取利息）は益金として法人税率が適用されます。ただ、同時に企業の借入金の支払利息も損金として認められ、企業全体の利益である所得に税率がかかります。ここでの解説は企業が借入による資金調達をせず、所定の資産の運用しかしていないと考えているため、利子所得に法人税率がかかります。

く、一括税で課税することを考えます。第3章で説明したように、破線で示される比例税ではなく一括税であれば、予算制約線の傾きが課税前と変わらないので、課税前の予算制約線を①のように無差別曲線と接するまで下へ平行移動させます。すると、比例税と同じ効用水準で得られる一括税の税額がわかります。一方、比例税の場合の税収は②で示され、一括税の税額は平行移動することで❷だといえることから、比例税のほうが一括税より税収が減っていることが確認でき、③が（金銭基準の）超過負担となることがわかります。

このように、法人税が比例税という手段を取る以上、所得税と同じく、超過負担が生じてしまいます。もちろん、4.1節で解説したように、法人税を一括税にすることは望ましくありませんが、結果的に比例税を取らざるをえないことで、代替効果を通じた超過負担が生じていることが確認できます。

4.3　リスク事業と機会費用

リスクがともなう事業を企業が実施する際には法人税はどのような影響を与えるでしょうか。**図4.3**にはリスクをともなう事業がある場合の企業の経営者の事業選択を示しています。「①リスクがある事業」は成功すると i^H という高い収入（high income）が見込まれる一方、失敗すると i^L という低い収入（low income）になる事業を考えます。「②リスクがない事業」は運が良くても悪くても水準 i^C の収入が見込まれる事業だとします。

このとき、企業の経営者はどちらを選ぶのがよいかは企業経営者の**リスク態度**で変わってきます。図4.3には「⑦リスク回避度の低い経営者」と「⑦リスク回避度の高い経営者」の無差別曲線が示されています。いずれの経営者も「①リスクがある事業」と「②リスクがない事業」における無差別曲線の位置を比較して、より効用が高い（グラフでは右上に位置する）事業を選択することになります。たとえば、「リスク回避度の低い経営者」はもともとリスクに対して寛容なので、「①リスクがある事業」のほうが「②リスクがない事業」よりも無差別曲線が右上にあるので、「①リスクがある事業」を選ぶことになります。一方で、「リスク回避度の高い経営者」はその逆の「②リスクがない事業」を選びます。

070

図4.3 経営者によるリスク事業の選択

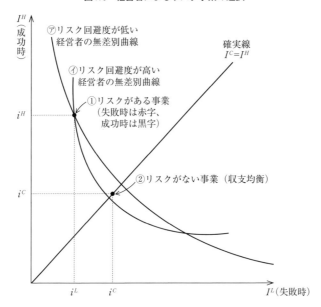

　ここに法人税を課したらどうなるでしょう。この場合、法人税は i^H のときだけ課されると考えてみましょう。「①リスクがある事業」では運が良ければ（i^H）黒字が生じて法人税が課税され、運が悪ければ（i^L）赤字が生じて法人税が課税されず、「②リスクがない事業」（i^C）では収支が均衡して法人税が課されないような場合です。

　法人税が課された**図4.4**を見ると、「㋐リスク回避度の低い経営者」にとって、法人税が課税されなければ効用水準が高く魅力的だったリスク事業が、法人税がⒶだけ課税されるとⒷのようにその魅力が減ってしまい、「②リスクがない事業」を選択したほうがより満足度が上がってしまいます。なお、「㋑リスク回避度の高い経営者」はもともと「②リスクがない事業」を選択するので、結果的に誰もリスク事業を取らず、法人税は徴収できません。すなわち、法人税はリスクのある事業を取り組みたい経営者にとって、リスクを取ることを踏みとどまる原因にもなってしまいます。

　黒字法人以外にも課税する法人税であれば、このようなことは回避できます

図4.4 法人税とリスク事業の選択

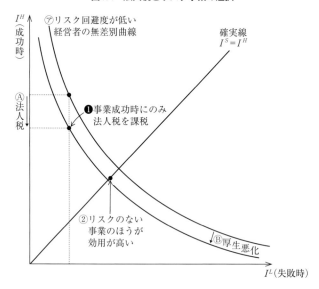

が、利益のない法人への課税は現実的には不可能なため、法人税が経営者のリスクを取る機会を奪っていると考えることができます。このように、黒字法人に対する法人税という課税手段は、ある程度リスクに寛容な経営者がリスクのある事業を実施することをあきらめるという**機会費用**を生じさせているということもできます[3]。したがって、国民が企業にリスクを取って事業を行ってもらい、経済を活性化させたいと考える場合、法人税は超過負担だけでなく、「見えない費用」ともいえる機会費用が生じるため、経済活動を歪曲していることがわかります[4]。

---

3) 機会費用とは、ある特定の生産活動を行う際に、他の生産活動を選んでいた場合に得られたであろう最大の金銭価値のことです。ここでは「リスクのない事業」は収支が均衡し、「リスクのある事業」は成功時に社会全体へ利益が出るので、法人税の課税によってその利益が失われたと考えることができます。

4.4 法人税と二重課税問題

　一般的に税制では**二重課税**は行うべきではないと考えられています。理由は課税物件が経済活動のなかで、多面的な意味合いをもつ場合に、その意味合いごとに課税をしてしまえば、その意図の有無にかかわらず、政府は課税根拠が曖昧なまま国民の所得や資産に際限なく繰り返し課税できるからです。そのため、二重課税は課税において避けるべき規範として注意が払われています。また、複数回の課税は課税効果が複雑化してしまい、最終的にどのような効果を経済に与えるかが追いきれなくなる危険性もあります。もともと租税は超過負担や機会費用といった、課税額以上にさまざまなかたちで経済活動に負担をかけるので、それらが増幅されるようなことは避けなければなりません。

　法人税では法人実在説、法人擬制説の立場にかかわらず、法人の利益に対して法人税を課税したうえで、法人が配当をした場合には株主の配当所得として、株価が上昇した株を売却した場合には得られたキャピタル・ゲインが売却者の譲渡所得として、所得税が課されます。その意味で、法人税は税制が避けるべき法人税と所得税の二重課税に該当しています。詳細は他書に譲りますが、二重課税は上記の倫理的問題に加えて、家計の資産選択と会社の資金調達の各過程で、選択の歪みや超過負担を生じさせるため、多段的に非効率が生じて問題を複雑化してしまいます。そのため、できるだけ1度の課税にとどめるのが望ましく、法人段階での課税は避けて、企業から個人に利益が還元された段階での課税を強化すべきとも主張されます。

4）リスクを取って事業を行って赤字が出た場合、長期に渡ってその損失を将来の所得と相殺する欠損金繰越控除制度という仕組みがあります。そうすることで、リスクを取って失敗した場合の支援につなげる対応もあります。ただ、将来に利益が出なければ相殺することも叶いませんし、失敗した場合でも利益は出たものの、リスクの少ない事業よりも小さかった場合には、小さくなった部分は損失となりません。そのため、リスクを取って失敗した場合の支援といっても、完全にカバーされているわけでもありません。

4.5 資本コストと資金調達問題

　法人税も所得税の一種であり、所得は収入から費用を差し引いて、利益に当たる所得を計算して、所得がプラスの場合に課税する方法を取ります[5]。とくに、税務会計という会社に課税するための会計概念のもとでは、益金と損金とよばれる分類を行い、益金から損金を引いたものを所得と定義しています。このとき、**益金**とは利益ではなく、企業活動のなかで企業に入ってきたお金、**損金**とは損害ではなく、人件費などの費用として企業から出ていったお金をさします。すなわち、入ってきたお金と出ていったお金の差額が利益を表す**所得**になると考えるとわかりやすいでしょう。

　会社の活動を単純化して、本業だけで利益を稼ぐ企業を考えて、益金は営業活動で入る売上 S だけ、損金は人件費や材料費といった生産費 C、企業の固定資産の目減り分である減価償却費 D、銀行からの借入金に対する利払い費である支払利息 E を考えて、会社の利益 P（税務上は所得とよぶ）を計算すると、以下のような式になります。

$$P = S-(C+D+E) \tag{4.1}$$

$$\underset{\text{所得}}{\underline{\text{利益}}} = \underset{\text{益金}}{\underline{\text{売上}}} - \underset{\text{損金}}{(\underline{\text{生産費}＋\text{減価償却}＋\text{支払利息}})}$$

この利益（所得）に対して、法人税がかかります。このとき、法人実効税率という考え方があります。詳細は財政学の書籍に譲りますが、法人税率と法人実効税率の違いは、地方で法人に課される地方税の一部である事業税を損金として計算してよいという法人税課税の独特の計算で生じます。事業税が損金算入されるとわずかに法人税は軽減されることから、法人税関連の内部調整を経た実質的な法人税率という意味で、**法人実効税率**とよびます[6]。そこで、法人実効税率 t_c を課税した後の税引後利益 $(1-t_c)P$ を π で表すと、(4.2)式のように示されます。

　5）経済学では企業は利潤最大化（profit maximization）を行うことから、収入と費用の差を利潤（profit）とよびますが、会計学では利益（profit）とよびます。ここでは会計学上の概念活用するため、利益という用語で統一しています。

$$\pi = (1-t_c)[S-(C+D+E)] \qquad (4.2)$$

税引後利益 ＝ (1−法人実効税率)(売上−[生産費＋減価償却＋支払利息])
　　　　　　　　　　　　　　　益金　　　　　損金

数式で見るとわかりにくいですが、益金から経費である損金を差し引いた残り
を利益である所得ととらえて課税していることがわかります。この(4.2)式の
右辺のなかで、売上から生産費と減価償却費を引いたものを事業を経営するこ
とで得られた利益という意味で営業利益といいます。この営業利益がどのよう
に分配されるかを見る方法として、支払利息の部分を右辺に移動したうえで両
辺を入れ替えて、(4.3)式のように書き直すこともできます。

$$(1-t_c)[S-C-D] = \pi + (1-t_c)E \qquad (4.3)$$

法人税税引後の営業利益 ＝ 税引後所得＋法人税所得控除調整済の支払利息

(4.3)式の左辺は営業利益に法人税を課税した税引後営業利益で、右辺は税引
後の営業利益が株式への還元分である π（配当か内部留保によるキャピタル・ゲ
イン）と法人税による損金控除を考慮した支払利息 E に分配されることを意
味しています。すると、(4.3)式の左辺は実物ベースで得た利益、右辺は金融
ベースで示される利益の分配ととらえることができます。ここで実物ベースと
は企業が実際の営業活動を通じて稼ぎ出した利益を意味します。一方で金融ベ
ースとは企業経営上、必要な株式発行や借入にともなう資金調達先への支払を
意味します。

　企業は株式会社であれば、株式を発行して資金調達をするか、銀行などから
借入を行いますが、営業をするために資金を提供してくれた株主や貸主に得ら
れた利益を還元する必要があります。借入には利息の支払いで還元しますが、
株主には配当というかたちで利益を提供するほか、企業に内部留保というかた
ちで資金を貯めることで株価の上昇（キャピタル・ゲイン）を通じて還元する

6）わが国では事業税や事業所税とよばれるものが、損金算入できます。事業税は「法人が
　行う事業そのものに課される税であり、法人がその事業活動を行うに当たって地方団体
　の各種の行政サービスの提供を受けることから、これに必要な経費を分担すべきである
　という考え方に基づき課税される」（総務省ホームページ）とされ、地方公共団体の行政
　サービスへの応益的対価として、あたかも企業が地方公共団体に利用料を払っている、
　すなわち経費とみなして、損金算入してよいと考えます。

第4章　法人税　075

ことも可能です。

　支払利息 E には、$(1-t_c)$ がかけられています。このまま(4.3)式の意味を読み解くのに苦労すると思いますが、法人税は支払利息を損金と考えるため、法人税の課税を受けずにすむことで、法人税の分だけ支払利息を減らすことができ、支払利息1円の実質的な負担が $(1-t_c)$ 円ですむことを意味します。これを**支払利息の損金算入**といいます。言い換えれば、法人税制によって、支払利息は法人税の控除による補助を受けていると考えることができるのです。一方で、株主への還元には法人税の負担をした後の利益を原資としなければいけないので、借入よりも不利に扱われていると考えることができます。

　これを、経営者（社長）の目線に立って考えてみましょう。経営者にとって、経営に必要な資金が手持ち資金では足りない場合、株式か借入で調達しなければなりません。このとき、株式と借入の資金調達が企業経営に与える影響はまったく同じではなく、たとえば、株式であれば、業績に応じて配当を支払えばいいのですが、配当やキャピタル・ゲインが不十分であれば、経営者として解任されてしまうおそれがあります。一方、借入は経営者の身分に直接影響はありませんが、決められた期限での支払利息が滞ると銀行口座が凍結されて、企業が倒産してしまいます。そう考えると、資金調達の方法が経営者の経営判断に大きな影響を与える可能性があることがわかります。

　このような、株式や借入といった資本を利用する際に経営者が考えなければならない資金調達に関する費用のことを**資本コスト**といいます。経営者にとって、新しく資本を利用する際にこの資本コストは、まさに経営上の費用である以上、できるだけ小さくすることが必要です。(4.3)式の両辺を、株式総額と借入金の総額 T で割ると、その企業に最低限必要な利益率を表す**加重平均資本コスト**（WACC: weighted average cost of capital）が求められます。

$$\frac{(1-t_c)[S-C-D]}{T} = \frac{\pi}{T} + \frac{(1-t_c)E}{T} \tag{4.4}$$

　(4.4)式の左辺は、右辺の資金調達手段の違いによって、経営者が資金提供者に満足してもらうために達成しなければならない利益率を表します[7]。一方、右辺は株主が期待しているであろう利益（右辺の第1項の分子）と借入金

076

に必要な実質的な支払利息（右辺の第2項の分子）を中心に、株式総額と借入額の総額（右辺の第1項と第2項の分母）、法人実効税率（右辺の第2項の分子）で表現できることを示しています。

　経営者にとって(4.4)式で重要なのは、第1項の株主に支払わなければならない資本コストが第2項の負債によるコストよりも、法人税による損金算入効果$(1-t_c)$がない分だけ、加重平均資本コストを高くしている点です。営業利益で伸び悩む可能性がある場合には、新規事業では株式発行よりも借入のほうが資本コストは低くできることを意味します。すなわち、経営者が株式による資金調達を避けて借入をしようとする**誘因（インセンティブ）**を生じさせることがわかります。これを**法人税の負債バイアス**といい、税制由来の課税軽減機能を利用した利益確保手段を**タックス・シールド**といいます。

　すなわち、法人税の存在は銀行などからの借入を優遇して、株式による資金調達を不利にしているといえます。資本主義社会では企業の多くが株式会社であり、株式会社は「株主が経営に関与すべき」とする近年の考え方にもとづけば、経営者のコスト判断によって、資金提供者として株主よりも銀行などの影響力が強くなる法人税の課税方法は、資本主義社会の活動を歪曲しているといえます。資本主義社会では、企業は株主が資本を所有し、雇用された専門経営者が企業を経営することで、資本と経営の分離というかたちで外部監視と専門

7）「内部留保によるキャピタル・ゲイン」と書きましたが、企業は法人税を課税した後の税引後利益を株主に配当したり、その利益を会社の内部に内部留保として、企業内にとどめることができます。内部留保の場合、株主には直接配当が支払われませんが、企業にそのまま利益がとどまっていると考えれば、株価に反映すると考えられます。すなわち、内部留保分だけ株価が上昇することで、キャピタル・ゲイン（資産増価益）が得られることになります。いずれにしても、企業において、とくに経営者は株主に対して提供する資金の源泉となるこの税引後利益をできるだけ多く確保できたかを示すことが求められます。企業が経済活動で得られた利益を配当とするか内部留保とするかについては、経営者の経営判断だけでなく、株主が納付する個人の所得税との関係など複雑な要因で決定されることになります。資金調達が株式よりも、内部留保を中心にするほうが合理性的であるとする「新しい見解」（new view）にもとづく、配当課税との関係に注目した分析もありますが、入門書である本書では、その手前の借入だけがその利払いを損金として計上できる点が重要です。

性の発揮の両者が期待されます。このように考えると、法人税には資本主義社会の健全な発達において、資金調達に必要な資本コストという部分で、銀行借入を促進する歪曲効果を与えていることが確認できます。

4.6　企業活動と法人税

　これまで解説してきた法人税の問題を振り返ってみましょう。法人税は所得税と同じく、超過負担を生じさせます。結果として、税収の目減りや重めの課税というかたちで経済に負担をかけます。さらに、リスクを取ることをためらわせる機会費用を通じて、経済の成長機会を奪っている可能性があります。二重課税の問題もあり、複数回課税することで課税根拠が曖昧なかたちの課税を許す温床になったり、課税による効果が追いきれなくなる危険性もはらんでいます。超過負担は比例税を利用する以上、課税に不可避な問題でもあり、第5章の間接税で解説するように税率の十分な配慮が必要です。また、二重課税は法人税という手段を取る場合には致し方ないとはいえ、複雑化だけは避けなければならないといえるでしょう。

　このとき、資金調達への歪みもありました。資金調達には、株式発行、借入、内部留保の3つがありますが、それぞれの経営状況によって対等に判断できるのであれば問題ないでしょう。しかし、4.5節で解説したように借入に誘因づけられるとすれば、問題があります。資金の貸し手の例として、銀行があげられますが、銀行は預金者への元本と利子の保証が求められるため、返済が困難になる危険をともなうより安全な投資を好みます。高度経済成長期であれば、比較的安全で利益の多い投資も多かったといえるでしょうが、成熟経済となってしまった現代では利益の大きな投資には相応の大きなリスクがともない、銀行などは貸付に躊躇することが考えられます。一方で、株式は企業が倒産した際に株式以外に追加の負担を負うことが必要ないため、リスクを取るには有利な資金調達手段でもあります。このように考えると、成熟経済になっているわが国ではとくに、借入を優遇するかたちになっている法人税のあり方は、リスクを取ることを可能にする株式による資金調達を不利に扱う意味で歪みを与えているといえるのです。このように考えると、法人税がリスクよりも

安全を志向するように企業活動を歪曲していると考えることができます。

　さらに、この資金調達手段への影響は企業の監督にも関わってきます。企業が銀行などからの借入を優先させてしまうと、貸付をしている銀行などの融資側の意向が強く影響するようになります。融資側は融資という性質上、資金回収の確実性を優先するため、融資期間を終えた後の経営状況にはとくに関心をもちません。一方、株主は投資という性質上、企業存続と収益拡大に向けた長期的観点から、経営理念や経営方針などに関心をもちます。財務状況をくわしく監視できる銀行をはじめとした融資側、経営方針の改善ができる株主側、事業成果に責任をもつ経営者側の三者のバランスが必要ですが、法人税は融資側を優遇することになります。

　このように考えると、法人税は意図しないかたちで、資本主義社会で株式会社に求められる株主による**企業統治**（コーポレート・ガバナンス）を弱体化させ、銀行をはじめとした融資側の影響力が高まるように誘因づけてしまっています。近年のコーポレート・ガバナンスでは、企業は関わるすべての利害関係者（ステーク・ホルダー）を公平に取り扱うことが期待されていますので、法人税が融資側を優位に扱うかたちで、企業の統治体制を歪めるのは望ましいとはいえません。

　一方で、法人税をなくすのも困難です。詳細は専門書に譲りますが、経済学の立場からすれば、法人税は法人擬制説に立って、根源的に会社の所有者である個人の所得に課税することが望ましい点は上述のとおりです。しかしながら、配当、内部留保、公開株や非公開株のキャピタル・ゲインなどの所得の発生方法の多様化が進んでいるため、個人に対して、保有する法人から生じた所得を適切に課税することの困難さがあります。そのため、法人段階で所得状況を確定させて一定の課税を行ったうえで、二重課税などの弊害に留意しながら、個人所得としてできるだけ効率的に課税するのが望まれるといえます。

　また、過去の慣習や立法のなかで創出され、一定の期間を通じて社会で実効性をもつようになった法律のことを実定法といいますが、法人税は実定法の一面として、会社の会計を政府によって納税過程のなかで検査することで、企業自身の決算監査の有無や質を問わず、会社の活動を公的に透明化する役割ももっています。**タックス・ヘイブン**（租税回避地）とよばれる地域では法人税の

第4章　法人税　**079**

軽減だけでなく、法人所得の把握も行われていないことも多いため、反社会的な勢力やテロリスト集団が不正確な売上や経費を計上することで**マネー・ロンダリング（資金洗浄）**することにも使われます。法人税によって資金の流れを正しく把握しているその他の国々にとっては、法人税が機能していない国々での不明朗な企業取引は安全保障上の懸念ともなっています。このように、法人税はコーポレート・ガバナンスにおける社会に有害な行為を監視する点からも有益なため、単純になくしてよしとできない実態もあるのです。

4.7　法人税の負担軽減に向けた取り組み

　現実のさまざまな事情から、法人税をやめるわけにいかないなかで、公共経済学は法人税ができるだけ負担が小さくなるあり方をさまざまな方法で模索することになります。なかでも、資金調達の歪みを軽減する方法として、借入の利払や貸付による利子収入といった資金の受け渡しを損金や益金に加えないという考え方があります。こうすると、資金のやりとりがもたらす特別扱いがなくなります。借入金への利払いは益金から損金を控除した所得に法人税を課税した後の資金で支払われることになります。これは企業が配当をする際に、企業の所得に法人税を課税したうえで支払うのと同じになり、資金調達手段に対して中立になります。

　詳細は専門書に譲りますが、企業が資金調達するのは投資するためであると考えるのが一般的です。この投資をした際に損金として考慮されるものに減価償却制度があります。企業には減価償却という会計処理上の考え方があり、企業が設備投資を行ったときに、設備の利用期間のなかで、投資額を分割して損金として計上します。こちらも、生産活動にかかる設備費用という意味で分割して損金に計上することは自然な考え方ですが、法人税制における減価償却制度は仮想的な損金として計上されるため、実際の減価償却額と制度上認められた額の相違により法人税負担が過大になって企業の収益を押し下げることがあります。また、インフレーションが生じると売上額がインフレーション分だけ増加しても、過去の投資によって認められる減価償却額について、インフレーション分の増額を認めなければ、減価償却額が実質価値より過小に評価される

ことによって、実質的な収入が過大評価されて、法人税負担が増加し、企業の収益を押し下げてしまうことも知られています。そのため、減価償却制度についても中立な枠組みが望まれます。このような問題に対しては、減価償却については設備投資した額を投資した時点で全額を損金として認めるという考え方で解決できることが知られています。

このように、資金調達や減価償却で生じる法人税の歪みの問題を解決することが望まれます。借入をはじめとした資金のやりとりを所得計算から外したり、全額の減価償却を投資時点に認めることで、企業の営業部分の現金の出入りに注目する課税を、**キャッシュフロー課税**といいます[8]。なお、キャッシュフロー課税には課税計算上のさまざまな提案が行われています。それらの詳細な議論は他書に譲ります。

以上のように、実定法としての必要性と経済学的な効率性の考え方の間を折衷しながら、法人税のあり方について検討を深めていく必要があります。法人税以外の財政制度も同様ですが、現実的事情や理論的合理性のどちらか一方に傾斜しすぎることなく、現実的要請と効率性のバランスのなかで実際の制度を構築していく必要があります。財政民主主義において、そのバランスは為政者である国民に委ねられるべきであり、それぞれの時代のなかでステークホルダーが議論を深める必要があるといえるでしょう。

8）キャッシュフロー法人税におけるミード報告の実物取引ベース（Rベース）を念頭に解説しています。

第5章

間接税と租税の帰着
—— 租税負担の力学

　課税は、特定の担税者に租税負担を求める租税法として、議会で承認されます。しかし、現実の市場取引のなかではその負担関係が変容してしまい、想定された経済主体とは違う主体にその租税負担を転嫁されてしまうことがあります。本章は、この租税の転嫁と、その帰結を示す帰着の問題について、日常生活でも実感しやすい間接税を使って解説します。

5.1　間接税とは

　間接税とは、納税者と税負担者が一致せず、税負担者の税金を納税者が代わって政府に納税する税のことです。世界的には、付加価値税、財・サービス税、消費税とよばれます。古来からある酒税やタバコ税なども間接税と同じですが、限定された取引のみに課税していた時代には、財では物品税、サービスでは遊興飲食税というかたちもありました。原則的にすべての財・サービスに課税するようになったのは、フランスが1954年に導入した付加価値税が始まりで、比較的新しい税目ともいえます[1]。

　基本的には取引の際に供給者側の本体価格と税額を合わせた税込価格を提示

---

1) 国税としての所得税は1798年のイギリス、法人税は1864年のアメリカで初めて導入されたとされ、両者はいずれもナポレオン戦争、南北戦争の戦費調達が原因でした。付加価値税は第二次世界大戦後の復興期の税収安定化に加え、多段階課税にともなう二重課税の解決や輸出促進を目的として導入されました。

して、需要者が購入時の税込価格を負担、供給者が本体価格を受け取り、需要者にかわって間接税額を納税します[2]。そのため、供給者の限界費用を示す供給曲線の上に間接税額を描き、財・サービスの価格に間接税が賦課された税込価格を見ながら、需要者の行動を表す需要曲線の交点で、取引量の均衡が決まると考えます[3]。

間接税には、本体価格にかかわらず定額、すなわち取引単位に対して定額を課せられる**従量税**（specific tax）t_{sp}（t_{sp} は税額）[4]と、本体価格の一定割合を掛けた額を課税する**従価税**（ad valorem tax）t_a（t_a は税率）があります。従価税の例はわが国の消費税ですが、供給者が販売する本体価格 p_S に、従価税の税率 t_a が課されて、需要者は税込価格を支払います。本書では消費税でも用いられる価格に税率がかかる従価税で解説します。

まず、**図5.1**では、需要曲線 D と供給曲線 S の間で生じる均衡点 E^* が示されています。これは間接税が課されなかったときの需給均衡点になっています。一方、市場取引において、供給価格 p_S に対して従価税による税率 t_a が課されるため、需要者に市場で提示される間接税の税込価格 P と購入量 X との関係が曲線 T として示されます。すると、需要曲線 D と曲線 T との交点が均衡点 E' となり、この市場での取引量 x' が決まります。

次に、従価税のもとでの間接税収を見てみましょう。**図5.2**を見ると、取引量は均衡点 E' における X 軸上の点 x' です。1単位の財 X で見ると、消費者が購入時に支払う税込価格は p_D、供給者の本体価格は p_S なので、間接税額は $p_D - p_S$ で示されることになります。このとき、供給者が本来得る本体価格 p_S に従価税の税率 t_a を掛けた $t_a \times p_S$ が取引される財・サービスの1単位あたり

2）生産設備の減価償却の取り扱いなどの課税方法によって細かな手続きが異なります。くわしくは、財政学の書籍を参照してください。

3）供給者価格と需要者価格でそれぞれの曲線を描き、市場価格とは別とするのが望ましいですが、第6章のピグー税の解説と同じように市場価格を描くことで両者の比較ができるため、本文のような説明をしています。

4）従量税の具体例としてはたばこ税があげられます。たばこ税は国税と地方税、さらにはたばこ税とたばこ特別税で構成され、2023年4月には1本当たり15.244円（1000本当たり1万5244円）となっています。

第5章　間接税と租税の帰着　　**083**

図5.1 従量税と従価税の違い

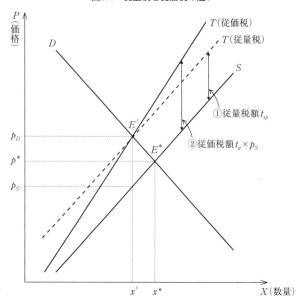

図5.2 総間接税収の図示方法

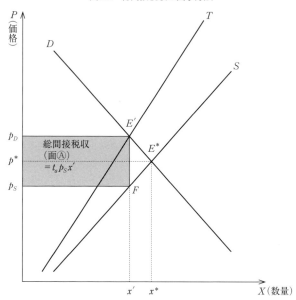

注）p_D は $(1+t_a)p_S$ に等しい

の税額となるので、$p_D - p_S = t_a \times p_S$ という関係式で示されます。

　財・サービスの取引量 1 単位あたりの税額が $t_a \times p_S$ になるので、取引量 x' を掛けることで、間接税収が $t_a p_S x'(= t_a \times p_S \times x')$ となって、図5.2のシャドウ部分にあたる面Ⓐ（四角形 $p_D p_S F E'$）が総間接税収になることがわかります。

5.2　租税の転嫁と帰着

　課税の法律用語に、**課税物件**という言葉があり、課税される経済行為のことを指します。日本の消費税であれば、消費者が消費する行為に対して課税することになりますが、プレゼントなどで譲渡することを考えると、実際の消費者を特定するのが困難なので、購入者が消費すると考えて、課税物件は財やサービスを引き受ける行為とされます。一方、租税の支払の義務がある者のことを**納税主体**といい、消費者が該当しますが、消費者本人が消費するたびに納税するのはむずかしく、さらに納税するのも事務的に煩雑なため、財・サービスの販売者が納税主体になっています。なお、課税物件を生じさせたことで、本来は納税主体であることが望ましい人を**担税者**といいます。

　まとめてみると、課税物件は消費者による消費行為なので、本来なら納税主体は消費者が望ましいものの、現実に把握が困難なため、課税物件を購入者の購入行為、納税主体は販売者として、本来の担税者とは異なる第三者の間で税負担を行います。一方で、第三者である購入者や販売者が間接的に税負担をしているとはいえ、最終的に担税者である消費者が負担するはずなので、問題ないと考えます。これを、専門用語を使って、「第三者に課税された税負担は転嫁されて、最終的に担税者である消費者に帰着して、消費者が担税者になると考えられる」と言い換えることができます。プレゼントなどは財・サービスの購入者が、実際の消費者にその税額分もプレゼントしているといえるので、問題なさそうです[5]。ここまで考えたうえで、購入者や消費者が間接税をすべて負担しているという想定は正しいでしょうか。

　ここまでは課税の法律的な「あるべき姿」、法的規範です。しかしながら、経済学は数理的理解によって、意味的理解の誤解を解く役割をもちます。実際の税負担では、想定された税負担者が実際の負担者と異なることがありえま

す。また、その負担は誰かがすべて負担するのではなく、分担されることも多く、その程度は経済状況に応じて変化しうる流動的なものになります。税負担を本来の納税主体と異なる者に負担を移してしまうこと、さらにはその負担をしたものがさらに他の者へ負担を付け回すことを、**租税の転嫁**といいます。

税の転嫁は間接税だけに起きることではなく、さまざまな税でも起きます。税の転嫁については本来、納税主体から他者へ一度転嫁して終わる場合もありますが、転嫁された側がさらに他者に転嫁することもあります。二度以上転嫁することを更転といいますが、更転も含めて、最終的に誰がその税を負担することになったかを示すことを**租税の帰着**といいます。

5.3 間接税の転嫁と帰着

間接税は、前述のように、財・サービスの取引の際にそれを引き取る消費者が納税主体として税を負担することになります。では、その間接税はどのように転嫁され、他の者に帰着していくのかを解説します。

図5.3では、図5.2でも示された均衡点 E' が需要者にとっての財・サービス X の1単位あたりの税込価格 p_D であり、供給者が税引き後に受け取る本体価格 p_S となります。したがって、総間接税収は p_D と p_S の間の額に取引総量 x' を掛けた面Ⓐ（四角形 p_Dp_SFE'）となります。このとき、間接税が課されなかったときの価格水準 p^* を基準に見ると、間接税の課税によって、需要者は p^* から p_D へと価格が上昇し、供給者は p^* から p_S へと取引価格が下降しています。このように見ると、税収を表す面Ⓐ（四角形 p_Dp_SFE'）のなかで、需要者は面Ⓑ（四角形 p_Dp^*GE'）だけ負担し、供給者に面Ⓒ（四角形 p^*p_SFG）の部分を付け回し、間接税の負担が両者にそれぞれの面積分だけ帰着したと描くことができます[6]。別の表現をすれば、法令上、間接税は担税者である需要者が

---

5) 詳細は財政学のテキストに譲りますが、日本の地方消費税の場合では、購入者と消費者の違いに注目して、地域間への消費税の配分も行われています。たとえば、東京の街中でおしゃれな洋服を買って、地元の地方で使用した場合、購入して納税したのは東京だけれども、消費しているのは地方なので、東京で支払われた消費税は地元に支払われるべきというものです。

図5.3 間接税の帰着と超過負担

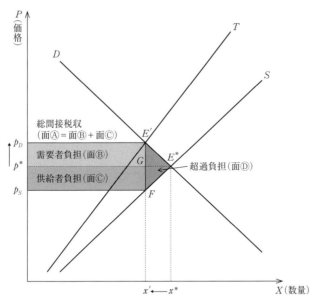

本来すべて負担すべきものの、課税による需要者の価格上昇は一部にとどまり、供給者の販売価格の下降が生じてしまいます。その結果、市場取引では、需要者から供給者に面Ⓒ（四角形 p^*p_SFG）の分だけの税負担が転嫁され、需要者の税負担を面Ⓑ（四角形 p_Dp^*GE'）に抑えることができてしまうことになります。このように、市場取引のなかで課税を行うと、本来の担税者から他の主体に税負担が転嫁、最終的に供給者にも帰着してしまいます。すなわち、市場活動は課税当局が期待する税負担とは違うかたちでその負担を配分する効果をもってしまいます。

ちなみに、所得税で述べた課税にともなう超過負担は面Ⓓ（三角形 EFE^*）の部分に示されています。ここでの超過負担は、間接税の導入で消失した取引

---

6) 需要者と供給者の税負担は、余剰分析としてみれば、それぞれ消費者と生産者の余剰の一部を現金化して課税していると理解できます。そのうえで、後述の超過負担も生じていると解釈できます。

機会にともなう総余剰、あるいは損失した税収となります。もし価格に影響を与える間接税を利用すると、取引価格の上昇により、取引量が x^* から x' へと減ります。取引が減るということは、間接税が課税されなければ、生じていた消費者余剰（面⑩の上部、三角形 $E'GE^*$）や生産者余剰（面⑩の下部、三角形 GFE^*）が消えたことを意味するため、税収以外で生じる（厚生基準の）超過負担として考えることができます。また、別の解釈としては、従価税による間接税は税収が面Ⓐ（四角形 p_Dp_SFE'）で示されていますが、現実的には実施困難な取引の恩恵を事後的に課税する間接税以外の徴税方法を用いれば、面⑩（三角形 EFE^*）も徴税できたと考えられるので、第3章で解説した（金銭基準の）超過負担とみなすこともできます[7]。

5.4 間接税の帰着と価格弾力性の関係

間接税は需要者だけでなく、供給者にも転嫁され、帰着してしまうことがわかりました。このとき、転嫁（結果的には帰着）される程度はどう決まるのでしょうか。ここで、需要と供給それぞれの価格弾力性の相対的な大きさが、この決定要因となります。

図5.4には需要の価格弾力性が高いケースを示しています。第2章の2.2.8項「需要の価格弾力性」ですでに述べましたが、需要と供給のいずれであっても、①のように価格弾力性が高い（すなわちグラフで見れば需要曲線、供給曲線が寝ている状態に近い）ほど、間接税にともなう価格上昇に関する反応が敏感となり、取引量（需要量または供給量）を大きく変えることになります。相対的に価格弾力性が低い場合には、間接税にともなう価格上昇に対する取引量への反応は鈍感となります（**図5.5**の①は需要の価格弾力性が低いケース）。

7）本書で扱うレベルを超えるので詳細は他書に譲りますが、超過負担は税率の上昇比率の自乗に比例することが知られています。たとえば、消費税率が2倍になれば、超過負担は元の4倍（2倍の自乗）となります。その理由は税率が価格の変化（1次元）である一方で、超過負担が価格と数量の積である総額変化（2次元）になるからです。1次元の変化が2次元の変化をもたらす際に、両者を掛け合わせると自乗の効果が生じます。そのため、超過負担の面で税率をできるだけ低めに抑えることが望ましいと考えます。

図5.4 高い需要の価格弾力性と供給者への間接税の転嫁

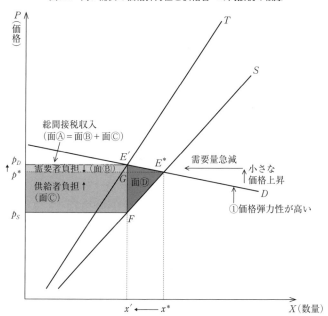

注）図5.3と比べ、p_Dp^*の幅は狭くなっています

　このとき、間接税が課された効果を図5.3と比較してみましょう。なお、需要者の価格弾力性が高い状態を表す図5.4の①において間接税が課されると、図5.3に比べて、税込価格による上昇幅 $p^* \to p_D$ が小さくなります。すると、需要者の間接税の負担額である面Ⓑ（四角形 p_Dp^*GE'）も図5.3よりも図5.4のほうが小さくなっています。価格弾力性が低い場合である図5.5の①では、図5.4とは逆に、税込価格による上昇幅 $p^* \to p_D$ が大きく、需要者の間接税の負担額である面Ⓑ（四角形 p_Dp^*GE'）も大きくなっています。このことは、需要者の価格弾力性が大きくなると需要者の間接税負担は低下し、価格弾力性が小さくなると間接税負担は増加することを意味しています[8]。

　この関係を自然言語で説明すると次のようになります。需要者あるいは供給者のいずれか一方が、取引に切迫しておらず敏感に取引量を変更できる場合、取引に切迫していて鈍感な側は敏感な取引相手の判断に振り回されます。たと

図5.5 低い需要の価格弾力性と需要者への間接税の転嫁

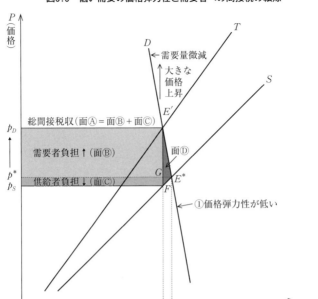

注）図5.3のp_Dp^*と比べ、幅は広くなっています

えば、需要者が価格に敏感な場合には間接税にともなう価格上昇によって、需要量を一気に減らそうとします。一方で、需要者に比べて価格に鈍感な供給者は、課税によって本体価格が下降しても、供給量を大きく減らしたいとは考えないで、販売量（供給量）を維持しようとします。その結果、供給者が販売する財・サービスの大幅な値下げに応じることになります。すなわち、価格弾力性の高い需要者は間接税による価格上昇を機敏に避けることで間接税負担を軽減し、価格弾力性が需要者より低い供給者は間接税の負担を需要者より多く受

8）こちらも本書の範疇を超えるので説明は他の専門書に譲りますが、超過負担も価格弾力性が高いほど大きくなります。直感的な説明にとどめますが、たとえば、図5.3と図5.4、図5.5の面Ⓓ（三角形 EFE^*）の面積を比べてみてください。図5.3より図5.4のほうが面積は大きく、図5.3より図5.5のほうが小さいことがわかります。数理表現による解説は中級の書籍、自然言語表現については授業内の議論など他の媒体で深めてください。

け入れて、供給量を維持することを選択します。その結果、本来、担税者とし
てすべての間接税を負担することが期待される需要者はその税負担の多くを供
給者に転嫁し、最終的に帰着させることができます。これが価格弾力性と租税
の転嫁と帰着における関係です。供給者の価格弾力性の高低にともなう間接税
の転嫁についても、これまで説明してきた需要者と供給者の立場が代わるだけ
で同じ結論となります。

　まとめると、価格弾力性の高い主体は取引量の大きな削減によって、税負担
を逃れようとし、価格弾力性の低い主体は取引量の維持を優先する（第2章の
2.1.4項でも解説した取引を必要とする強度が高い）ため、税負担を受け入れるよ
うになります。なお、租税の転嫁（帰着）の程度は、相対的な弾力性の違いで
決まります。価格弾力性が高い場合でも小さい場合でも、双方とも同程度の価
格弾力性であれば、租税の帰着は均等となります。その意味で、価格弾力性が
取引相手より高いほうが租税負担は軽くなり、低いほうが重くなります。

5.5　所得格差と税負担

　前節5.4で見たとおり、税負担は担税者かどうかにかかわらず、課税が生じ
る取引活動のなかで、価格弾力性を基準にして、転嫁（最終的に帰着）が生じ
ます。では、価格弾力性と経済主体の特徴の間に、どのような対応関係がある
のでしょうか。価格弾力性が高いことは価格の変化に対して取引量を敏感（柔
軟）に変動させることを説明してきました。価格の変化に対して敏感に取引量
を変化させられるということは対象となる財・サービスに対して、代替できる
他の財・サービスがあることを意味します。たとえば、裕福な家計は貴金属の
価格が高騰すれば、価格が高騰していない真珠やクルーザーなどに支出するこ
とができます。一方で、自動車が生活で不可欠となっている家計はガソリン代
の値上げがあったからといって、他の燃料を使うわけにもいかず、自動車での
移動距離を減らすとしても限界があります。

　このように考えると、裕福な家計は消費できる財・サービスの選択肢が広い
ために価格弾力性が高く、経済的にきびしい家計は消費の選択肢が限られてし
まうために価格弾力性が低くなりがちです。供給者でも同じで、多様な財・サ

ービスで多くの利潤を得ている企業であれば、価格変化に対して柔軟に供給量を変更できますが、限られた財・サービスで経営的にもきびしい企業は売上数量の維持のために価格に対して（経営者の思いとは無関係に）鈍感にならざるをえなくなります。このように、それぞれの主体の経済的余裕が価格弾力性に影響を与えています。

　一方で、価格弾力性は間接税の総税収にも影響を与えます。価格弾力性が高い場合には課税によって取引量自体は大きく減りますし、低い場合にはそれほど変わりません。価格弾力性によって取引量と価格が変化するので、価格弾力性が総税収にも大きな影響を与えることになります。たとえば、図5.3に比べて、図5.4は取引量 X が急減するうえ、供給者の本体価格 p_S も低下しています。従価税の場合には供給者の本体価格 p_S に一定の税率 t_a がかかるので、1単位あたりの税額も低下してしまいます。結果として、図5.4の間接税収（面Ⓐ）は図5.3の（面Ⓐ）よりも小さくなってしまいます。同じ考え方を逆にすれば、需要者の価格弾力性が低い図5.5の間接税収（面Ⓐ）は図5.3の（面Ⓐ）よりも大きくなります。このことは、需要者であれ、供給者であれ、価格弾力性が低いほど間接税収は増え、価格弾力性が高いほど間接税収が減ることを意味しています。

　このように考えると、間接税を含む課税は大きなジレンマ（二律背反）を抱えていることがわかります。課税当局からすれば、課税をする以上、多くの税収を得ることが必要なので、価格弾力性の低い財・サービスに課税することが望ましいことになります。しかしながら、価格弾力性の低い財・サービスは多くの場合、経済的にきびしい家計や企業に租税が帰着してしまいます。所得格差の是正のために、高所得者に負担させようと価格弾力性の高い財・サービスに課税すれば、税収はそれほど上がらずに、5.3節や脚注8にあるような超過負担も大きくなってしまいます。すなわち、租税を資金調達としてとらえれば、経済的にきびしい家計や企業に負担を集中させることが望ましくなってしまいます。価格弾力性の高い財・サービスに租税を課税すると総税収は小さくなり、低い財・サービスに課税すると総税収は大きくなるので、税率と課税物件の価格弾力性に逆の関係をもたせるべきとする考えを、**ラムゼイの逆弾力性命題**といいます。このように、税制には税収と租税の帰着において、政策担当

者が国民の声を聞きながらバランスを取らなければならない厄介な問題が横たわっていることがわかります。

また、好景気や不景気などの経済変動も重要です。たとえば、好景気のときには需要者の所得が増加して、価格にこだわらずに大量の消費を志向するために、需要の価格弾力性が低下します。一方で、供給者にとっては、好景気では生産量を増やす取り組みができますが、原材料費や賃金が上がるために採算を重視するために、供給の価格弾力性が上がり、価格変動に合わせて敏感に財・サービスの供給量を調整するでしょう。そうなれば、平時には間接税を、家計と企業が均等に負担していたとしても、好景気のときにはそのほとんどを家計が負担するということも起こります。逆に不景気となると、需要者は価格にこだわり、需要の価格弾力性が上がる一方、供給者は売れ残りが多いと会社の継続が困難になるため、供給の価格弾力性が下がって、担税者であるはずの需要者が間接税をほとんど負担せず、供給者である企業が本体価格の値引きのかたちで引き受けることにもなります。

このように、税の帰着については、経済活動を行う主体の特性やその環境しだいで変化しうることにも配慮しなければなりません。租税は政府の活動経費として、一定額の税収を集める必要がありますが、政府はその集めやすさと負担の配分について、需要の価格弾力性が大きな役割をもち、各主体の特性に配慮しながら、税負担のあり方を検討しなければならないのです[9]。

9）労働所得は人間に与えられた時間や体力に際限がある一方で、不労所得は自身の保有資産の範囲という限界はあるものの、膨大な資産をもつことが可能です。リスクを取らなければなりませんが、大きな資産を際限なく投資することが可能な富裕層はおかれた資源制約に相違があります。さらに、金融資産は国境間移動容易性を含め、租税回避がしやすい部分もあります。そのため、労働所得と不労所得の間で所得格差是正が困難になります。もちろん、逆弾力性命題にあるような税収の徴収のしやすさに任せて租税を避けられない経済主体に過重な負担をかけることも避けなければなりません。逆に、経済全体の活性化を行う経営者や投資家などの、経済的余裕のある経済主体だけに税負担を強いると、第4章の法人税で解説したように、リスクを取る資金が不足し、成長の機会を摘む可能性もあります。

第 6 章

外部性
——市場外現象の市場化と制度の転用

　外部性の「外部」とは市場取引の外部を意味し、市場取引が他の活動に与える影響を外部性、その効果を外部効果といいます。一般的に外部性で問題にされるのは公害問題です。外部性の問題は、市場取引の内部で生じた何らかの効果が市場取引外に影響を与え、社会活動に変化をもたらすことです。外部性の解決には、市場取引外で発生する問題をどのように市場取引内で処理するかというむずかしい課題への対処が必要です。本章では、外部性がもたらす問題に対するていねいな分析と、制度の転用という発想の転換を用いた問題解決を学びます。同時に、解決策である制度に生じる固有の問題についても触れます。

6.1　外部性とは

　市場取引は、売り手と買い手の互恵関係で成立します。本来、市場取引で自由かつ平等に取引を行っていれば、誰ひとり不幸になることはありません。そのため、周囲の人々がその取引について第三者として意見をする筋合いはなく、売り手と買い手の合意があれば、市場で行われた判断を尊重しなければなりません。しかし、外部性を帯びた取引が存在すると、話は別です。取引自体は売り手と買い手の互恵関係で閉じていますが、外部性の生じる部分は売り手と買い手に関わりのない第三者が巻き添えになってしまいます。もちろん、良い巻き添えであれば歓迎ですが、悪い巻き添えは見すごせません。

　かつて外部性で社会において大きな注目を集めたのは公害問題です。公害問題は取引の当事者には何の問題も起こりません。たとえば、工場が近くに住ん

でいない買い手には、生活に関わりのない工場で生じた汚染問題は何の問題も
ないでしょうし、売り手にとっても、たとえ工場の周囲が汚染されたとして
も、従業員の自宅に被害がなければ、別に問題を感じないでしょう。このとき
公害問題が起きていても、市場取引は互恵関係で成立しているので、第三者か
ら意見される筋合いはないと、市場活動を聖域化する主張もできますが、それ
は妥当でしょうか。もしこのような考え方を認めてしまえば、たとえ取引当事
者どうしが満足していたとしても、周囲を傷つける活動として市場取引自体が
危険視されてしまいます。したがって、経済学としても、市場活動がもたらす
周囲への影響を放置するわけにはいきません。

　このように、市場取引にともなって生じる取引当事者以外への影響をもつ取
引を、**外部性**をともなう取引といいます。また、その際に生じる影響を**外部効
果**といい、周囲に悪影響を与える場合は**負の外部効果**、好影響を与える場合に
は**正の外部効果**といいます。また、外部効果には地価などに金銭的に現れる**金
銭的外部効果**、金銭的には現れないものの人々の生活水準に影響を与える**技術
的外部効果**があります。

　たとえば、土壌汚染をするような公害が生じる事業があった場合は、「負の
外部性をもつ取引で、土壌汚染によって売買される土地の価値が下落するよう
な負の金銭的外部効果が生じている」と述べることができます。公害以外の外
部性をもつ取引としては、負の外部性をともなう取引として、歩行者への交通
事故が起きる自動車の使用、二酸化炭素を排出して温暖化を進行してしまう化
石燃料を使った経済活動があげられます。正の外部性の例としては、基礎教育
によって国内の人々が一定のコミュニケーション能力をもつことで社会活動を
円滑にできる義務教育、営業することで周囲に居住する魅力を上昇させるアミ
ューズメントパークや大規模ショッピングモールがあげられます。外部性をと
もなう経済活動をどのように取り扱えばよいのでしょうか。

　外部性をともなう経済取引の問題は取引自体は市場活動の内部なのに、付随
する効果が市場の外部で生じる点です。経済学は本来、市場取引内部の問題を
解決する学問です。しかしながら、市場取引が市場外に影響する場合、その解
決は簡単そうには見えません。このような問題のなかでも、経済学は冷静に問
題を分解し、さらに優れた発想の転換で問題を解決していきます。

第6章　外部性　095

6.2 外部性の構造

外部性は市場取引に付随して市場の外部に影響を与える効果だと述べました。時系列的にその流れを見ると、経済活動があるから人々は行動し、その結果として外部効果が生じるといえます。したがって、経済活動が起点になっていることがわかります。ということは、経済活動を行う段階で何らかの制御ができないかと考えます。本章ではとくに公害で問題となる負の外部効果について考えることにします。

まず、外部効果に関しては金銭的なものであれば、そのまま**金銭補償**が考えられます。本書では負の外部性を取り扱いますが、技術的なものであれば、負担は苦痛などですが、それを補う金銭補償やその苦痛が生じないような公害対策を金銭を使って実施させることで、苦痛をなくすことができます。したがって、外部効果を金銭的に処理することはできます。そうすると、負の外部効果は市場で取引されていない費用として考えることができます。

図6.1は売手と買手の関係性を示しています。需要曲線と供給曲線の交点 E' は外部効果への対応がされていない状態での取引水準を示しています。この部分は第2章で解説した需要曲線と供給曲線による均衡ですが、注目されるのは①の供給曲線における取り扱いです。供給曲線は本来、売手である企業の費用構造が背景となって決まる曲線です。一方で、外部効果はその多くが公害問題で、社会に負担を与える効果でもあります。このように考えると、企業の負担だけにとどまっていて、社会の負担が考えられていないと見ることができるでしょう。そこで、負の外部効果の部分を**外部費用**と名づけて、②のように供給曲線の上に描いてみると、新しい交点 E^- が得られます。これは売手である企業の費用と外部費用を合わせたものとして、社会全体で生じた費用を意味する**社会費用**といえるものです。

ここで、売手の費用を**私的費用**として名づけると外部性をともなう取引において、費用は(6.1)式のように示されることがわかります。

社会費用 ＝ 私的費用＋外部費用　　　　　　　　　　　　　(6.1)

(6.1)式のような見方を**外部費用の内部化**といいます。外部費用が社会費用に

図6.1 外部性と市場均衡

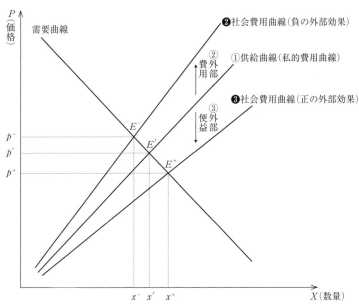

取り込まれ、市場取引に内部化されたことを意味します。このとき、供給曲線に外部費用を加えた❷を**社会費用曲線**といいます。正の外部性の場合には外部便益になるので、③のように費用の部分をマイナスの値として考えればよいでしょう。そうすると、❸のような社会費用曲線が描けるため、均衡点は E^- となります。このときの取引量を考えてみましょう。まず、外部効果への対応がされずに取引される水準は点 (x', p') です。一方、負の外部費用が生じるときには社会的費用を考慮した均衡点が点 (x^-, p^-) となって、社会費用を考慮しないよりも財の価格は安価かつ大量に取引されていることがわかります。一方、正の外部効果の場合には外部便益が生じていると考えて、均衡点 E^+ が点 (x^+, p^+) となるので、財 X の取引は価格が高価かつ少量の取引にとどまることがわかります。

外部性がもたらす費用や便益を売手の市場取引のなかに組み込むことで、解決する余地があることがわかりました。では、どのようなかたちで外部費用や外部便益を市場活動に実装すればよいのでしょうか。そこで出てくるのが、ピ

グー税という発想の転換と、さらにピグー税が抱える問題を改善したコース定理です。

6.3　ピグー税

　前節では、負の外部効果を費用としてとらえ、それを金銭化して売手の費用に加える方法について考えました。売手の費用に上乗せする手段として、社会で利用されているものに、第5章で学んだ間接税があります。この間接税を外部費用の代わりの手段として利用するのが**ピグー税**です。政府が負の外部効果を金銭的に評価し、被害者に代わって外部費用担当額を課税することを考えます。そうすると、市場取引の際に社会にかかる負荷を仮想的に負担として取引過程に組み込むことができます。

　図6.2には負の外部性がともなう取引におけるピグー税の効果が示されています。政府は外部費用に相当する部分を課税します。そうすると、ピグー税がない均衡点 E' よりも均衡点 E^- に移動することで、社会費用に見合った水準の価格 p^- と取引量 x^- を実現できます。このままだと被害者が放置されることになってしまいます。そこで、得られた税収を被害者補償に使うことを考えます。被害者の被害を金額で表したものが面①で示されます。一方で、ピグー税の税収は太枠で囲まれる面②として示すことができます。すると、面①について上底と下底の長さが同じで高さが同じ台形の面積は等しいという関係を使うと、被害総額は面②内部の面❶として表現することができます。すなわち、政府は徴収したピグー税をそのまま被害者に補償として渡したり、企業に外部性が生じないような装置を設置させることで、負の外部効果を打ち消すことが可能になります。このときさらに、ピグー税の税収のなかに余った税収である面③があることに気づきます。これは補償をしてなお残る税収であり、今回の外部性をともなう取引とはいっさい関係のない他の政策経費として利用することが可能になります。被害補償をして、なお税収が残り、さらに社会的に最適な水準の取引を実現できるのが、ピグー税の魅力的な点です。

　本来、租税はこれまでの章で学んできたとおり、税負担額だけでなく、超過負担も生じてしまいます。そのため、課税は慎重にしなければならないと第3

図6.2 ピグー税の効果

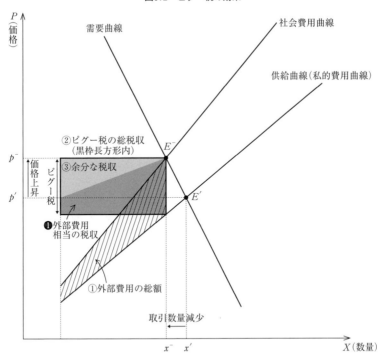

章でも述べました。しかし、ピグー税にはそのような問題がいっさいありません。本来、社会的に望ましい取引水準に縮小させるためにピグー税は導入されていますので、望ましい経済活動の萎縮によって生じる超過負担は生じません。負の外部効果で被害を受けた人々にも補償ができます。さらに税収が残ることがあり、それを少子化対策などの他の政策経費として利用することすら可能です。余った税収も社会的に望ましい取引水準にするために必要な税収であり、その分を取引当事者に戻すこと自体が社会的に望ましい取引水準ではなくしてしまうからです。したがって、ピグー税は従来の租税と大きく異なり、その効果が望ましい部分しかないことになります。わが国ではピグー税は「地球温暖化対策のための税」として揮発油税に追加して賦課されています。

望ましいことだらけに見えるピグー税ですが、問題点もあります。政府が負の外部効果を正しく金銭的に評価できるかという問題があります。被害者の気

持ちを金銭的に正しく計測できるのかという個人情報の問題です。それだけでなく、たとえば、負の外部性をもつ事業を展開する企業が政府に取り入るなどして、負の外部効果の金銭的評価を歪曲させることも考えられます。そう考えると、ピグー税の税率や税額の設定は非常にむずかしい部分があるといえます。さらに、ピグー税は税であるという部分に限界をもっています。それは課税権が国家主権の一つであって、国境を超える行為には課税できない点です。たとえば、地球温暖化問題は一国だけの原因で生じたわけではなく、多くの国々の二酸化炭素の排出などで生じさせてしまった問題です。ある国が非効率な生産施設で大量に二酸化炭素を排出していても、周囲の国々は問題のある国に対して、国境を超えて課税することはできません。したがって、課税による外部性への対応には限界があります。この問題を解決したのがコース定理です。

6.4　コース定理

ピグー税には租税に依存することで、被害の正確な計測や国境を超えた被害への対応問題で限界があることを学びました。では、課税権とは違う方法で、外部性に対応する方法はないのでしょうか。ここで、政府機関のなかでも裁判所に注目して問題解決をしようとする考え方が出てきます。それが**コース定理**で、「法と経済学」という学際領域を切り開いた優れた概念でもあります。

コース定理は概念的には「関係者が合理的であり、**取引費用**がゼロならば、もっている権利が最初にどのように配分されるかに関係なく、関係者の交渉を通じて資源は効率的に配分される」という考え方です。コース定理では権利を与えて取引させる方法で、外部性の問題を解決しようとします。わかりにくいと思うので、裁判所を例にして解説します。公害があった場合に、被害者を住民、加害者を企業として考えてみる。最初に、政府は国民が公害のない環境で生活できる権利があると宣言します。この宣言自体には費用はかかりません。そのうえで、住民が企業に対して、公害のない環境で生活ができる権利があるとして、公害被害の補償を訴える裁判を起こしたとしましょう。その結果、和解して被害補償が行われれば、住民は被害相当額の補償を得られます

図6.3 コース定理（企業による権利購入）

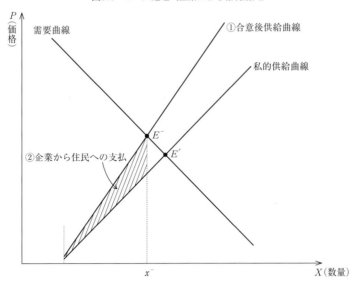

し、企業は補償を行ったうえで、今後の操業においても、被害補償を適切に行うことで、住民に事業活動の継続を認めてもらうことができるでしょう。

図6.3にはこのような交渉の結果を示しています。ピグー税とは違って、税金を課されることはなく、被害を受けない権利を与えることで、被害者と加害者の双方が対等に交渉をすることで、第三者による被害算定が不要となり、両者で適正な被害額を算定して補償することが可能です。①で示される合意後供給曲線は社会費用曲線と同じになり、その補償額は面②で示すことができるので、ピグー税と同じく均衡点は望ましい社会費用の水準になっており、課税を用いずとも外部性の問題を解決できます。ここでは裁判所の例を用いましたが、課税権にともなう国境の問題については、裁判所が和解の場になっている点に注目すると、判決を下すことが必要とされていません。すなわち、国際社会で二酸化炭素に関する合意をして、双方がそれを守ることができるのであれば、裁判所でなくとも、コース定理が提案する機能をさまざまな交渉の場で利用することができます。

たとえば、二酸化炭素に関する国際的な排出権取引があります。被害者でも

第6章 外部性 | 101

あり加害者でもある各国の二酸化炭素排出の割当と取引の方法を世界的に合意することを考えます。二酸化炭素を効率的に排出できる国は非効率的な国から排出権を購入して経済活動を広げられます。一方、非効率な国は排出権を販売して、得られた資金を二酸化炭素排出の効率化に使用することで全体の二酸化炭素の排出量を抑制し、経済活動におけるエネルギー効率も改善できるでしょう。このように考えると、地球温暖化のような世界的問題にはコース定理が活用可能だといえます。

コース定理は政府の課税権という比較的強い強制手段に頼ることを避けて、被害者と加害者の間の合意を促すことで問題を解決しようとする考え方です。しかしながら、ピグー税同様、コース定理による対応でも限界があります。コース定理は、交渉に費用がかからない対等な交渉が前提です。しかし、先程の住民と企業の訴訟で予想できるように、一般的に裁判は被害者も加害者も弁護士を雇い、裁判所でも訴訟費用をはじめ、裁判所への出頭時間、法定戦略の打ち合わせなど膨大な費用がかかります。国際的な取り決めであっても、根拠とする問題の科学的計測や国際交渉の費用、取り決めを実行するための体制整備の費用など、膨大な費用が想像できます。また、交渉費用が多くかけられるほうが交渉に有利というのも想像にかたくないでしょう。このように考えると、コース定理が生じないことを前提とした解決策には取引費用（交渉費用）が生じるのが一般的であり、通常の市場取引とは異なっているといえるでしょう。

さらに、コース定理には政府の強制性を回避したとはいえ、重要な部分の価値判断で強い強制性を残しています。それが権利の付与です。公害は被害者が住民、加害者が企業と述べましたが、それは社会の一般的な判断であって、たとえば、経済発展を最優先する国家には、公害で住民が経済活動に反対すること自体が問題と考えることも可能です。そうなると、「公害」ではなく、住民のわがままで企業の操業にじゃまをすると解釈できます。この場合、政府は企業に「操業する権利」を与えて、住民は企業の操業時の苦痛への対応を補償金を支払って軽減しようとします。

図6.4に企業側に操業権が与えられた場合の住民と企業の交渉の結果を示しています。操業権のある企業に対して、住民は補償金を支払って周辺汚染の抑制をしようとします。具体的には、住民は企業に対して、①のように外部効果

図6.4 コース定理（住民による権利購入）

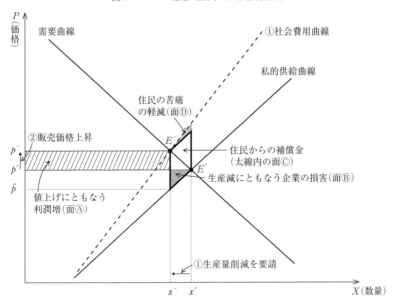

を考慮しない生産量 x' よりも少ない生産量 x^* で生産してもらえるように要望します。すると、企業側は②のように販売価格が p' から p^- へと上昇しますので、企業は数量 x^- までは面Ⓐの生産者余剰の増加があるので、望ましいと考えます。ただ、生産量 x' から生産量 x^- までの面Ⓑに相当する生産者余剰をあきらめることになり、企業は住民に対して面Ⓑの補償を求めます。そこで、住民側は生産量1単位あたりに対して、点 E^- における需要者価格 p^- と供給者価格 $\hat{p}$ の差であり、さらに負の外部効果の相当額でもある $p^- - \hat{p}$ を補償する、すなわち太枠で囲まれる面Ⓒに相当する金額を補償すると提案します。すると、面Ⓒは面Ⓑをはるかに上回る補償金なので、企業は合意します。その結果、住民は面Ⓒの補償金を企業に支払うことで、$x^- - x'$ の分だけの生産量を買い取ることができます。その結果、面Ⓒに相当する補償金は必要で、さらにわずかな部分にすぎませんが、面Ⓓの分だけの負の外部効果を抑えることが可能になります。もし、企業から生産量を買い取らなければ、面Ⓒと面Ⓓの和の分だけ負の外部効果によって苦痛を受けなければならないので、面Ⓒの

第6章 外部性 | 103

支払いで面①の部分の苦痛を軽減できれば損はないということになります。その結果、均衡点は点 E' から社会的に最適な点 E^- へと移動させることができます。その意味で、住民と企業、いずれへの権利の付与にかかわらず、コース定理が述べる最適な均衡が実現できたことになります。

　住民は苦痛を抑制するために補償を行うだけで、苦痛への弁償はされません。このことは権利設定が非常に重要なことを意味しています。とくに国際社会で新たに生じた共通の問題を解決する際に、不適切な権利設定をしてしまうと被害者の負担を放置してしまうことになりかねません。すなわち、裁判所をはじめ政府の強制力の使用を抑えたコース定理自体にも、一定の限界があることがわかります。

6.5　市場化における転用の発想

　外部性に関する経済学の取り組みは、市場外で起こった問題を市場を通じて解決するという、一見困難な問題を適切に分解し、さらには既存制度の**転用**（repurposing）を用いた発想の転換を行うことで、上手に解決できる好例です[1]。まず、外部効果は市場活動を起点に生じた市場外への影響でした。解決のために、市場取引という足元に立ち返り、外部費用、そして社会費用という費用概念を導入して、社会費用を市場に認知させる解決策の目処をつけました。その結果、外部費用が課税のような性質をもっている点に着目して、外部費用を負担として考えることで、経済活動に負荷をかける手段として間接税を転用することで、ピグー税を考案しました。さらに、ピグー税に課税権にともなう限界があることをふまえて、裁判所などの交渉を取引の場として見直すことで、仮想的に市場化することで、市場取引と同じような結果を導くことができるとしたのがコース定理になります。

　これらは発見されてから理解すれば自然なように見えますが、それを発見す

1）転用は医療分野でもよく使われる手法で、医薬品であれば、セマグルチドという薬が糖尿病治療薬として使われていたものの、肥満症治療薬としても利用可能であることがわかり、わが国でも2023年に厚生労働省が抗肥満薬として承認するなどの例があります。

る際には大きな発想の転換、創意工夫があったことが想像にかたくありません。まず、ピグー税は租税であり、前章までで説明してきたような負担のイメージが強い仕組みです。一方で、ピグー税はすでに解説したとおり、租税にともなう経済活動への負担の要素がいっさいありません。そのように考えてみると、アヒルの子のなかの白鳥の子のように、経済学のなかで負担でしかなく嫌われ者の課税が、外部性では役立つ手段となっています。さらに、コース定理では正義を追求する裁判所という場所を市場取引できない資源を取引することのできる仮想市場として利用することで、市場取引の機能を持ち込んで問題解決に繋げています。しかも、課税も裁判所も既存制度を目的外利用したものです。課税、裁判所、それぞれの既存の価値観に囚われていては、このような発想にはいたらないと理解できるでしょう。外部性における問題解決は、発想の転換を上手に活かした優れた仕組みといえ、ライフ・ハックという言葉があるように、既存制度の改変（ハッキング）と近いといえるでしょう。

　第9章の公共財のようなメカニズム・デザインは新しく仕組みを作って問題を解決しようとする取り組みですが、本章の転用は既存の仕組みの使い道を変えることで問題を解決しているといえます。ただ、どの仕組みでも不可避な、メカニズムの限界もあります。そのため、一つの制度だけで問題を完全に解決することはできず、それぞれの長所短所をふまえた組み合わせをしていくほかありません。外部性は一見すると解決困難な課題を、柔軟な発想のもとで制度という仕組みを活用することで、可能な範囲で解決をする、公共経済学の取り組みを象徴しているといえます。

第6章　外部性　105

第 7 章

産業振興
——事業支援と厚生損失

　政府は課税で徴収された資金によって、経済活性化のための産業振興を行うことができ、これを産業政策といいます。産業政策は未成熟産業や衰退産業を中心に、市場原理だけでは存続が困難な事業に資金支援することで、産業の維持や活性化をはかることが一般的で、政府支援がなくとも事業が持続できる場合には政府支援は必要ありません。一方で、未成熟産業や衰退産業には効率面で問題が生じる場合も多く、「補助金漬け」とよばれる非効率な産業の温存の問題も指摘されます。現代では、農業分野、食料安全保障のための農業支援、国土保全のための森林事業支援など、政府の補助金による支援なくしては産業の維持が困難な場合もあります。非効率な産業への補助金は問題外ですが、本章では効率的に実施されている産業振興で生じる社会的費用を解説します。

7.1　補助金とは

　政府の補助金は産業振興のために資金を直接提供することで、産業の維持や育成を試みていると述べました。わが国の農業においても、農家が生産にかけた費用と利益を合わせて販売価格を決めてしまうと、海外からの割安の輸入農産品に対して価格面の競争力がなく、市場価格が生産費用を下回ることがめずらしくありません。そこで、市場価格と生産費用の差額で赤字になることが多いため、わが国では両者の差額の平均について、経営所得安定対策制度による畑作物の直接支払交付金として補助しています。

　このように、政府は生産量を基準に生産にかかった費用の一部を補助金とし

て提供することで、価格を安く販売しても利益が得られるようにします。これを**従量補助金**といいます。間接税のように価格の一定割合を補助する従価補助金という考え方もありますが、産業育成は本来、特定産業の経済活動の維持、すなわち生産量を維持することが目的であり、たとえば、費用や手間をかけて高付加価値の農産品を作り、大きな利益を得たことに対して、価格比例的な補助をすることが目的ではありません。そのため、品質が反映される価格ではなく、生産数量の確保を目的とした、標準的な生産費用を補助する従量補助金が一般的です。

7.2 補助金による増産効果

産業政策の補助金は、完全な市場競争に任せてしまうと、取引量の減少を通じて産業が縮小してしまうため、取引量を維持、拡大することを目標に支給します。取引数量の少ない生産活動に、従量補助金を導入した場合の経済効果を見てみましょう。

図7.1　補助金による経済効果

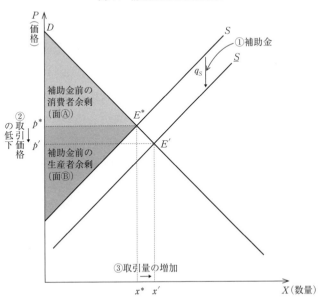

図7.2 補助金総額の図示方法

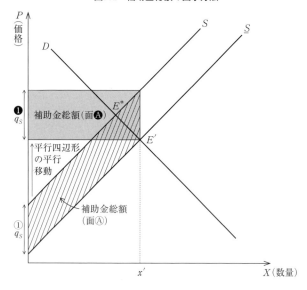

　図7.1には従量補助金の効果が示されています。まず、与えられた需要曲線と供給曲線のもとでの補助金前の均衡点 E^* が示されています。ここで従量補助金 q_S が導入されると、供給曲線の下に補助金を受けたときの供給者の取引価格を示す曲線 $\underline{S}$ を描くことができます。これは供給者が補助金 q_S を受けることで、供給価格よりも供給者の取引価格を低くしても損が生じないからで、低い価格でも取引できることを示しています。その結果、均衡点が E^* から E' へと移動します。すると、②のように取引価格は p^* から p' へ低下し、③のように取引数量は x^* から x' と増加していることがわかります。これは補助金制度が企図した生産量の増加を実現を可能にするのです。次に、図7.3で経済的余剰をくわしく見るために、図7.1における補助金導入前の消費者余剰（面Ⓐ）と生産者余剰（面Ⓑ）を確認しておきましょう。経済余剰については第2章で説明しましたが、消費者、生産者双方が取引してもかまわないと思った価格よりも補助を受けた市場価格が有利になるので、お得感を感じて喜びが増える、とまとめることができます。

　図7.3の準備として、**図7.2**に補助金がどのように示されるかを描いていま

図7.3 補助金にともなう余剰分析

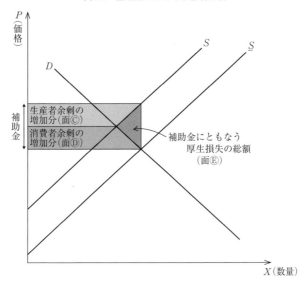

す。図7.2では、従量補助金は①のように1単位あたり q_S で示され、補助金総額は面Ⓐで示されます。従量補助金なので、1単位あたりの補助金は一定で、販売数量が一定なので、面Ⓐの平行四辺形を面Ⓐの長方形に直したと考えると、❶の高さ q_S に取引数量 x' を掛け合わせた総額として表現できます。すなわち、補助金総額は面Ⓐと面Ⓐで同じだと考えることができます。

政府の補助金は**図7.3**のように、経済余剰の増加分に分解できます。まず面Ⓒは補助金によって売上が増え、さらに取引価格自体は低いものの、実際は補助金のおかげで得られるお得感である、生産者余剰の増加分を表しています。次に面Ⓓは、補助金によって補助金が導入される前よりも安い価格で購入でき、さらに安かったので購入する量を増やすことができたことで得られるお得感である、消費者余剰を表しています。このように考えると、補助金は生産者余剰と消費者余剰の増加として配分されていることがわかります。一方で、両者への余剰として分配されることのない面Ⓔという三角形もあります。これを補助金にともなう**厚生損失**（welfare loss）といいます[1]。この面Ⓔは生産者、消費者、どちらの余剰にもならず、何らの便益となることなく浪費される資金

を意味します。

　厚生損失がなぜ生じ、何が問題なのかを考えてみましょう。図7.3をくわしく見ると、生産者余剰にしろ、消費者余剰にしろ、もともとその原泉は「お得感」でした。たとえば、消費者余剰で見れば、需要曲線上の点と市場価格の差が「お得感」の源泉になります。一方で、厚生損失の部分はどうでしょうか。ここは需要曲線の上側にあたります。需要曲線の上側にあるということは補助金があったことで購入したにすぎず、補助金がなければ購入されるはずのなかった取引を意味します。すなわち、補助金がなければ、高いために購入する気はなかったものの、補助金で安くなったので購入してみたら、需要曲線と取引価格の間の「小さなお得感」を得られたことになります。別の言い方をすれば、補助金がなかった場合には買う気はなかった人たちにとって、補助金があったことで「少しお得」を感じて購入したものの、補助金の一定の割合は「ありがたみ」を感じていないので、厚生改善には繋がっていません。生産者側についても同じで、補助金があったことで「少しお得」だったので、生産をしたにすぎず、補助金部分すべてがお得感にはなっていないことになります。すなわち、補助金による厚生損失は、補助金自身が企図した生産量の維持・拡大のため、生産者も消費者も政策のお付き合いとして、無理をして取引をしている部分と言い換えられます。

　補助金政策は本来、取引量を維持・拡大することが目的なので、無理に取引が行われるように誘導すると考えれば、厚生損失という無駄が生じるのはある程度仕方ないとはいえるでしょう。ただ、無理に取引が行われることで生じる厚生損失を仕方ないと片づけられない部分もあります。それはこの補助金を資金調達する際の裏側にある課税で生じた超過負担です。補助金の原資は租税であり、一般的には比例税によって調達されます。そうなると、超過負担が生じ、資金調達の段階ですでに経済に負担が生じています。超過負担を与えたう

---

1) 税制における超過負担と合わせて、すべての負担や損失を工学用語由来の死荷重、死重損失（dead-weight loss）と表現する研究者もいます。ただ、本書は、徴収自体には特定の政策的意図はなく、政府の運営費の資金調達を目的に行われる租税には追加的な負担を強調する意味で超過負担、何らかの政策的な意図のもとで政府介入したことで生じる経済厚生の損失を厚生損失と表現します。

図7.4 高い価格弾力性と超過負担

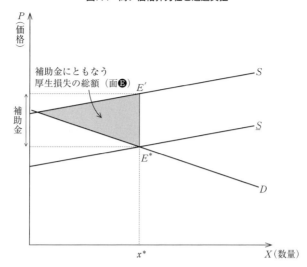

えで、補助金段階でもさらに厚生損失が生じるとなると、産業政策は租税の徴収と補助金の支給の2段階で、経済損失が生じているといえます。

また、この厚生損失は租税のときと同じように、需要や供給の価格弾力性と密接な関係があり、価格弾力性の高い財・サービスに補助金を提供すると、同額の補助金でも厚生損失が多く生じ、低い場合には小さくなります。図7.4には供給と需要の価格弾力性を極端に高くした状況での厚生損失（面Ｅ）を示しています。図7.4の面Ｅと図7.3の面Ｅを比較すればあきらかですが、面Ｅの面積が大きくなっていることがわかります。この状態は、農産品の米を考えるとわかりやすいです。昔であれば、国内米を多く消費することが一般的で、需要者にとって必需品で価格弾力性も低かったと考えられますが、多用な食生活ができ、さらに海外米も購入できるようになった現在では、国内米における価格に対する敏感さも上がってきたと考えられます。一方で、供給者である農家も小麦などの代替農産品に人気が出てきていれば、米作にこだわる必要もなくなります。そうなると、米の需要や供給の価格弾力性は高まり、かなり強力な補助金で支援するほかなく、農業支援の際に生じる厚生損失も大きくなってしまいます。このように、補助金による産業政策には、その事業の従事者が一生懸

第7章 産業振興 | 111

命に効率化して取り組んできたとしても、大きな厚生損失という費用がともなうことがわかります。

7.3 補助金がもたらす波及効果

補助金は補助事業と非補助事業との間の関係についても注意が必要です。**図7.5と図7.6**にはコモディティ化（汎用化）された非差別化商品（以下、コモディティ商品）と差別化商品と家計の選好の違いを示しています。まず、**コモディティ商品**（commodities）とは、商品の差別化戦略を取られることなく、どの商品も機能的にほとんど同じものを指します。たとえば、玉ねぎやピーマンなど、生産地域についての記載があるものの、あまり生産地域の関心はなく、国内産か海外産かといった程度でしか判断されていない商品のことです。一方、**差別化商品**（differentiated products）とは商品に差別化戦略が取られ、品質についてもコモディティ商品とは明確に質が違ったり、他の差別化された商品とも違う価値が提供できる場合を指します。農産品であれば、リンゴやイチゴなど産地だけでなく、品種なども明確に差別化され、購入者も自分の好みの産地、品種をもっている場合を指します。このように、コモディティ商品と差別化商品があると考え、消費者のこだわりも考えてみます。経済学的にはこだわりの大きさを代替の弾力性で表します。こだわりがない（第2章の2.1.4項での表現を使えば、執着の低い）場合、すなわち2つの財があった場合に容易に他の財に振り替えられる場合には代替の弾力性が高い（elastic）といい、こだわりが強い、すなわち一方の価値を重視してあまり振り替える気にはならないという、執着度が高い場合には代替の弾力性が低い（inelastic）といいます。したがって、消費者が両者の間に代替の弾力性が低い場合を図7.5、高い場合を図7.6で示しています。

このとき、コモディティ商品に補助金を与えて、差別化商品には補助金を与えない場合を考えてみましょう。たとえば、農産物で補助金を得るには農協を経由する必要があり、差別化商品をネットで直売したい農家は補助金をあきらめざるをえない場合です。コモディティ商品は海外産の商品も入ってきて安価で流通するので、政府補助が必要な一方で、高付加価値になっている差別化商

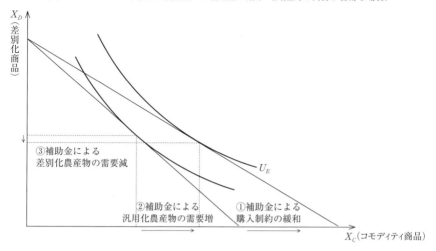

図7.5 コモディティ化した農産物への補助金の効果（商品間の代替が容易な場合）

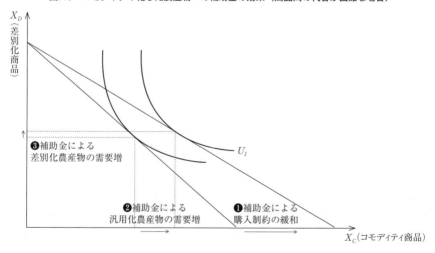

図7.6 コモディティ化した農産物への補助金の効果（商品間の代替が困難な場合）

品はその必要がないと考えます。図7.5は消費者の代替の弾力性が高い場合の補助金の効果が示されています。①のように補助金でコモディティ商品の価格が下がったとします。すると、②のようにコモディティ商品の購入が増加します。一方で、③のように差別化商品の購入が減少してしまいます。消費者が差

別化商品にこだわりをもたない場合、安価なコモディティ商品に需要がシフトして、差別化商品の需要が減少してしまいます。このことは、コモディティ商品の需要拡大のために、高付加価値を目指す差別化商品の売上を減らすというかたちで、産業内部で負担をかけていることを示しています。

　一方、図7.6のように消費者の代替の弾力性が低い場合は、異なった結果となります。まず、❶のように補助金でコモディティ商品の価格が安くなると、❷のように購入量が増えるところまでは同じですが、❸のように差別化商品の需要も増えています。これは無差別曲線の形状の違いに由来します。無差別曲線が U_I のとき、すなわち差別化商品に対する消費者のこだわりが強い場合、補助金によって価格が下がると安くなったコモディティ商品の購入を増やすものの、価格が低下して支払額が浮いた部分の一部に限られ、消費者自身がもともとこだわっている差別化商品にも安くなった恩恵を振り分けようとします[2]。その結果、コモディティ商品だけでなく、差別化商品の需要も増やすことになります。このように、生産量を維持しようとする補助金政策では、とくに農業などで取り組まれている農業の自立にとって重要な差別化商品に好影響、悪影響のどちらの可能性ももちうること、さらにそれは消費者の消費行動に依存していることがわかります。

7.4　従量補助金か、一括補助金か

　補助金は厚生損失をもたらすことがわかりました。また、コモディティ商品と差別化商品の間にも一定の影響を与えることがわかりました。では、第3章で解説した課税のときの比例税と一括税のことを思い出し、**一括補助金**という選択を考えたらどうなるでしょうか。この場合には、本書ではくわしく説明しませんが、厚生損失も、購入資源の代替の問題も生じません。すなわち、クリ

---

2) 無差別曲線 U_I は無差別曲線 U_E よりも曲がり方が急なため、財・サービスの間の代替の弾力性が低いといいます。代替の弾力性が低い無差別曲線が急だとわずかな財・サービスどうしで交換する、すなわち両者の反応（敏感さ）がわずかになるからです。一方、替えが効きにくいということは価格の変化に対しても替えが効きにくいということも想像できるでしょう。

ーンな補助金ということができます。

　では、なぜ一括補助金を使わないのでしょうか。一括税が納税者の個別事情に配慮しなかったのと同様に、一括補助金は事業者の経済活動を観察できないからです。事業者の経済活動を観察できないとなると、最悪の場合、産業としての活動をいっさいしていないのに補助事業者として登録するだけで、一括補助金を受け取ることも可能になるからです。たとえば、これまで一度も森林伐採をしたことのない人が林業の事業者であると事業者登録するだけで、一括補助金を受け取ることができると考えればよいでしょう。これでは生産量の維持拡大という本来の補助金の趣旨と大きくかけ離れてしまいます。事業者の活動を毎日、個別に監視することも考えられますが、政府が生産実態を一人ひとり把握するのもとても大変であり、農協など特定の組織を経由させて、市場取引のなかで生産実態を記録するほうが正確で手間も少ないといえるでしょう。

　したがって、従量補助金による非効率は、補助金がなかったら取引をしていなかった人々に取引を促すメリットの裏側で、補助金があったからこそ取引をしたにすぎず、補助金分の厚生改善を得たわけではない、すなわち、補助金に押されて無理して取引している部分で非効率（浪費）が含まれることも意味します。また、産業の自立を目指して、差別化商品を一生懸命に作っている生産者には、補助金の存在が差別化商品の需要を奪う可能性があり、補助金の存在が自立を目指して取り組んでいる産業全体の生産性を低下させる可能性にも配慮しなければなりません。産業振興の手段として、従量型補助金を取らざるをえないという特徴を理解したうえで、産業振興は社会に必要なことだと、思考停止することなく、その影響を慎重に評価して、費用を含めて総合的に判断する必要があるといえるでしょう。

7.5　補助金の全体負担

　産業振興は本来、課税によって納税者から調達した資金を使って、保護すべき産業に対して補助金によって、生産活動を維持する事業支援をする政策です。すなわち、納税者から被保護産業への所得移転を行うことを意味します。その意味では、補助金による産業政策は、特定の政策目的をもった資金移転政

策と考えることができます。そのときに、注意しなければならないのは、移転の目的です。

　未成熟産業や衰退産業はもともと非効率な運営が行われることもあると、本章の冒頭でも述べました。たとえば、補助を受ける事業者はコモディティ商品と差別化商品の問題で見たように、差別化商品を強化して産業の自立に向かうという苦労をするよりも、質は問わずに量産だけして、補助金で生活しようとすることが起きかねません。さらにひどい場合には、本来、支援する必要のない産業に補助金を与えることで、本来の収益を超える利益を得ることも可能です。これは、いわゆる保護産業の「補助金漬け」とよばれる状態で、補助金によって**超過利潤（レント）**が生じるともいいます。超過利潤は政府の補助金政策によって得られる利潤であり、その維持拡大のために政府関係者への賄賂として還流、保護産業の支援が維持・強化されることすらも考えられます[3]。そうなれば、支援産業に従事することが特権化し、経済学が志向する自由と平等を脅かすことも起こります。

　一方で、価格弾力性は市場取引の特徴を考えると、産業振興の必要性も見えてきます。農産物のように生産面でも消費面でも価格弾力性が低い財の場合、取引数量が一定程度確保できます。しかしこれは、供給者は一定数量を生産せざるを得ない技術的環境から価格への敏感さが低下し、需要者も一定数量の消費が不可避なため、双方の短期的な価格弾力性が低くなるからです。これは相互に一定数量の取引が安定的に行われそうですが、低い価格弾力性は環境変化に脆弱で取引価格が乱高下する傾向にあります。たとえば、海外から安価な輸入品が入ってくると、国内の供給者は生産量を短期的に減らすことができず、

3）経済学において、本来の市場活動のなかで与えられるべき妥当な利潤を超過した利潤を超過利潤とよびます。超過利潤はレントともよばれ、レントは地代に由来するとされます。洋の東西を問わず、中世は領主や地主は領土や土地をもつというだけで、働くこともせずに大きな利潤（不労所得）を得ていたことから、獲得するだけで得られる利益をレントと表現します。現代では、レント・シーキング（超過利潤獲得）という、いわゆる「利権漁り」が社会問題を生じます。なお、レント・シーキングはレントが一部の人々に収奪されるだけではなく、本章で論じた厚生損失も生じさせ、他の人々には超過負担による二重の負担が強いられることにも留意が必要です。

低価格の輸入財に影響を受けて低価格でも販売する価格競争に巻き込まれます。一方で、天候不良で供給量が減少すると、需要者が一定数量の消費を求めるため、需要者は高価格でも需要することで価格が高騰してしまいます。本章で取り扱った農産品は供給面でも需要面でも価格弾力性の低い財で、国際競争に弱く、不足すると社会が不安定化するという市場メカニズムに完全に任せるにはむずかしい問題を抱えていることがわかります。同時に、農業が価格弾力性が低いことを前提として、補助金による生産量維持だけに特化してしまうと、7.3節のように意欲的な農家が取り組む高付加価値で価格弾力性の高い農産品開発をくじいてしまう問題も生じてしまいます。そのため、農産品の高付加価値商品と汎用品の共存を壊さない配慮も必要です。

　産業振興は取引の活性化を通じて、生産性と品質向上の工夫をする機会を提供し、将来的には自立できるように促すことが重要です。支援から自立については、第13章の社会保障でも類似のことを触れます。また、経済余剰の部分で生産者余剰と消費者余剰を分解した7.2節でも解説しましたが、取引量の増加は事業者の収入（生産者余剰）の増加に結びつきますが、消費者にも消費者余剰の増加というかたちで、補助金の恩恵の一部が流れてしまいます。消費者が購入しないと産業は成立しないので、購入者への余剰の流出は致し方ないことではありますが、補助金は超過負担が生じる租税を原資としていることに目を向け、生産数量の拡大に向けた生産者の支援に向き、本来の目的ではない消費者への恩恵に流れすぎない配慮も必要です。国民全体の負担を特定の産業の補助に使うという特性がある以上、その産業を補助していくべきかどうか、さらにはどのようなかたちで補助すべきなのかという観点で、ていねいな検討が必要といえます。

第7章　産業振興

第 8 章

公的規制と自然独占
——強制の原則と例外

　政府が法規制というかたちで、市場活動に対して直接的に一定の強制的な制約を課し、健全な市場活動を実現しようとする公的規制の効果と注意点について学びます。本章ではとくに、生産技術上の特性で供給者が有利になり、需要者が最終的に不利な取引を強いられる独占を例に、公的規制の意義とその応用について解説します。

8.1　公的規制とは

　公的規制は、市場活動に一定の法規制という強制的な制約を課して、健全な市場活動を実現しようとする行為です。本来、市場活動は取引をする者どうしの互恵関係が成立していれば、自由な活動に任せることが望まれます。ただ、自由な取引であったとしても、その結果として取引者の一方が大きな被害を受けてしまう場合などでは、あらかじめ政府が被害を予防する観点から、法的強制力によって、その発生を抑止することが期待されます。

　公的規制が望まれる例は、①生産技術上の理由から完全競争が望ましくない取引、②経済活動の結果で取り返しのつかない被害が生じる可能性がある取引、③市場による自由な活動が結果的に非効率な帰結をもたらすために政府介入が望ましい取引に分類できます（**表8.1**）。

　①については、本章で解説するとおり、生産者にとって完全競争市場において独占市場化したり、個別化するほうが合理的な技術環境では、需要者は市場で供給者の一方的行動に従属せざるを得ず、完全競争市場の恩恵が縮小してし

118

表8.1　公的規制の分類

①生産技術上の理由	独占・寡占、社会保険
②回復困難な被害	医薬品基準、労働基準、投資家保護、消費者保護
③経済的合理性	共通規格、公共の福祉、義務教育、外部効果

まいます。市場の独占を防止するには規制が必要となりますし、健康弱者が不利に扱われやすい社会保険では、医療保険への国民の強制加入という規制によって、疾病リスクにかかわらず国民全体での保険を導入する必要があります。強制保険の意義については第13章で解説します。

②については、たとえば病気の際に治療に期待される効能が得られるどころか、逆に重篤な副作用が生じて、最悪の場合には死にいたる薬害を考えてみます。薬害に対する賠償がその被害を完全に回復できなければ、無制限の損害賠償が生じたり、賠償が一定水準で打ち切られることが想定されます。そうなると、需要者も供給者も、薬の取引に躊躇して取引活動が沈滞してしまいます。類似の例として、労働災害などを防止する労働基準、投資を円滑に進める投資家保護、消費詐欺を防止する消費者保護などもあげることができます。

③については情報技術などで、各企業が独自の規格を開発して市場に提供する場合では、市場競争による淘汰で一つの規格が生き残ることが考えられます。しかし、その際には淘汰された側の規格を利用していた消費者や企業は生き残った規格に合わせる追加の費用が生じ、社会的には買い替え費用などで負担が大きくなる状況があります。類似の例としては、都市を再設計するの際に一部の人々に立ち退きを強制する公共の福祉、子どもに読み書きをはじめとした共通の基礎学力を養成する義務教育制度、また第6章の外部性で解説した国民が公害被害を被らないための規制をあげることができます。

これらの公的規制は、完全に自由な競争で経済活動を営むよりも、適切な政府介入が行うことで、市場がより効率的に運営できるように促します。政府は自由で対等な市場取引を尊重しながらも、自由な活動に弊害が生じる場合には最低限の市場介入によって、市場活動の恩恵を国民に提供することが求められます。ここでの最低限の市場介入とは、政府介入の代わりになる手段があれ

第8章　公的規制と自然独占　119

ば、そちらをできるだけ選択することを意味しています。たとえば、③について、業界団体の交渉の後に、政府が1つの規格を宣言するよりも、政府の介入なしに業界団体が自発的に1つの規格を共通化し、さらにそれを共同でアップデートしていくことができるならば、政府は業界団体内で紛争が生じたときだけに介入して、通常は自律的な協力を見守ればよいでしょう。このように、政府は市場が自発的にできることは市場に任せつつ、それが困難な事柄のみに規制をかけることが望ましいのです。

8.2 自然独占の発生

　公的規制が必要な**自然独占**を用いて、公的規制の効果を解説します。まず、本節ではどのような生産技術の条件があると独占が生じるかについて解説します。入門レベルのミクロ経済学では、生産技術は収穫逓減の法則に従うと考えます。第2章の2.2.3項で述べたように、収穫逓減の法則が成り立つ場合には、生産量が増えるにしたがって、1単位の生産物を生産する費用が増加していきます。これは供給関数が右上がりになる理由として述べましたが、国内の企業が1つになって生産するよりも、個々の企業がある程度の規模で個別に生産活動を行ったほうが、生産費用が抑えられることを意味しています。

　一方で、この収穫逓減の法則の逆の性質である**収穫逓増の法則**が成り立つ財・サービスがあります。収穫逓増的な性質をもつ産業の例は電気やガス、鉄道です。これらは、大きな設備を設置することで、利用者が増えるほど、1人あたりにかかる費用を小さくすることが可能です。たとえば、同じ地域にこれらの企業が複数参入して、路線網を設置すると用地買収などで非常に多くの費用がかかります。ただしある特定の企業だけが1つの路線網を設置して巨大なサービスを提供すれば、設置費用は1つ分ですみます。さらに、設備を整備してしまえば、あとは巨大な設備である利点を活かして、大量の利用者にサービスが提供できます。すると、1人あたりのサービスにかかる費用が小さくなり、企業が複数で競争するよりも生産費用が小さくてすみます。そのため、このような性質をもつ財・サービスはもともと企業が複数あったとしても、企業統合などを通じて1社での供給をしようとしてしまいます。

120

一方、供給側の企業が1社しかない場合には、需要側に大きな問題が生じます。供給者が決めた数量や価格に対して需要者が不満であっても、その企業以外からは財・サービスを購入できません。これは需要者の選択の自由が大きく限られてしまうことを意味し、供給者間の競争も生じません。具体的には、独占的な供給者は財・サービスを供給する他の企業が存在しないことから、市場での総供給量を一方的に決めることができます。すると、需要者は与えられた供給量を購入することになりますが、そのときには需要関数が示す価格で購入することになります。独占的な供給者からすれば、市場の供給量を決定すると需要者が合理的な価格で購入しようとすることがわかるので、どの程度の供給量ならばどの程度の価格で売れるかを、需要曲線をたどることで読み取ることができます。このことは、供給側の企業が1社しかない場合には、その企業が供給量をコントロールしながら、需要者が受け入れる価格を見越して、利潤を最大化できることを意味します。

市場に提供する際の価格や数量を決定することができてしまうと、経済学でどのような問題が生じるのでしょうか。**図8.1**に独占市場の状況が示されています。第2章で示したように、独占市場でなければ、**限界費用曲線**で示される供給曲線と需要曲線の交点である取引量 x^* で取引が行われます。しかし、独占市場であれば、独占的な供給者にとって、市場取引で供給曲線を用いる必要はなくなります。そのかわり、独占的な供給者は需要曲線 D を利用して、自らが供給する財・サービスの供給量を需要者がいくらで購入するかを予測しようとします。すると、供給量に対する販売価格がわかるので、売上高もわかることになります。その結果、売上高から費用を除けば、利潤になるので、利潤が最大になるような供給量を設定しようと考えます。では、どの供給量が利潤を最大にするかを解説します。

まず、①のように、供給量を1単位増やすと売上高がいくら増えるかを示す**限界収入曲線**を考えます。これは企業が供給量を増やすとどの程度の追加的な売上、すなわち収入が得られるかを示しています。一方、費用については、②のように限界費用曲線（供給曲線と同じもの）を利用することができます。こうすると、供給量を1単位増やした際に、①で示される限界収入と生産で生じる限界費用の差が限界利潤になるといえるので、両者の交点である生産量 $\hat{x}$

第8章　公的規制と自然独占　121

図8.1 供給側の独占による余剰分析

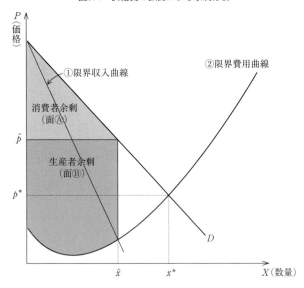

までは利潤がプラスで、生産量 $\hat{x}$ において限界収入と限界費用が一致して、限界利潤がゼロになることを意味します。それ以上増やすと、今度は利潤がマイナス、すなわち赤字が出てしまうので、利潤を最大化したい独占的な企業にとって、これ以上供給量を増やす意味がありません。なお、第2章の2.2.5項でここでの解説の参考となる限界費用と限界収入、限界利潤の関係を解説しています。

8.3 自然独占の問題点と望ましい結果

自然独占の問題点を見るために、自然独占が生じない場合との比較で考えてみましょう。図8.1には限界費用曲線と需要曲線の交点が x^* と p^* となっています。第2章では限界費用曲線は供給曲線となると述べました。そのように考えると、交点 x^*, p^* は自然独占による企業でなければ実現されていた取引数量、取引価格と考えることができます。このとき、限界費用が市場で取引される価格と一致していることから、**限界費用価格形成原理**を満たすといいます。

図8.2　限界費用価格形成原理による余剰分析

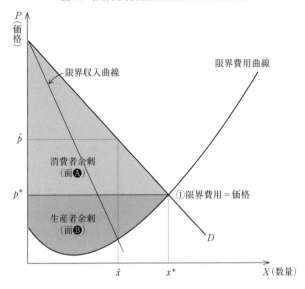

一方で、自然独占の企業の取引価格は限界費用曲線のかなり上側の需要曲線上の点 $\hat{p}$ にあります。したがって、自然独占の企業のもとでの市場価格は限界費用価格形成原理を満たしていないことがわかります。

自然独占の企業における経済余剰について見てみましょう。図8.1には面Ⓐに消費者余剰、面Ⓑに生産者余剰が示されています。取引数量は $\hat{x}$ にとどまり、取引価格は $\hat{p}$ となることから、需要曲線と取引価格の差として、面Ⓐが消費者余剰になっていることがわかります。同様に限界費用曲線（供給曲線）との間を取ることで、面Ⓑが生産者余剰となっていることがわかります。

対比として、自然独占の企業が限界費用価格形成原理のもとで取引をしていた場合の経済余剰を見てみましょう。**図8.2**には、限界費用価格形成原理を満たす取引価格 p^* のもとで、取引数量 x^* における消費者余剰が面Ⓐ、生産者余剰が面Ⓑに示されています。こちらも、先程と同様に、取引価格 p^* と需要曲線との差、限界費用曲線（供給曲線）との差が、消費者余剰が面Ⓐ、生産者余剰が面Ⓑとなっていることがわかります。

このとき、図8.1と図8.2の2つの図を比較すればあきらかですが、消費者余

剰は面Ⓐよりも面❹のほうが大きく、生産者余剰は面Ⓑよりも面❺のほうが小さくなっています。また、消費者余剰と生産者余剰の両者を合わせた総余剰を見ても、あきらかに面Ⓐと面Ⓑの和よりも、面❹と面❺の和のほうが大きくなっています。自然独占での取引は限界費用価格形成原理にもとづく取引よりも、生産者余剰が大きくなるかわりに、消費者余剰を明確に減少させています。さらに総余剰も減少していることから、自然独占における取引は、消費者から生産者への経済的余剰の移転だけでなく、社会全体における取引によって生じる経済余剰の全体が減少してしまうことがわかります。すなわち、限界費用価格形成原理にもとづいて取引することが社会的に望ましいこともわかります。さらに、自然独占による総余剰その減少分はすべて消費者の余剰消失で生じていることも確認できます。

　すなわち、自然独占による取引は、消費者の余剰を移転させるだけでなく、経済全体の消失させる犠牲を生じさせ、供給者の余剰を拡大しているといえます。このことは、市場取引による総余剰が減っている意味からも、政府は自然独占による取引を見過ごすわけにはいかないことを意味します。

8.4　公的規制の方法

　公的規制は経済活動にある行動規則を直接的に強制する行為です。したがって、その実施主体は政府であり、外部性のときのピグー税や産業政策のときに述べたような誘因とは異なり、企業の判断の余地を非常に狭めるものです。ピグー税でも農家の補助金でも、生産量も価格も企業は自由に設定できますが、公的規制では政府が価格を設定して、需要量を満たす分の供給をするように「命令」します。まさに、「命令」という非常に強い強制力が働いていることがわかります[1]。

　どのような状況を作るかというと、図8.2の状況を**独占企業**に実施させるの

---

1) 供給側の要因による独占市場は1社のみが供給するため、政府によってその民間企業を分割する方法が考えられますが、ここでは独占企業が1社だけあった場合でも、限界費用価格形成原理を達成させる方法として、販売価格の公的規制を行うことにします。

です。具体的には、政府は企業に対して、費用の構造をあきらかにさせます。そのうえで、国民の需要曲線を予測して、図8.2の限界費用と需要曲線の交点①にあたる価格 p^* で取引することを強制させます。企業は政府に決められた p^* でしか販売することができず、結果的に取引量が x^* となります。その結果、経済的余剰は図8.2と同じ構図になるので、限界費用価格形成原理での取引と同じ状況が、公的規制という強制力で実現できたということになります。政府は許可事業として、独占を認める一方で、企業は価格と販売数量を政府の指示にしたがうことになります。

8.5 固定費用と二部料金制

8.4節の方法で、自然独占の問題が解決しますが、独占市場が生じる背景には巨額設備が必要な初期の固定費用の問題があり、この規制によっては固定費用の回収ができず、独占企業の経営ができない場合もあります。独占企業は他の企業が追随できないように設備の規模を大きくすることで、はじめて収穫逓増を実現することができます。そのため、必然的に設備の規模を大きくしなければなりません。設備の規模を大きくするほうが、費用を減少させる恩恵が得られる一方、同時に固定費用が莫大であり、かつ設備費用が大きな産業は、限界費用価格形成原理では赤字が出てしまう場合があります。

図8.3と**図8.4**にその比較が示されています。まず、図8.3での売上高は面Ⓐの面積になります。通常の企業であれば、起業時の固定費用は小さいため、企業が生産量の増加にともなって、固定費用（fixed cost）を生産量で割った平均額が低下する効果を受けて、生産活動の当初は図8.3の①のように平均費用曲線が低下します。ただ、②の限界費用曲線の上昇効果を受けて、徐々に平均費用（average cost）が上昇し始めます。その結果、生産量 x^* における1単位あたりの平均費用は p^*_{ac} となり、総費用は両者を掛け合わせた斜線で描かれる面Ⓑで示されることになります。一方、売上高は限界費用 p^* と取引量 x^* を掛け合わせた面積である面Ⓐなので、利潤はシャドウ面Ⓐのうち斜線となっている面Ⓑを除いた部分となります。利潤は限界費用 p^* よりも平均費用 p^*_{ac} が下回るため、限界費用で販売しても固定費用を回収でき、③のように限界費用と平

第8章 公的規制と自然独占 **125**

図8.3　通常企業の総費用と利潤

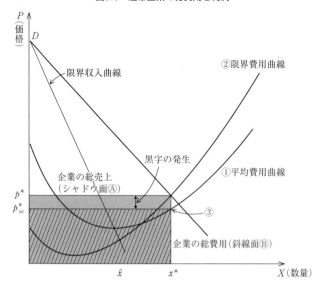

図8.4　固定費用が高い企業の総費用と赤字

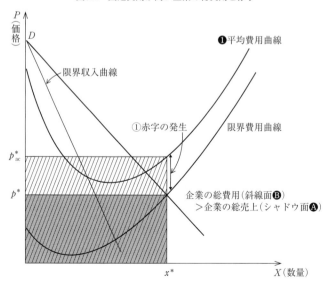

均費用の差額 $p^* - p_{ac}^*$ だけ黒字になります。

　一方、図8.4では販売量が増加しても、固定費用が高すぎて、平均費用 p_{ac}^* が❶のように十分に下がらないために、限界費用 p^* で取引をすると、総費用（斜線面❸）が売上高（シャドウ面❹）を大きく超えてしまいます。その結果、①のように取引価格 p^* よりも平均費用 p_{ac}^* が上回って赤字となり、生産活動ができなくなってしまいます。

　固定費用が高すぎる産業では、限界費用価格形成原理が使えなくなります。このとき、**二部料金制**という発想の転換によって問題を解決します。二部料金制とは固定費用の一部または全部にあたる部分を利用者に利用料にかかわらず均等に負担させて、企業が赤字にならないように配慮したうえで、限界費用価格形成原理で価格づけるように規制する制度です。たとえば、スマートフォンの通信利用料金が毎月一定容量は定額で、それ以上になると追加で利用料を購入する必要があるケースは、二部料金制となっているといえます。利用者が固定費用を利用量にかかわらず均等にまかなうことで、企業は高い固定費用を埋め合わせることができるので、結果的に図8.3と同じ形状にでき、限界費用と平均費用の差額を通じて、黒字にすることも可能です。

8.6　投資資金とピーク・ロード料金

　固定費用が大きい独占企業は先程の二部料金によって、限界費用価格形成原理による最適供給を促すことができます。しかしながら、需要量がいつも安定しているわけではありません。鉄道などでは、通常期以外に、夏季休暇や冬季休暇の繁忙期というものがあり、そのときには利用者が殺到します。一方で、独占企業は1社しかないために供給量に限界があり、さらに利潤についても二部料金で管理されてしまうと、大きな追加投資が必要な繁忙期（busy period）のための供給力の強化などに資金を割くこともできません。

　そのような際に、政府は特例として繁忙期に限界費用価格形成原理を超えた価格づけを認めることがあります。これを**ピーク・ロード料金**といいます。**図8.5**には需要曲線が通常期 D と繁忙期 D_B がある場合のピーク・ロード料金の効果を示しています。通常期は①のように限界費用価格形成原理を維持します

第8章　公的規制と自然独占　｜　**127**

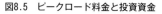

図8.5 ピークロード料金と投資資金

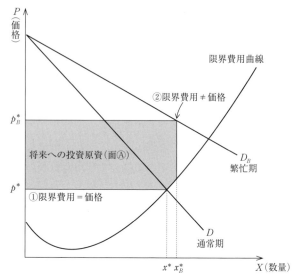

が、繁忙期になった場合には②のように限界費用価格よりも高い価格 p_B^* を設定させることで、供給量の限界にいたらないように需要量を抑えます。すると、面Ⓐで示されるような追加的に得られた利潤が生まれます。この利潤は繁忙期の供給力強化のための投資に使用することを認めます。すると、繁忙期の利用者自身の支出で、繁忙期の供給力の増強費用をまかない、通常期の利用者の負担とは別の取り扱いができます。

8.7　公的規制と誘導の違い

　公的規制においても、限界費用価格形成原理という原則を維持しながらも、現実の問題に対して、発想の転換によって問題を解決していることがわかります。二部料金制では、固定費用が高い場合、その一部を利用量に関係なく、利用者に振り分けることで、限界費用価格形成原理を維持しようとする工夫が確認できます。ピーク・ロード料金では繁忙期のみ、限界費用価格形成原理をあえて破ることを認めて、通常期の限界費用価格形成原理を維持しながら、繁忙

期の需要量の抑制だけでなく、将来の繁忙期の供給力強化のために、繁忙期の利用者から得られた追加の利潤でまかなうことができます。

　これらから、原則と例外の使い分け方法を学ぶがことできます。原則は社会の望ましさを実現するために必要な条件ともいえます。しかし、現実にはさまざまな制約があり、原則を押し通すことが困難な場合もあります。その場合に例外として、問題を解決するのですが、その際には原則にこだわらない斬新な考え方が重要である一方、原則も完全に無視することなく組み込む余地を十分配慮することも重要だということがわかります。

　ピグー税（第6章）や産業政策（第7章）で市場誘導を学びました。一方で、公的規制は強制力を市場活動に対して直接用いるきわめて強力な例外的な手段でもあります。もちろん、公的規制は補助金や課税のような価格に働きかけることなく、価格を命令するきわめて直接的影響を与える手段で、政策目的を確実に達成できる利点があります。自然独占に対処するには社会的には政府による直接制御が不可避であり、自然災害や感染症拡大のときのように、緊急かつ効果的な手段を選択せざるを得ない場合にも躊躇なく公的規制を行う必要があります。しかし同時に、市場活動を拘束するため、労働意欲が低下した労働者の非効率な生産活動により、限界費用の基準となる費用が膨らんだり、企業活動を社会変化に合わせなくなるなどの質の低下をもたらしてしまいます。公的規制に関する専門書に譲りますが、総括原価方式、ヤードスティック方式など、規制の方法に市場原理を組み込む余地があるのであれば、市場競争の要素を組み込むことも必要です。さらには補助金や課税のような市場反応を経由できる余地があるのであれば、そちらに変更していくことも望ましいといえます。政府による直接制御は市場の自律性を完全に失わせてしまうため、市場の自律性を重視する現代経済学ではその使用を最小限に抑える必要があるのです。すなわち、公的規制という例外を適切に活用しながらも、市場活動を尊重した誘導で対応すべきという原則をできるだけ取り込んでいく姿勢が必要です。

第8章　公的規制と自然独占　　129

第 9 章

公共財
——メカニズム・デザインと裁量

　本章では、ミクロ経済学において、市場で取引されることが前提とされる私的財の性質とは、一部異なる性質をもつ公共財について学びます。また、公共財は私的財のように市場での取引を通じて厚生を改善することも可能ですが、市場取引以外の方法を用いることでさらに厚生改善することができることを学びます。さらに、市場取引以外の手段を取ることができる経済主体として、政府の活用法について学びます。

　政府は根源的に強制力を用いて市場取引を制御する機能をもっていますが、現経済学では裁量的な強制力に弊害が多いため、制度による控えめの強制力にとどめようとします。参加者のインセンティブを活用した仕組み（英語ではメカニズム）によって、社会目標（本章では公共財の最適供給）を達成しようとすることをメカニズム・デザイン（制度設計）といいます。公共財の最適供給を通じて、メカニズム・デザインの一端を学ぶことにしましょう。

9.1　公共財と私的財

　ミクロ経済学やマクロ経済学などの基礎経済学では交換取引において、私的財（通常財ともいいます）とよばれる財・サービスの取引を前提に議論が構築されます。一方、この世のすべての財が私的財の性質をもつわけではありません[1]。とくに、私的財は完全競争市場の取引になじみ、厚生経済学の基本定理で示されるような望ましい結果を導くことが知られています。一方で、公共経済学は公共財という私的財と異なる性質の財に注目します。公共財は私的財の

130

表9.1　公共財、共有資源財、クラブ財、私的財の分類と例

	非競合性	競合性
非排除性	《公共財》 安全保障、治山治水、 テレビ・ラジオ放送	《共有資源財》 森林資源、漁業資源、 一般道路
排除性	《クラブ財》 ソフトウェア、学校同窓会、 ストリーミングサービス	《私的財》 衣類、食物、住宅

ように取引可能ですが、私的財と異なる特徴をもつため、私的財とは切り分けて取り扱ったほうが、社会的に望ましい水準で利用できます。

　公共財は①財の所有者が消費した際に他の人の消費を減少させない**非競合性**と②財の所有者以外の消費を排除できない**非排除性**の2つの性質を備えた財のことをさします。「公共財」も「私的財」と同じように誰でも購入できますが、所有者の消費によって財を減少させないという魅力的な非競合性と、所有者でない人の消費を排除できないという困った非排除性を持ち合わせています。公共財を通常の完全競争市場における取引に任せてしまうと、公共財の利用水準は社会的に最適水準にはとうてい及ばないものになります。そのため、完全競争市場のなかでの取引に委ねるのではなく、他の供給方法を考えて、最適供給を目指すことが求められます。

　なお、非競合性と非排除性を持ち合わせた財を純粋公共財とよび、一方のみをもっている財を準公共財とよぶ場合があります。さらに準公共財は、**表9.1**のように、非競合性のみをもつものを**クラブ財**、非排除性だけをもつものを**共有資源財**（コモンプール財）と分類する場合もあります。なお、公共財、準公共財であっても、民間によって私的に供給される場合もあれば、政府が私的財を供給する場合もあります。公共財については、民間テレビ・ラジオ放送のよ

1）財の特性という意味では、ミクロ経済学で学ぶ「補完財」や「独立財」、「下級財」のほか、価値はあるものの希少性がないため取引の対象とならない「自由財」（free goods）や、第13章の社会保障で学ぶ健康診断のように社会的観点から見て消費が望ましいものの十分消費されない「価値財」（merit goods）というのもあります。

うに他の通信に使う事情で利用できる電波の帯域が限られる場合には、民間で十分な程度に供給されますが、本章では民間に任せると公共財の本来の特性を活かしきれずに過少供給になってしまう一般的な公共財について解説します。

9.2 公共財の最適性

公共財の供給量に関する最適水準を示す条件はあるのでしょうか。第2章で学んだように、私的財であれば、私的財の間の限界代替率と相対価格が一致することが条件です[2]。ここでは公共財と私的財との関係で最適な条件を考えてみましょう。

図 9.1に家計個人が公共財を最適に供給する際の最適化を示しています。このとき、横軸には公共財 G、縦軸には私的財 X の数量が示されています。点 E_A は他者が存在しない状況での公共財と私的財の最適な選択が描かれています。まるで地球上に1人しかいない状況での最適供給だと考えればいいでしょう。すると、公共財の最適供給の水準は、無差別曲線 U_A と予算制約線が接する私的財のときとまったく同じになります。すなわち、他者がいない以上、非競合性も非排除性も意味をなさないので、私的財と同じことになります。

一方で、AさんとBさんという2人の人が、相手と協力しないで行動したときの公共財の最適供給の均衡が点 E_{A+B} で示されています。詳細な説明はミクロ経済学の初級書またはゲーム理論の入門書に譲りますが、2人が非協力に行動する状況では、一方の人がある行動を取った場合にもう一方の人がどう行動するかという考え方で、相互の行動を導き出して、両者が最適に反応する選択を探す作業をします。ここでは、その内容を少し端折って、Bさんが公共財供給の最適行動をしている状況で、Aさんがどのような最適行動をするかを考えてみましょう。すると、①のようにBさんがすでに提供した公共財 $\bar{g}_B$ を

---

2) 本書ではわかりやすさとリンダール・メカニズムでの解説の整合性を優先して、限界変形率が変化する公共財と私的財の生産可能性曲線を用いた公共財供給の最適化ではなく、相対価格が固定されている予算制約線による解説をしています（リンダール・メカニズムについては9.6節で解説します）。

図9.1 公共財の私的供給

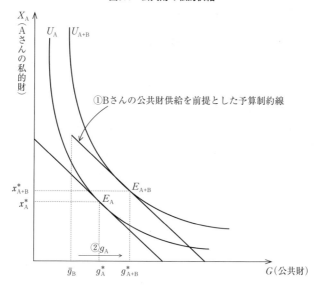

前提に予算制約線が右にシフトした状態で、Aさんが公共財をどの程度追加的に投入するかを考えている状況が描けます。その結果、②のようにAさんの公共財供給により、最適な公共財の量が g_{A+B}^* となります。無差別曲線 U_{A+B} と予算制約線が接する点 E_{A+B} で見られるように、公共財と私的財の限界代替率は1人のときと同じく、両者の相対価格と一致することが条件となります。こうなるのは、予算制約線の傾きが変わらないからで、1人しかいないときも、2人になったときも、公共財と私的財の相対価格は変わらず、1人のときの限界代替率に一致することが最適になります。

このように見ると、公共財は共有できる点を除けば、私的財と何ら変わらないように思えます。しかしながら、仮想的に全知全能の社会計画者を想定して、この社会計画者が公共財を最適供給すると、これまでの公共財と私的財の限界代替率が相対価格と一致するという条件とは異なる状態で、公共財を利用する際の最適な供給量と限界代替率と相対価格の関係性が見つけられることがわかります。

9.3 社会計画者による最適化

　公共財の最適供給において、**社会計画者**（social planner）とよばれる全知全能型の政府を想定してみましょう。社会計画者は、絶対的な強制力をもち、すべての国民の情報をたちどころに知ることができ、国民の幸せを最優先にする行動（温情的行動）をすると想定します。そして、国民それぞれがもつ資源をふまえて、社会計画者は政府がないときよりも誰一人として不幸にすることなく、無駄なく資源を活用することにします。ここでは、さきほどと同じＡさんとＢさんの２人の国民がいる状態で、それぞれの資源を２人が非協力に公共財の供給をした場合よりも、社会計画者がいることでよりよい結果を得られるかどうかを考えます。また、２人の効用をいっせいに改善するとわかりにくいので、一方の効用水準は固定して、もう一方の効用水準が改善可能かどうかを考えます。具体的には、社会計画者は２人が非協力のときの効用水準を事前に計算して、Ｂさんの効用水準が非協力のときの U_B と同じになるように、効用水準（無差別曲線）を固定すると約束したとしましょう。Ｂさんにとって見れば、効用水準が悪化するわけではないので、この条件を受け入れるでしょう。これでもしＡさんの効用が改善するのであれば、最適化後にＡさんの効用改善分の一部をＢさんに振り分けることができるので、まず社会計画者がＡさんの効用改善を示すことで、最終的に社会全体の厚生改善ができるといえるかという観点で解説を進めます。

　社会計画者はＢさんの効用水準が一定である範囲で融通しながら、Ａさんの効用の最適化を通じて、公共財の最適な水準を探します。たとえば、まず２人が非協力のときの公共財と私的財の支出水準を出発点とします。このとき、社会計画者は、非協力のときのＡさんの私的財の利用量を少し削って、公共財に振り分けてみます。なお、公共財と私的財の交換比率は予算制約線の傾き、すなわち相対価格と同じになっているとします。非協力の際にＡさんは最適化しているので、社会計画者による移転によって、効用水準が低下することになりますが、公共財が増えたことでＢさんの効用は上昇します。Ｂさんの効用水準を変えないと決めているので、Ｂさんの効用の上昇分が元の水準に戻るように、Ｂさんの私的財をＡさんの私的財に移し替えます。すると、Ａ

さんの支出は社会計画者によって、私的財から公共財に移転させられて、一時的に効用が低下するものの、Bさんの効用の上昇分に相当する私的財が返ってくることになります。結果的に、Bさんの効用水準は変わらず、AさんとBさんが利用できる公共財が増加、Aさんは一時的に私的財が減少したもののBさんの私的財が移し替えられます。Aさんにとって、公共財が増加したことによる効用の上昇と私的財の増減があるので、最終的な効用の総和がどうなっているかが重要です。まず、Aさんにおける私的財から公共財へ移転した量よりも、Bさんから移し替えられた私的財の量が多ければ、Aさんには公共財も私的財も利用できる量が増えているので、効用が改善したといえます。一方、Aさんにおける私的財から公共財へ移転した量よりも、Bさんから返ってきた私的財の量が少ない場合には、Aさんには公共財の利用できる量が増えているものの、私的財の利用量が減っているので、効用が改善したかどうかはわかりません。公共財が増えた効用改善分と私的財が減少した効用悪化分が打ち消し合うからです。このような作業で、社会計画者はAさんの効用を改善できるのでしょうか。

　社会計画者はAさんに対する資源の最適化を通じて、社会全体の資源の最適配分を行っていることになります。なぜなら、非協力の状態に厚生改善の余地があったからです。Aさんが利用する公共財の量が変化すれば、Bさんの利用できる量も変化するので、最適化に必要な条件がどう変化するかも確認できます。そのような社会計画者による公共財の最適供給が**図9.2**に示されています。このとき、Bさんの効用水準を維持するには、資源制約を満たす必要から、上図の横軸の点 $\underline{g}_A$ から点 $\overline{g}_A$ の予算制約線の下側でかつ無差別曲線 $\overline{U}_B$ の上側の点でなければなりません。そのなかで、社会計画者は上述の方法で、Aさんについて最適化しようと考えます。それが図9.2の下図にある無差別曲線と予算制約線です。下図の予算制約線が曲がった形状になっていますが、これは上図の④で示されるBの無差別曲線と予算制約線の幅、すなわち社会全体の公共財の水準を与えたときに、下図の❹のようなAさんに分け与えることのできる私的財の量の組み合わせとして描くことができるからです。下図では、社会計画者は非協力のときのAさんの無差別曲線を U_A を始点として、Bさんの効用水準を変えないで最適化できる山型の予算制約線と接する公共財の

図9.2 サミュエルソン・ルール

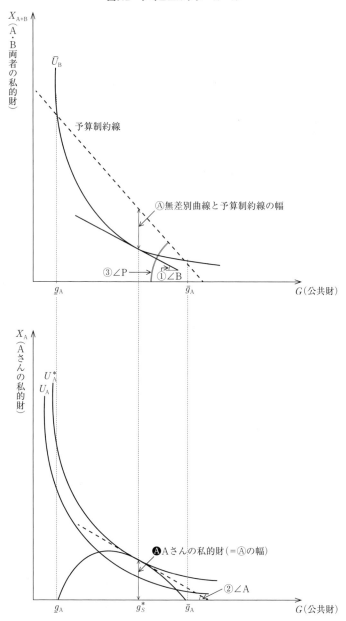

量 g_s^* を選んで、A さんの効用を最適化しています。このとき、A さんの効用水準は U_A^* となって、U_A よりも効用水準が上昇していることがわかります。B さんは効用水準が変わらないとしていましたので、A さんの効用水準が上昇するということは、A さんの効用改善の一部を B さんに振り分けることで、非協力のときよりも社会全体の厚生を改善できることも示しています。

　社会計画者が資源配分することで、公共財と私的財の限界代替率に何が起きているかを、確認してみましょう。公共財の水準 g_s^* において、効用水準を固定した B さんの限界代替率は上図の①の ∠B で、A さんの限界代替率は下図の①の ∠A で示されます。一方で、公共財と私的財の交換比率にあたる予算制約線の傾きは上図の③で示される相対価格になります。この両者の関係は厳密に図示できませんが、∠A（②の傾き）と ∠B（①の傾き）の和が ∠P（③の傾き）と等しくなるという関係があります。すなわち、傾きを計算すると、∠A＋∠B＝∠P のように A と B の公共財と私的財の限界代替率の和と、公共財と私的財の相対価格が等しくなります。1 人でも 2 人でも、予算制約線の傾きは変わらないので、予算制約線の傾き、すなわち相対価格よりも限界代替率の傾きが小さくなるのは、1 人や非協力な 2 人のときの公共財と私的財の限界代替率が相対価格と一致する結果とは異なります。A さんも B さんも公共財と私的財の限界代替率が相対価格よりも低いということは、社会計画者が最適化を行うと、各個人の公共財の価値がそうでないときよりも低くなるといえます。すなわち、2 人の公共財と私的財の限界代替率が公共財と私的財の相対価格より低くなり、かつ公共財と私的財の限界代替率の和が公共財と私的財の相対価格と一致することが、公共財が最適供給である条件だと考えることができます。このことは 2 人の社会だけでなく、3 人以上の社会でも成立します。具体的には各社会参加者の公共財と私的財の限界代替率の和が、公共財と私的財の相対価格と一致したときに公共財は最適に供給されることになります。これを**サミュエルソン・ルール**といいます。

　サミュエルソン・ルールは個人の私的財の最適化から類推すれば理解しやすいです。個人の私的財の最適化は「私的財 X と私的財 Y の限界代替率」と「私的財 X と私的財 Y の相対価格」が一致することが条件です。これは個人の資源間の主観的交換比率と市場の現実的交換比率が一致することを意味しま

す。一方、サミュエルソン・ルールは「『公共財と私的財の限界代替率』の社
会全員の和」と「私的財と公共財の相対価格」が一致することが条件です。
「『公共財と私的財の限界代替率』の社会全員の和」は社会の各人の「公共財と
私的財の限界代替率」を集計、すなわち社会の各人の主観的交換比率の「集計
価値」と言い換えることができます。すると、公共財と私的財の社会の各人の
主観的交換比率の「集計価値」と市場の現実的交換比率が一致することが条件
だといえます。すなわち、個人か社会かという観点が違いますが、個人と社会
をそれぞれ１つのまとまりとしてみれば、個人のときの２つの私的財のように
「私的財 X と私的財 Y の限界代替率と相対価格が一致する」のと、社会を１
つのまとまりとして「公共財と私的財の限界代替率と相対価格が一致する」こ
とは、「限界代替率と相対価格が一致」という意味で、相似関係を維持してい
ることがわかります。したがって、公共財に関しては社会全体の限界代替率、
すなわち各個人の公共財の評価価値が低くとも、全員分の評価価値が公共財の
購入費用に見合うのであれば、最適に供給されていることになります。

9.4 公共財の水準と限界代替率

図9.3を使って、前節までの方法別の公共財の水準と公共財と私的財の限界
代替率を、比較しながらまとめてみましょう。**図 9.3**の横軸の公共財の量を見
ると、g_A^*, g_{A+B}^*, g_S^* の順で公共財が供給されていることがわかります。9.2節の
図9.1で解説したとおり、①のように１人だけで供給するよりも②のように２
人で公共財を供給したほうが利用できる量が増えていることがわかります。さ
らに、③のように社会計画者が公共財供給に関わったほうが g_S^* となっている
ので、公共財の供給量はさらに増えることがわかります。このとき、限界代替
率については、❶と❷が同水準、❸の傾きがそれより低くなる、すなわち限界
代替率が低下していることがわかります。

「限界代替率が低下」するとは何を意味するのでしょうか。「限界代替率が低
下」する場合、低下したほうの財が相対的に豊富にある状態を意味します。経
済学では資源が豊富にあるとその資源への評価が下がることが限界効用逓減の
法則で示されます。まったく同じで、公共財が豊富にありすぎる場合には国民

図9.3 供給形態別の公共財量と限界代替率

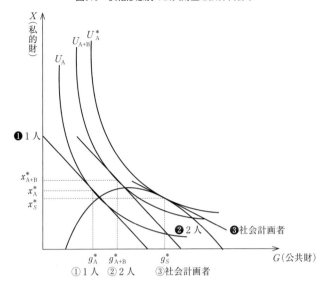

はその価値を私的財よりも低く評価することになります。たとえば、Aさん1人で公共財を供給した場合、私的財の消費量は x_A^* で、公共財の消費量は g_A^* です。一方で、社会計画者によるAさんの私的財の消費量は x_S^* で、公共財の消費量は g_S^* となります。両者を比較すれば、1人で供給するよりも社会計画者による供給のほうが私的財は x_S^* となって少なく、公共財は g_S^* となって多くなっています。すなわち、限界代替率が低いと公共財が相対的に豊富になっていることがわかります。このようなことが起きるのは、公共財が非競合性と非排除性をもつためです。公共財は多くの国民がいる場合には公共財を共有財産として使えるので、それぞれが小さな負担をして供給しても、結果的に大量に供給された公共財を利用することができます。そのため、公共財が増えると豊富になった分だけ公共財の価値（私的財との比較になります）が低下します。

9.3節ではサミュエルソン・ルールとして、「公共財に関しては個々の国民の限界代替率、すなわち公共財の評価が低くとも、全員の評価を合わせた公共財の生産費用に見合うのであれば、最適に供給されている」と述べました。これ

は国民が公共財をそれぞれ小さく負担しても、公共財が共有財産になるので、社会全体に厚生増進効果を発揮できることから、「塵も積もれば山となる」ような効果を発揮することができるといえます。すなわち、1単位の公共財について、全国民の支払意志の総額ともいえる「公共財と私的財の限界代替率の和」が、公共財の費用にあたる「公共財と私的財の相対価格」と等しくなることが公共財には最適な条件となります。このように考えると、国民の共有財産となる公共財は自分だけの利益という視点だけではなく、社会全体の利益という観点で供給量を判断することで最適供給が可能になることを意味します。

9.5 社会計画者の限界とメカニズム・デザイン

プラトンは哲人政治による独裁を理想として、国民最優先の献身型の政治家の登場を期待しました。しかし、歴史を振り返れば、実際の独裁政治のほとんどが専横政治となり、国民を虐げる結果となりました。この結果、市民革命を経て、民主化が進むことになりました。現代社会では、思考実験として社会計画者を想定することはまったく問題ないですが、社会計画者による社会管理を前提とすることはできません。もちろん、社会計画者が全知全能であるとする前提が本当に正しいとするのも無理があるでしょう。現実の社会では、全知全能でもなく、国民の幸福を最優先する献身型の政治家を前提とはしない社会体制が求められます。

そこで、公共経済学では、社会計画者に代わって、民主主義的な政治過程を前提にした公共財を供給する仕組みを考案する必要が生まれました。社会の構成員の能力を自発的に発揮させることで、与えられた目標を達成できるように制度を考案することを**メカニズム・デザイン**といいます。ここでは、国民の意見表明の元で政策を決定するという民主的な政治過程のなかで、国民の能力を活用して、公共財の最適な供給を達成するメカニズムを考案することが使命となります。もちろん、その際にはサミュエルソン・ルールを満たすことが条件ともいえます。

9.6　リンダール・メカニズムとその限界

　民主主義的な手続きを尊重し、サミュエルソン・ルールを満たす公共財の供給メカニズムとして、**リンダール・メカニズム**があります。リンダール・メカニズムは次のような手続きを取ります。

Ⅰ　政府が公共財の供給規模を宣言する
Ⅱ　国民が公共財規模に対して支払ってもよい金額を申告する
Ⅲ　政府は全国民が申告した額を集計する
Ⅳ　集計された申告額と公共財の費用が一致すれば、公共財供給を実施、国民は申告額を支払い、両者が異なれば、Ⅰに戻って公共財の規模を変えて宣言からやり直す

　このメカニズムはシンプルな制度ですが、見えないかたちで非常に巧みな工夫がされています。まず、公共財の規模を政府は宣言できるものの、公共財供給の実施判断は国民に委ねられています。その結果、独裁的な政治ではなく、民主主義的な手続きが担保されています。次に、国民は与えられた公共財の規模に対して支払うことができる総額を伝え、実際に決まればその費用を負担します。さらに、ⅣからⅠの手続きに戻る際にも大きな工夫がされています。

　図9.4を見ると、宣言された公共財の規模に対する支払意志額を利用することで、各国民の需要曲線を導き出せることがわかります。引き続き、Aさんと B さんの2人の国民がいる状態を考えます。まず、公共財の規模が G' の場合における A さんの支払意志額が T_A だったとすれば、支払意志額を公共財の規模で割れば、その国民の公共財の価値単価ともいえる評価額 p_A を求めることができます（したがって、$p_A = T_A/G'$ という関係になります）。さらに政府が①のように G'' へと公共財の規模を増やす宣言をしたとき、②のように支払総額が増加することになりますが、公共財の規模で割れば、③のように評価額が p_A から p'_A へと下がります。もちろん、正直に辻褄の合った回答をしていることが前提ですが、無制限に宣言を繰り返さなくても、数回の応答で④のように A さんの私的情報であるはずの需要関数の形状が予測できます。

　すると、**図9.5**のように国民が合意できる正確な公共財の規模を宣言して、

第9章　公共財　　**141**

図9.4　需要曲線の推測の仕掛け

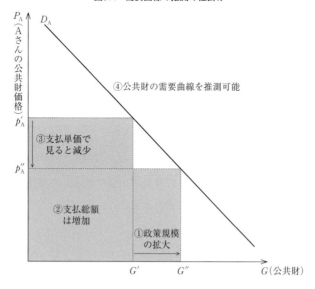

図9.5　リンダール・メカニズム

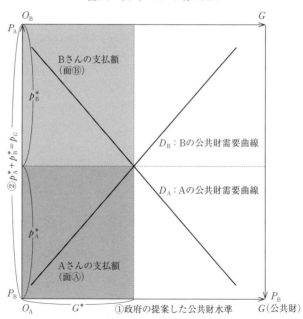

注）シャドウの濃い部分は両者の支払額

公共財の供給を実現できます。図9.4はAさんの公共財の需要曲線ですが、Bさんについても同じ方法で需要曲線を求め、Bさんのものを図9.4の上下を逆にしたうえで、Aさんのものと重ね合わせると考えてください。すると、図9.5のように、AさんとBさんの需要曲線が交差します。あわせて、縦軸についてAとBの重ね合わせる位置を調整します。具体的には、両者の交点で両者の評価額 p_A^* と p_B^* を足した価格が公共財の価格 p_G に一致する、すなわち $p_G = p_A^* + p_B^*$ ように配置します。すると、両者の交点から政府が宣言すべき公共財の水準 G^* を求めることができます。なお、「両者の評価額 p_A^* と p_B^* を足した価格が公共財の価格に一致する」とするのは、サミュエルソン・ルールを満たすためです。サミュエルソン・ルールにおける「公共財と私的財の限界代替率」は、公共財と貨幣の限界代替率、すなわち評価額だといえるので、その和が「公共財と私的財の相対価格」、公共財の価格と等しくなります。したがって、サミュエルソン・ルールを満たすことができ、国民が合意できる公共

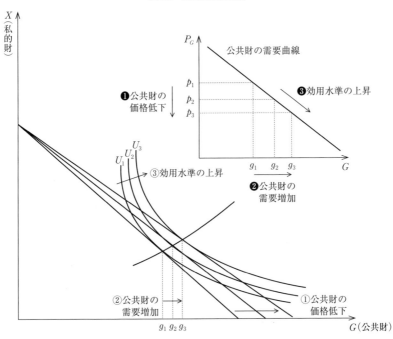

図9.6 需要曲線と効用

図9.7 需要曲線上の無差別曲線

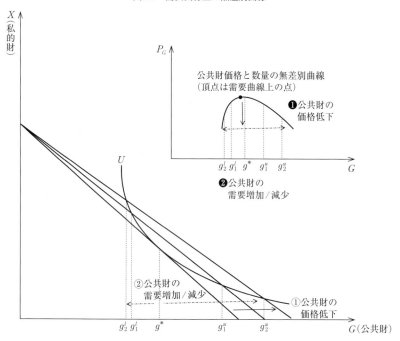

財の規模を求めたことになります。このようにサミュエルソン・ルールを強制的に適用した結果が、本当に社会的に最適、すなわちパレート最適といえるのかを確認してみましょう。

図9.8のように需要曲線上に無差別曲線を描く準備として、**図9.6**に需要曲線と効用水準の関係を描いてみます。図9.6の右上には公共財の需要曲線、左下には公共財と私的財についての無差別曲線と予算制約線を描いています。左下の予算制約線において、①のように公共財の価格が低下したことを考えてみましょう。すると、②のように公共財の需要量は増加しています。これは右上の❶の公共財の価格下落にともなう、❷の需要量の増加と対応しています。このとき、③のように効用水準は上昇しています。そのように考えると、❸にあるように、価格が下落して、需要量を増やすと個人の効用水準は上昇することがわかります。

次に、**図9.7**で図9.8に無差別曲線を描くための作業を続けます。図9.7の右

図9.8 リンダール・メカニズムのパレート最適性

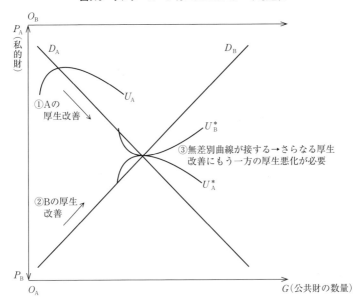

　上には需要曲線と同じ横軸は公共財の数量、縦軸は公共財の価格を取っています。左下には公共財と私的財についての無差別曲線と予算制約線を描いています。このとき、右上の需要曲線上の一点を取ったうえで、左下の無差別曲線を固定して、①のように公共財の価格を低下させます。すると、効用水準を維持するために、②のように下側の g_1^l と上側の g_1^u の組み合わせや g_2^l と g_2^u の組み合わせように公共財を減らしたり、増やしたりすることになります。このとき、g_1^l や g_2^l のように減らす場合よりも、g_1^u や g_2^u のように増やす場合のほうが数量が大きくなっています。この関係は図9.7の右上の図に描くことができます。このようにすると、需要曲線上の点を無差別曲線の頂点として、❶のように価格が低下したときの無差別曲線を需要曲線上に描くことができます。

　２つの準備により、**図9.8**で図9.6のAさんとBさんの需要曲線の交点上に無差別曲線を描いています。このとき、交点では無差別曲線が接していることがわかります。第２章でも説明したとおり、無差別曲線が接しているということは、両者の効用水準を上昇させるにはもう一方の効用水準を下げざるを得な

図9.9 リンダールメカニズムと嘘

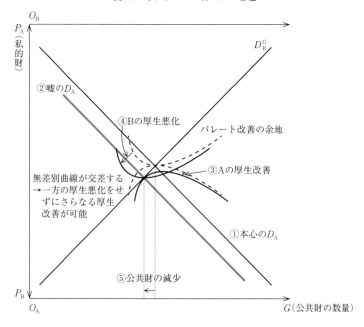

い状態になっていて、パレート最適の状態になっています。図9.8では①のようなAさんの厚生改善と、②のようなBさんの厚生改善の結果、③のように無差別曲線が接すると考えれば、公共財についての資源が最適に利用しつくされ、パレート最適になっていることが確認できます。先に述べたように、サミュエルソン・ルールはこれが満たされるように公共財の規模を宣言しているので、パレート最適な状態を確認することで、あらためてリンダール・メカニズムが望ましい公共財の供給を達成できていることがわかります。

こう考えると、今後の公共財供給はリンダール・メカニズムですべて解決できると考えられますが、残念ながら、現実はそのようにはなっていません。なぜでしょうか。じつはリンダール・メカニズムには、嘘に弱いという致命的な欠陥があるのです。**図9.9**にはAさんが嘘をついて申告している場合の結果を示しています。Aが政府の宣言した公共財の規模に対して、本心よりも低い額の申告をすると考えると、需要曲線は本心の①ではなく、嘘の②へと下に描かれてしまいます。その結果、図9.9の鎖線の交点で示された最適状態から

離れ、交点は正直なときよりも低くなり、Aさんは③のように厚生改善し、Bさんは④のように厚生悪化します。このとき、⑤のように公共財の供給量が減少し、Aさんの公共財の評価額が下がっているので、公共財の価格に占めるAさんの負担額の比率も低下しています。

さらに、嘘をついた交点での無差別曲線を見ると両者は接しておらず交差しています。交差している場合、両者の間で囲まれる内部のどの点でも、一方の効用を下げることなく、もう一方の効用を上げられます。したがって、サミュエルソン・ルールを形式的に満たすとしても、実際はパレート最適ではなくなり、公共財の最適供給ではなくなってしまいます。このようにリンダール・メカニズムは国民の正直さに頼ったメカニズムであり、嘘をつかれることは想定していないことになります。したがって、嘘をつくことができる状態をどう解決するかが新たな問題になります。

9.7 ヴィックリー=クラーク=グローブス・メカニズムとその限界

社会計画者を用いないで民主主義社会のなかで社会合意を形成するためには、国民の自由意思によって政策を決定する制度設計が必要となります[3]。このときに大きな壁となるのは個人の好み（選好）に関するプライバシー（私的情報）です。社会計画者であれば、公共の福祉の実現のために、国民のプライバシーを暴力的に奪ってすべてを自白させることもできるでしょう。しかし、民主主義社会では誰が誰に投票したかをあきらかにしない秘密投票をはじめ、プライバシーの保護を重視します。すると、国民の表明された自由意思は本当に国民の本心なのか、それとも何かしらの戦略性を帯びた嘘の表明なのか政策当局は判断できません。このように、経済主体のプライバシーが経済的に関わる他の経済主体にわからない状態を私的情報による**情報の非対称性**といいま

3）社会体制の2つの軸、イギリス流の自由主義とドイツ流の共同体主義があることを財政学の系譜で述べましたが、自由を幸福増進の前提条件とせず、一手段にすぎないとする場合、共同体や個人の自由の行動規範を指導する社会計画者が必要です。行き過ぎた共同体主義は全体主義による独裁となり、独裁者は社会計画者と同じ役割を担い、国民は命令に従うため、本章で解説するメカニズム・デザインを必要としません。

す。

　メカニズム設計者が情報の非対称性を取り扱う際に重要なことは、戦略的な嘘の表明をさせて非協力な状況を作るよりも、正直な表明をしてもらうことで参加者全員に最善の結果をを作ってもらうことです。その際の有力な手段が誘因で、正直であることが嘘をつくより望ましい環境を作ることです。このとき、メカニズムが期待する望ましい最終結果とそれを実現するための参加者の望ましい結果が一致する環境のことを、**誘因両立性**（incentive compatibility）といいます。経済学では誘因は人々を誘導する手段として使われ、メカニズムを正しく設計すれば、合理的な経済主体は誘因にしたがうことになり、設計者の望む最終結果も達成できることになります。

　リンダール・メカニズムは自分がどれだけ公共財を必要としているかについて、申告することになりますが、同時に正直に申告する誘因がなく、逆に嘘をつく誘因が入っています。したがって、リンダール・メカニズムは誘因両立性をもたないメカニズムであり、メカニズム設計者の最終目標に参加者の誘因が一致していないことになります。正直であることの誘因両立性を達成することができるものとして、**ヴィックリー＝クラーク＝グローブス・メカニズム**（VCGメカニズム）があります。VCGメカニズムは以下の手続きを取ります。

Ⅰ　政府が公共財の供給規模と１人あたりの負担額を宣言する

Ⅱ　国民は公共財が供給された場合の便益（環境悪化する場合のマイナスを含む）から各個人の負担額を差し引いた純便益額を申告する

Ⅲ　政府は全国民が申告した純便益額を集計して、純便益総額を求める

Ⅳ　純便益総額がゼロ以上であれば、公共財供給を実施、国民は所定の負担額を支払う、マイナスであれば、公共財供給は行わない

Ⅴ　加えて、以下の条件を満たす各国民に、本人を除く全国民の純便益総額の絶対値にあたるクラーク税を追加で課す

　　ⅰ　本人を除く全国民の純便益総額がプラスだったが、本人の純便益の表明でマイナスになったとみなせる国民

　　ⅱ　本人を除く全国民の純便益総額がマイナスだったが、本人の純便益の表明でプラスになったとみなせる国民

この手続きはリンダール・メカニズムの一部を改変したものといえます。そのため、国民が公共財の供給の最終判断をしていると考えることが可能です。ただし、大きな違いは2つあって、まず1つ目は国民が評価額を申告するのではなく、政府があらかじめ決めた負担額と公共財の供給量から得られる便益を考えて、この提案の純便益を報告する点です。こうすることで、嘘をついても各個人が支払わなければならない負担額を変えることができなくなります。さらに、クラーク税とよばれる税を導入する点です。わかりにくい税ですが、次のように説明することもできます。公共財供給にともなう純便益は人によってそれぞれ違うと考えられます。集計した純便益総額がプラスかゼロであれば実施、マイナスであれば中止となります。このとき、特定の人がいなければ、結果が覆ったかもしれないという人がいる場合があります。これを**決定的参加者**（pivotal player）とよんで判定時の重要な国民とします。決定的参加者は、複数いる場合もあれば、まったくいない場合もあります。

　クラーク税はこの決定的参加者に報告した純便益額より少ない部分の決定を覆すのに相当する額を税として徴収しようとするものです。これは決定的参加者の負担ではありますが、それで行動を変えるほどの負担ではありません。なぜなら、純便益がプラスだった場合にはその一部がクラーク税として課税されるだけなので、クラーク税の課税後でも純便益はプラスが維持されるからです。純便益がマイナスだった場合には、公共財の供給が実行されないのに、クラーク税が課税されてしまいますが、公共財を供給されてしまうほうが純便益のマイナスが膨らんでしまうので、クラーク税を払って中止してもらったほうがまだ損害が小さくなります。

　このメカニズムには誘因両立性が組み込まれています。それを表9.2〜表9.4で確認してみましょう。まずいずれも政府は公共財の費用として50を請求しているとし、各人の便益、さらには費用を引いた純便益が異なるとします。

　表9.2は公共財供給が実施された場合の状況が示されています。この場合、AさんとBさんは①の60と②の10のように純便益がプラスで、Cさんだけが③の −30のように純便益がマイナスです。全員の純便益総額（①＋②＋③）は60＋10−30＝40のプラスになって公共財の供給が決定されます。さらにクラーク税の判定のために、それぞれの人以外の純便益の和を計算して、今回は実

第9章　公共財　**149**

表9.2　クラーク=グローブ・メカニズム（正直に申告した結果、実施される場合）

実行（純便益総額：40）	Aさん	Bさん	Cさん
便益	110	60	20
費用	50	50	50
純便益	① 60	② 10	③ -30
決定的参加者	④ ○（10-30=-20）	×（60-30=-30）	×（60+10=70）
クラーク税額	⑤ 20（-20の絶対値）	0	0

表9.3　クラーク=グローブ・メカニズム（正直に申告した結果、中止される場合）

中止（純便益総額：-10）	Aさん	Bさん	Cさん
便益	20	30	90
費用	50	50	50
純便益	⑥ -30	⑦ -20	⑧ 40
決定的参加者	⑨ ○（40-20=20）	⑩ ○（40-30=10）	×（-30-20=-50）
クラーク税額	⑪ 20（20の絶対値）	⑫ 10（10の絶対値）	0

表9.4　クラーク=グローブ・メカニズム（Cが嘘の申告して中止させた場合）

中止（純便益総額：-10）	Aさん	Bさん	Cさん
便益	110	60	❶ -30（本当は20）
費用	50	50	50
純便益	60	10	-80
決定的参加者	×（10-80=-70）	×（60-80=-20）	❷ ○（60+10=70）
クラーク税額	0	0	❸ 70（70の絶対値）

施、純便益総額がプラスと決まったので、本人を除く純便益総額の符号が本人の純便益を加えることで逆のプラスになる決定的参加者を探すと、④のAさんが該当します。Bさんの②とCさんの③の純便益の和が－20で、Aさんがいなければ中止でしたが、Aさんの純便益が60のために純便益総額が40となって公共財供給が実行されてしまうからです。その結果、Aさんには④の－20の絶対値にあたる⑤の額である20を、クラーク税として課税します。

公共財供給が実施されない**表9.3**でも、全員の純便益総額（⑥＋⑦＋⑧）がマイナスになるため、同じ手続きで、それぞれの人以外の純便益総額がプラスになっていて本人の純便益を足すと符号がマイナスになる決定的参加者を探すと⑨のAさんと⑩のBさんになり、クラーク税はそれぞれ⑪の20、⑫の10と

なります。

　一方で、正直に回答していれば公共財供給が実施される状況で、公共財の供給をCさんが嘘をついて中止させた場合を考えます。**表9.4**には、表9.2で実行される公共財の供給を中止させるために、Cさんが❶のように嘘をつくことを考えます。なお、クラーク税に相当する70より少ない額を申告しなければ、公共財の供給を中止できないので、−80と申告するとします。嘘をつくと実際に公共財の供給は中止になりますが、Cさんが決定的参加者となって中止になるので、❷のようにクラーク税を支払うことになり、その税額は❸の70となってしまいます。その結果、嘘をついたことでクラーク税の負担−70が生じ、正直なとき（表9.2の③の−30）よりも多くの損をする（表9.2の③と表9.4の❸の絶対値でみた差の−40）ことになります。したがって、嘘をつくことが、クラーク税によって罰せられるかたちになります。結果、メカニズム設計者の意図どおりに、メンバーも正直でいたほうが便益が大きくなるため、誘因両立性が達成されることになります。

　VCGメカニズムには非常に巧みな仕掛けが組み込まれています。まず、クラーク税は嘘をついた場合には罰金として機能しますが、正直な場合には便益や損失の一部を徴収するのにとどまり、公共財供給の過程で生じる参加者の利益を損なわない特徴をもちます。このクラーク税を決定する際の方法にも工夫があり、自分がいくらの金額を申告しても想定されるクラーク税の金額自体は変えることができません。自分の申告額で変えられるのは公共財供給の結果と、結果を覆したとみなされることで生じるクラーク税の支払いの有無だけです。したがって、公共財供給の選択に関わるかどうかにかかわらず、正直にして一定の純便益か最低限の負担にとどめるか、嘘をついて自分の純便益以上のクラーク税を払うかの選択を迫られているのと同じになります。このように、VCGメカニズムは非常に巧妙な方法で、正直でいることが望ましいように誘因を設計しています。なお、参加者の申告額と負担額の直接的な関係を切断することで、他者の行動との間で駆け引きを機能させず、参加者の戦略的な行動をくじく巧妙な仕組みを「**耐戦略性**」（strategy-proofness）をもつといいます[3]。

　VCGメカニズムで問題は解決したように思われます。しかしながら、リン

ダール・メカニズムではできていたことができないという問題が生じています。それがパレート最適であることです。クラーク税は正直でいた場合に利益を損なわない、パレート改善が可能であることは確かですが、政府が税収として受け取ることになります。すなわち、手元に資源が余ってしまいます。嘘を罰するための手段とはいえ、余った資源があるのはパレート最適性を満たさないことはあきらかです。なぜなら、政府が手に入れたクラーク税を国民の誰かにたんに渡すだけで、パレート改善できるからです。さらに、公共財供給が実施されない場合、正直な人であっても、クラーク税を払うはめになって純便益がマイナスになってしまう人が出る可能性があります。パレート改善の考え方の大前提は「誰一人として不幸にすることなく」ですので、VCGメカニズムでは不幸になる人が出てしまう、すなわち公共財供給への反対者がいる場合にはパレート改善にならないのです。嘘に対して非常に強い対抗措置は実装できましたが、大元のパレート最適性が崩れてしまうという重大な問題が起こってしまうのです。こうなると、VCGメカニズムに参加することで被害が出てしまいます。その結果、VCGメカニズムは参加すると自分に被害が出る可能性があるため、参加者が自発的にメカニズムに参加するという**参加制約**（participation constraint）が満たされない問題も抱えています。参加制約が満たされていない場合には、参加者はそのメカニズムに自主参加しないので、政府が強制参加させる必要が生じてしまいます。

9.8　民主主義社会における制度と裁量のバランス

社会計画者を想定することで、公共財供給の最適条件を求め、社会計画者に

3）この関係がわかりにくい場合には、第二価格封印オークション（ヴィックリー・オークション）を考えてみるとわかりやすいでしょう。ある商品に、1回だけ価格を提示して、最高値を付けた人が競り落とせるオークションにおいて、最高値を付けた人がその金額で競り落とせるのではなく、二番目に付けた値段で競り落とせるような方法です。第二価格封印オークションでは、オークション参加者にとって、自分の付けた入札額が支払額と直接関係がないため、参加者は正直に入札額を申告するのが最適であることが知られています。

頼らないメカニズムによる社会設計を検討しました。その結果、リンダール・メカニズムがあるものの、嘘に弱いことがわかり、誘因両立性という観点で、嘘をつかない誘因を組み込んだVCGメカニズムがあることを説明しました。しかし、VCGメカニズムにはパレート改善を実現できないという欠陥があることを解説しました。

　租税も、外部性の対応も、補助金も、公共経済学が扱うあらゆる分野には、**制度**がともないます。制度は、仕組み、メカニズムともよびますが、決められた規則を守って参加者が行動をすることで、社会が期待する結果を導くことを期待して構築されます。これは、メカニズム・デザインの説明とほぼ同じですが、制度自身が期待する「決められた手続きにしたがう」という点が重要です。リンダール・メカニズムで問題になった「嘘」は「決められた手続き」には書かれていません。裏返せば、制度の想定外になります。制度では参加者が想定した行動を守ることが必要な条件で、想定外の行動に対応できません。もちろん、問題のある行動はVCGメカニズムのように誘因両立性を確保しながら取り込んでしまうこともできますが、それを取り込んだためにパレート最適性を実現できないということも起こります。すなわち、制度には、想定外の行動に弱いという点がある一方、行動の想定を多く盛り込むと、今度は制度の設計が困難になる点、さらに想定した規則を破る人間がいるといった、脆弱性があります。また、租税にともなう超過負担が生まれるように、制度を使用することにも便益以外に費用が生じます。

　このように考えると、制度は全知全能で国民最優先で奉仕する社会計画者には及ばない限界があることがわかります。一方で、社会計画者や哲人政治に代表される万能な為政者を見つけることがむずかしいことも、人間が歴史から学んだことであり、社会計画者に頼るわけにもいきません。そのため、公共経済学では、理想的な社会計画者に頼らず、制度の長所と短所を理解したうえで、状況に合わせて適切に組み合わせることを重視します。詳細は他書に譲りますが、公共財の利用の際に、ある一定の利用者で限定できる場合には、クラブ財という考え方を用いた対応が可能となります。

　想定外の出来事や複雑な要件があるためにメカニズムが構築できない場合や規則を破った人への対処など、メカニズムがカバーできない場合には、全知全

第9章　公共財　153

能な社会計画者ではなくとも、臨機応変に妥当な判断を下す人も必要です。このように社会が望ましい結果を得られるように制度を用いないで決定していくことを**裁量**といいます。現実問題を取り扱う公共経済学では、「制度」を用いる場合と、それを用いない「裁量」とのバランスにも注目します。政府は法令を中心とした「制度」を制定しながらも、必要に応じて政府の臨機応変の判断で強制力を使う「裁量」を発揮して、制度の不足を補うことが大切です。

　工場での生産をイメージして、「制度」は機械、「裁量」は手作業と考えてもらうと、その長所と短所が見えてきます。社会問題をいっせいに解決したい場合には、「制度」は機械のように均質で大量に問題解決できるすばらしい手段です。とはいえ、例外や込み入ったケースでは機械は機能しないので、手作業で対応せざるを得ないように、「裁量」も不可欠です。しかし、手作業にはムラやミスが出るのと同じように、「裁量」にも判断の一貫性の欠如や特定の人々への優遇という問題も起こります。そのため、「裁量」ばかりに頼ることもできません。このように考えると、「制度」と「裁量」のバランスが重要です。そして、このバランスについても、まさに国民自身が「制度」と「裁量」で判断していかなければなりません。

　公共財では、サミュエルソン・ルールを実現する民主的な制度を設計することが求められます。しかし一方で、それを「制度」で効果的に設計することができないのが現状なので、「裁量」によって判断を下すことも多いのです。実際には、世論調査のような手段を用いて「制度」によって公共財水準の評価をしながら、一方で為政者が行使する「裁量」に問題が生じていないか、つねに監視していく必要があります。不要なところに公共財が集中したり、逆に必要なところに公共財が不足することがないように、国民自身も手間をかけなければならないといえるでしょう。

第10章

景気対策と不確実性、公債
――危険回避とリスク移転

　市場取引のなかで生じる好景気や不景気といった景気循環は、市場参加者ではどうにもならず、昔から大きな問題となってきました。しかし、ケインズ（John Maynard Keynes）による「**有効需要の原理**」の発見を起源として、政府による財政政策が景気循環を緩和する効果をもち、政府が公共事業を行うことで、失業者を公務員として直接雇用せずに、建設業をはじめとした民間産業を利用した失業対策を実施できるようになりました。とくに、第二次世界大戦後には**ケインズ政策**とよばれ、戦後の復興と経済成長のなかで生じた不景気を緩和する手段として、世界中で多用されてきました。

　一方で、第11章で解説するように、ケインズ政策の多用は「政府の失敗」を誘発し、政府債務の累増となって政府を苦しめることになります。その結果、公共事業による財政支出政策は影を潜め、減税政策による景気対策が利用されるようになりました。一方、わが国の政府債務累増は、安定成長のなかでの就労人口増加やバブル景気後の長期低迷にともなう失業対策による財政政策が主因であり、足元の失業対策という福祉政策が政府債務の返済という将来の経済負担となって、経済状況の大きな懸念、すなわちリスクとなっています。本章ではこの景気対策について、乗数効果の利点、財政政策のマクロ経済へのリスク緩和効果を解説するとともに、国民のリスク態度で生じる財政政策の費用の相違、さらには政府債務の累増にともなうリスク費用を解説します。

第10章　景気対策と不確実性、公債　155

10.1 財政支出政策の乗数効果

　景気変動を緩和する手段として、ケインズは公共事業を中心とした財政支出による財政政策を提唱しました。第2章でもマクロ経済学の入門で学ぶ *IS-LM* 分析の概要を述べましたが、本説では *IS* 曲線の部分だけに注目して、さらに完全雇用水準からの乖離を表す GDP ギャップへと発展させて、財政支出政策による乗数効果がもつ効果を解説します[1]。

　現在の GDP の水準を Y_t とします。現在の GDP は消費 C_t と政府支出 G_t で構成されるとします。そして、GDP は(10.1)式で示され、消費は(10.2)式、政府支出は(10.3)式で示されます。なお、$\bar{Y}_t$ は完全雇用水準の GDP を表す潜在 GDP を表します。**潜在 GDP** とは現存する経済構造のもとで資本や労働が最大限に利用された場合に達成できると考えられる経済活動水準をさします。

$$Y_t = C_t + G_t \tag{10.1}$$
$$C_t = \bar{a}_c \bar{Y}_t + \bar{x}[Y_t - \bar{Y}_t] \tag{10.2}$$
$$G_t = a_g \bar{Y}_t \tag{10.3}$$

式が複雑でわかりにくいですが、物語的に説明すると以下のとおりです。(10.1)式は GDP である Y_t が消費 C_t と政府支出 G_t の和で決まることを意味します。(10.2)式の消費は潜在 GDP の一定割合 $\bar{a}_c$ が消費水準の基礎となっていて、景気変動 $[Y_t - \bar{Y}_t]$ の一定割合である $\bar{x}$ をかけ合わせた部分で、消費水準を増減させるように調整していると考えます。(10.3)式の政府支出は、政府が潜在 GDP の割合 a_g を基準に支出水準を決定していることを意味します。なお、$\bar{a}_c, a_g$ と $\bar{x}$ は潜在 GDP に対する割合なので、0 より大きく 1 より小さい値です。とくに $\bar{x}$ は**限界消費性向**とよび、景気変動にともなってその国の消費がどの程度変動するかを示す指標となります。そのうえで、この経済での現在

---

1) 減税政策による乗数効果も(10.2)式を GDP と潜在 GDP の一定割合を租税としたうえで、可処分所得に書き直すことで、計算することが可能で、第2章で述べた効果比較も可能です。ただ、数式が本書の想定するレベルを超えて煩雑になるため、財政政策に絞った解説をしています。

の GDP の水準を求めてみましょう。(10.2)式と(10.3)式を(10.1)式に代入すると、以下のように書き直すことができます。

$$Y_t = \bar{a_c}\bar{Y_t} + \bar{x}[Y_t - \bar{Y_t}] + a_g\bar{Y_t} \tag{10.4}$$

さらに、現在の GDP の水準 Y_t で解くことができるように、右辺の Y_t を移項すると(10.5)式のようになります。

$$(1 - \bar{x})Y_t = (\bar{a_c} + a_g - \bar{x})\bar{Y_t} \tag{10.5}$$

(10.5)式の両辺を $(1 - \bar{x})$ で割ると、現在の GDP の水準を表す(10.6)式が求められます。

$$Y_t = \frac{(\bar{a_c} + a_g - \bar{x})\bar{Y_t}}{1 - \bar{x}} \tag{10.6}$$

次に、ここから現在の GDP と潜在 GDP の水準を用いた指標である GDP ギャップ $\tilde{Y_t}$ を求めてみましょう。**GDP ギャップ**とは、その国が本来なら最大で出しうる GDP の水準（潜在 GDP）から現在の GDP がどの程度離れているかを割合で表す指標です。GDP ギャップは定義から $\tilde{Y_t} = (Y_t - \bar{Y_t})/\bar{Y_t} = Y_t/\bar{Y_t} - 1$ と書くことができるので、(10.6)式の両辺を $\bar{Y_t}$ で割ったうえで、GDP ギャップの定義式の右辺の第1項に代入すると、(10.7)式のように書き直せます。

$$\tilde{Y_t} = \frac{(\bar{a_c} + a_g - \bar{x})}{1 - \bar{x}} - 1 = \frac{(\bar{a_c} + a_g - 1)}{1 - \bar{x}} \tag{10.7}$$

この GDP ギャップ $\tilde{Y_t}$ がマイナスの場合、すなわち潜在 GDP よりも実際の GDP が低く、非自発的失業者がいる状況を考えてみましょう。ケインズ政策とは景気循環で生じる非自発的失業をなくす、すなわち完全雇用の実現を目標とします。そのため、GDP ギャップがマイナスであれば、非自発的失業者がいる不景気といえ、望ましくありません。一方、政府が変更できる変数は a_g です。そのため、財政政策として a_g を変更して、潜在 GDP の1％分だけ財政支出を増やすことを考えます。財政支出の潜在 GDP との比率を表す a_g が1％増えた場合、1％を数値に直すと0.01になるので、a_g が $a_g + 0.01$ へと変更さ

第10章 景気対策と不確実性、公債 **157**

れます。すると、財政支出政策を実施したときの GDP ギャップ $\tilde{Y}'_t$ が (10.8) 式で表すことができます。

$$\tilde{Y}'_t = \frac{(\bar{a}_c + [a_g + 0.01] - 1)}{1 - \bar{x}} = \frac{(\bar{a}_c + a_g - 1)}{1 - \bar{x}} + \frac{0.01}{1 - \bar{x}} \qquad (10.8)$$

(10.7) 式をもう一度使って (10.8) 式の右辺の第 1 項を $\tilde{Y}_t$ で置き換えると次のような (10.9) 式になります。

$$\tilde{Y}'_t = \tilde{Y}_t + \frac{0.01}{1 - \bar{x}} \qquad (10.9)$$

(10.9) 式は財政支出後の GDP ギャップ $\tilde{Y}'_t$ は元の GDP ギャップ $\tilde{Y}_t$ に、財政政策による $0.01/(1-\bar{x})$ 分の GDP ギャップの埋め合わせ分が加わっていることを意味します。このとき、$0 < \bar{x} < 1$ なので、$0.01 < 0.01/(1-\bar{x})$ となります。0.01 の値が 1 ％なので、政府が潜在 GDP の 1 ％に相当する財政支出をすれば、その時点の GDP ギャップを 1 ％より大きい $1/(1-\bar{x})$％分だけ GDP ギャップを減らすことができます。これは政府にとって見れば、財政支出政策が $1/(1-\bar{x})$ 倍だけ増幅されて、GDP ギャップを大きく埋めることができることを意味します。この $1/(1-\bar{x})$ の部分を**乗数効果**といいます。また、$\bar{x}$ は限界消費性向というその国の経済の消費しやすさを示す指標なので、国民が消費に前向きであるほど、財政支出政策で GDP ギャップを効果的に埋めることができます。GDP ギャップが大きくなってしまい、本来の生産力を下回るような不景気になってしまっていた場合には、政府が乗数効果を活用することで、財政支出でそのギャップを効果的に埋めることができます。

10.2 減税政策と財政支出政策

乗数効果は通常、公共事業をはじめとした財政支出政策が主な手段として取られます。一方で、リーマン・ショック後の景気対策を除いて、現代の海外の景気対策は減税政策で実施されるのが一般的です。なぜこのような違いが生じるのでしょうか。ケインズ政策は1929年の大恐慌を受けた**ニューディール**（新

しい取り組み）政策によって、大きな成果をもたらしました[2]。当時、重視されたのは大恐慌によって起こった多数の倒産で生まれた失業者への対策でした。政府は失業者を公務員として直接雇用することにはためらいがありましたが、政府の財政支出により公共事業を請け負う仕事を創出することで、政府が間接的に失業者を雇用するかたちで、多くの失業者の雇用に繋げることができました。政府が間接的に失業者を雇用しているだけなので、継続雇用の義務も生じないため、景気の改善によってスムーズに必要とされる職業に人材を移動することもできるからです。その意味で、非自発的失業を減らすという本来の目標を中心においた景気対策である財政支出政策は福祉政策と将来に向けたインフラ投資を両立させる望ましい政策とされました。

　一方で、財政支出政策にも多くの問題があります。ケインズ政策の拡大後、時代が進むに連れて問題になってきたのは政府債務の累増でした。この政府債務の累増には第11章で解説する「政府の失敗」のなかでも、ポーク・バレル政治が関係しています。ポーク・バレル政治とは政治家が自分の地位を守るために、選挙民に利益を誘導するいわゆる利権政治となってしまい、国益を損なう政治が横行する政治状況を指します。公共事業を始めとした財政支出政策はどこに支出をするかを具体的に決めなければなりません。そうなると、ポーク・バレル政治に染まった政治家は自分の選挙区に公共事業を誘致できるように、経済効率を無視して他の議員と結託し、政府が多くの公共事業予算を大きくするように働きかけます。地元に利益を誘導できた政治家は次も当選しやすくなるので、利権政治家の割合が議会で増加し、政府債務が累増してしまったのです。

　このような問題を指摘したのが、ブキャナン（James Buchanan）をはじめとした公共選択学派で、ケインズ政策は便益だけでなく、「政府の失敗」という

2）ニューディール政策の語源はアメリカの作家マーク・トウェイン（Mark Twain）が著した『アーサー王宮廷のコネチカット・ヤンキー』によるとされます。主人公のアメリカ人技師ハンク・モーガンはイギリスのアーサー王の時代にタイムスリップして、社会問題を解決しようとします。その際、革命的な取り組みではなく、社会を科学的な手法で徐々に改革する「新しい取り組み」をすると描かれています。ただ、この物語の結末ではニューディールは改革への反動で失敗します。

第10章　景気対策と不確実性、公債　159

費用も生じさせていることを指摘しました。その結果、各国では利益誘導型の政治にならないような工夫がなされ、景気が悪化した際に失業者を大規模に「雇用」する必要がなければ、税制や給付金による景気対策を実施するようになりました。税制や給付金は一定の区分はあるものの、特定の地域だけ減税したり、給付金を渡すことはむずかしく、一定の条件を満たした場合に提供されるため、利益誘導がしにくい利点があります。また、第2章の2.3.2項の乗数効果で説明したとおり、財政支出政策と減税政策は財政支出によって失業者を間接的に雇用する部分以外、家計の所得の増加に与える乗数効果は同じです。もちろん、財政支出に相当する需要、すなわち大規模な雇用が創出できないので、雇用対策としての効果は落ちますが、完全雇用の実現ではなく、不景気を緩和するという景気対策だと考えれば、ポーク・バレル政治の弊害を抑えながら、一定の効果があります。このように、「政府の失敗」を含む費用対効果を考えて、景気対策が選択されます。ちなみに、リーマン・ショック後の世界各国の景気対策は恐慌による企業の連鎖倒産を懸念して、失業対策のために政府が間接的に失業者を雇用する社会保障政策を取ったと考えることもできます。

　また、減税政策、財政支出政策のいずれの手段にしても、政府にとっては支出によって景気悪化の緩和や失業者の一時的な間接雇用を促すことになります。これは政府資金による社会政策といえ、費用が生じています。そのため、政府は費用に見合った便益が得られる政策かどうかについて考えながら、景気対策の程度を考える必要があります。

10.3　予算編成と景気の不確実性

　景気対策はGDPギャップをはじめ、不景気になった際に経済悪化に対する緩和効果をもつことを解説しました。一方で、景気悪化や景気好転は正確には予測できません。わが国では、12月末に予算案が提示され、ほぼ修正されることなく議会で承認された後に、4月から執行されるのが一般的です。そうなると、足元の年度の経済状況がわからない状態で、政府は翌年度予算を編成する必要があります。

　さらに、景気対策はただちに雇用や所得に影響しません。税制改正による減

税は１年を通じて徐々に効果が蓄積しますし、公共事業となると実際の計画からある程度の効果が出るにいたるまで、半年以上の期間がかかります。これを**執行ラグ**とよびますが、政府はこれらのラグを含めて将来の経済状況を予測して、景気対策を考える必要があります。したがって、国民所得の下支えに予算を活用する場合、不確実な将来を予測したうえで、支出水準を決定する必要があります。景気対策の水準を決めるのは最終的には議会ではありますが、その素案である予算案を作るのは政府になります。政府は国民の要望を聞きながら、国民が納得する財政政策を実施することが求められます。

　また、多くの国では当初予算を編成したあとに、年度内に予算を修正する予算（わが国では補正予算）が組まれることもあります。しかし、補正予算でも先程に述べたような政策ラグが生じてしまうので、補正予算が承認されたからといってただちに経済が活性化するわけでもありません。さらに、補正予算が恒常化すると、別の問題も出てきます。当初予算だけはきれいに整え、補正予算を前提に当初予算を組むといった、当初予算の形骸化も起きてしまいます[3]。このとき、使い残した予算は翌年度に剰余金として処理されるので、補正予算で減額予算を組むということはほとんどありません。結局、補正予算は支出を増やすために行われるのが通例で、景気対策のために用いられます。

　ではなぜ、将来を見通す不確実性のもとで予算を編成すると、財政規模の膨張が生じてしまうのでしょうか。次章の公共選択論で解説するような政治的な予算膨張効果もありますが、本章では不確実性への態度がもたらす問題点について解説します。景気変動の不確実性がある状況下では、国民がリスク回避的になると、政府は国民の安心を確保するために景気対策の規模が膨張してしまいます。そこで、不確実性とリスク回避との関係性について見てみましょう。

3）こちらは財政学で議論されるべき問題ですが、補正予算の議論は緊急性の高い対策の必要性という観点から、議論が十分に行われないで承認されることもあり、当初予算のように時間をかけて議論できないという問題も抱えています。

第10章　景気対策と不確実性、公債　　161

10.4 不確実性のもとでの景気対策

図10.1には、不確実性のもとで予想される国民所得が2つの経済状態である好景気 Y^H と不景気 Y^L となっている経済を考えます。このとき、国民のリスク態度のちがいによって効用水準を①や②のような2つの無差別曲線で描いて比較してみましょう。国民が経済悪化に対して、①はリスク回避度が高い（あるいは強い）国民、②はリスク回避度が低い（あるいは弱い）国民とよびます。一方で、政府は③のようなリスク中立的な立場で経済状態を判断でき、不景気になる確率 p^L を予想している、すなわち Y^H と Y^L になる確率は $1-p^L : p^L$ であると見積っているとしましょう。すると、政府が予想する経済水準は期待値 $E(y)$ となり、その値は図10.1の④のようなオッズを傾きとする等期待値線と⑤のような確実線（45度線）の交点で示すことができます。

次に、①のような「リスク回避度が低い国民」を例に、国民がこの経済状態をどう評価しているかを見てみましょう。「リスク回避度が低い国民」の無差別曲線は確実線と y_{CE}^W の点で交わっています。確実線上の点は期待値を表すことを第2章で説明しましたが、「リスク回避度が低い国民」にとって、国民所得が2つの経済状態の Y^H と Y^L になる状態は、期待値で見た経済水準 y_{CE}^W が確実に起きるのと同じ満足度になることを示しています。このように、与えられた不確実な状況と同じ満足度を提供する確実な結果のことを、**確実性等価** (certainty equivalence) といいます。$E(y)$ と y_{CE}^W を比較すればわかりますが、y_{CE}^W は $E(y)$ よりも小さな値になっています。客観的な期待値 $E(y)$ はリスクに対して中立的な態度と考えることができますが、「リスク回避度が高い国民」はリスクを回避したいと考えるので、同じ不確実性でもその評価を下げています。このとき、⑥のような $E(y)$ と y_{CE}^W の差である $E(y)-y_{CE}^W$ を、リスクを回避するためにあきらめてもよい合理的負担という意味で、**リスク・プレミアム**といいます。すなわち、本章の内容とは関係ありませんが、保険会社であれば、リスク中立的な保険商品を考案して、リスク回避的な人の確実性等価になる水準を確実に提供するだけで、リスク・プレミアムに相当する利益が手に入ります。また、政府にとって見れば、後述のように、国民がリスク回避的なために将来の経済状態を低く見積もることで、経済の見通しが悪化してしまう、

図10.1 財政政策による厚生改善

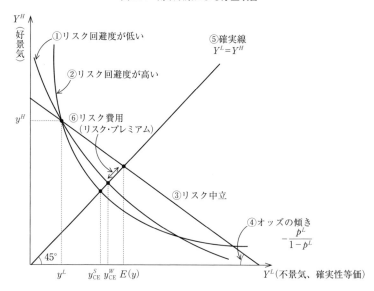

すなわち不安が生じるために何らかの費用を払って対策をしなければならない費用が現れているということもできます。

　本書は政府部門を取り扱うことから、リスクの解消によって利益を得る保険事業を行わないので、リスクを回避したいと思う国民の気持ちが不確実性の起きる状態の評価を低く見ることで生じる費用として**リスク費用**とよぶことにします。「リスク回避度が低い国民」であっても、景気変動をともなって経済の先行きの評価をリスク費用分だけ低く見ていると考えることができます。②の「リスク回避度が高い国民」ではこのリスク費用が増加してしまいます。「リスク回避度が低い国民」の確実性等価は y_{CE}^W ですが、「リスク回避度が高い国民」の確実性等価は y_{CE}^S となり、y_{CE}^W よりも低くなっています。このことはリスク回避度が高まれば、政府のリスク費用が増加することを意味します。

　このような状況で、政府が財政政策によって、2つの経済状態の国民所得 Y^H と Y^L を同じ水準だけ上昇させて、国民の経済の先行きの評価を高めることを考えたとしましょう（図10.2）。たとえば、リスク回避的な国民が景気変動のリスクに直面して、経済の将来見通しを悪く見積もっている場合、そのま

第10章　景気対策と不確実性、公債　**163**

図10.2 リスク態度と財政政策に必要な規模

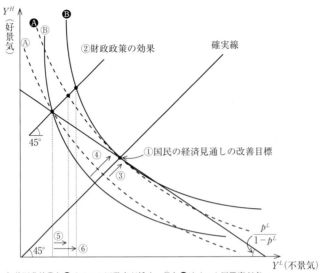

無差別曲線Ⓐとのはリスク回避度が低く、Ⓑとのはリスク回避度が高い

ま放置すると、投資や消費が冷え込んで、実際の経済水準が予想される2つの経済状態の Y^H と Y^L よりも悪くなってしまうことが考えられます。この場合には、景気対策によって不安を軽減して、経済環境の期待を上昇させることで、期待による景気の落ち込みを避けることができます。今回は国民の経済評価ともいえる確実性等価の水準が、リスク中立の政府がもつ期待値 $E(y)$ と同水準になるように財政支出をすることを考えてみましょう。

両タイプの国民の無差別曲線を①で示される点へと改善させるために、10.1節で解説したような乗数効果をともなう財政政策を使って、好景気と不景気のいずれにおいても国民所得が②の線上で等しく増加する（45度線上は両者を等しく増加させる）ような経済政策を行うと考えてみましょう。このとき、①の点に移動させるための「リスク回避度が低い国民」の効用のⒶからのへの上昇幅は③であるのに対し、「リスク回避度が高い国民」の効用のⒷからのへの上昇幅は④となって③より多くなっています。これを財政政策の規模で見るために、②の45度線を使って、必要となる国民所得の引上げ額を見てみると、国民所得 Y^H と Y^L 双方の必要額が、「リスク回避度が低い国民」の場合は⑤、「リ

スク回避度が高い国民」の場合は⑥になることがわかります。両者を比較をすれば、確実性等価で見て、期待値 $E(y)$ と同水準とするのに必要な財政政策の規模が「リスク回避度が高い国民」のほうが大きくなります。すなわち、リスクを回避したい国民であるほど、そのリスクに対する不安を払拭するために必要となる財政政策の規模が大きくなることを意味しています。

　乗数効果による恩恵があるといっても、景気対策の規模はそのまま景気対策の費用と考えられるので、リスク費用の大半を政府が支払っていることになります。国民がリスクを避けようとすればするほど、政府はその懸念の払拭のために多くの費用をかける必要があることがわかります。

10.5　政府債務の累増とリスク費用

　財政政策は国民のリスク回避の程度に応じて費用が上昇することがわかりました。一方で、財政政策で累増してしまった政府債務にも財政破綻のリスクが存在しています。もちろん財政破綻の確率は低いですが、一方で財政破綻した場合には、国民は非常に大きな経済水準の低下を経験することになります。

　そこで、政府債務の累増によって、財政破綻時の経済水準の度合いが悪化する影響について考えてみましょう。**図10.3**には財政が破綻した際の経済水準が変化した場合の国民の効用水準を示しています。国民の経済水準を財政が破綻していない通常時の y^N と財政が破綻した場合の y^c に分かれると考えます。このときの破綻しない確率は $1-p^c$、破綻する確率は p^c と考えます。すると、図10.3にあるような経済水準と効用水準の関係で示した効用関数として描くことが可能です。この効用関数で描いた場合の確実性等価は y_{CE}、リスク費用は①のように $E(y)-y_{CE}$ で示すことができます[4]。

　このとき、財政破綻をした場合の経済水準 Y^c を小さくしたときにリスク費

4）所得の期待値 $E(y)$ による効用水準 $U(E(y))$ と効用水準の期待値 $E(U(y))$ があることに注意しましょう。図10.3の横軸の $E(y)$ における縦軸の線と無差別曲線の交点が $U(E(y))$ になります。縦軸には $E(U(y))$ が描かれていますので、$U(E(y)) > E(U(y))$ となることがわかります。この関係は、リスク回避的な場合、確実に期待値が手に入る場合とリスクを取る場合で、確実なほうが効用水準が高いことを意味しています。

第10章　景気対策と不確実性、公債　**165**

図10.3　期待効用関数とリスク費用

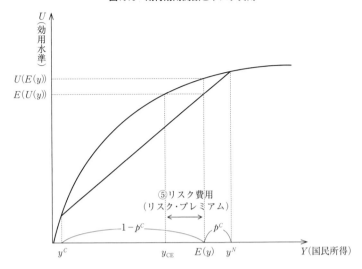

図10.4　財政破綻時の経済水準とリスク費用

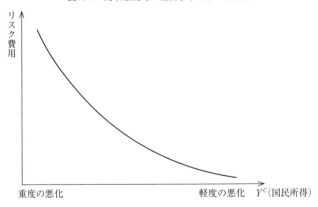

用がどう変化するかを**図10.4**に示しています。図10.4からは横軸の Y^C が小さくなる（財政破綻時の経済水準が悪化する）に連れて、リスク費用が急増していることがわかります。このことは、財政破綻した際の経済状態が非常に悪いと考えた場合、国民が将来の経済見通しを大きく低下させてしまうことを意味しています。すなわち、政府債務の累増は将来の経済見通しを悪化させ、先行

図10.5 財政破綻リスクとリスク費用

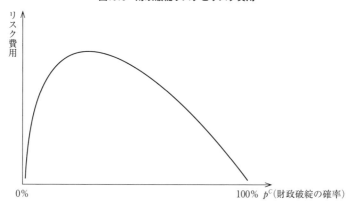

き不安を払拭するリスク費用も急増させることがわかります。

　同じことは、財政破綻が起きる確率が上昇しても起こります。図10.5には財政破綻の確率の上昇とリスク費用の関係を示しています。その他の条件を固定して、財政破綻する確率を0％から100％の範囲で動かした結果が示されています。なお、特定の数値例のもとで描いたものではありますが、一般的な条件による図ですので、その他の数値でもほぼ同じ形状をとることになります。図10.5からは破綻リスクの上昇につれてリスク費用が急に上昇しています。一方で、ある程度までにリスクが高まると少しずつ下降し始めます[5]。この数値例では、その財政破綻の確率は20％のあたりとなっています。財政破綻が起きる確率というのは1％もないと考えるのが普通なので、重要なのは0％近くで

5）一定程度までリスクが高まるとリスク費用が上昇し、その後に少しずつ下降し始める理由は次のとおりです。リスク回避的とは悪い結果が出たときの価値を重く評価する態度です。すなわち、リスクが低いときには悪い結果が出るというリスクの費用を大きく見積もることになります。一方で、リスクの上昇にしたがって、できるだけ所得の低下を避けるために支払ってもよいリスク費用が急増します。さらに、ある程度リスクが高まってしまうと、今度はリスクを重く見すぎるため、期待効用全体がいちじるしく低下し、悪い結果が出たときとほとんど変わらない効用水準になってしまいます。すると、いくらリスク回避的とはいえ、悪い結果とほとんど変わらない期待効用のもとでは、リスクの費用も小さく評価せざるを得ません。中級書以上の内容になってしまいますが、図10.5の数値例は相対的リスク回避度一定の効用関数を用いています。

第10章　景気対策と不確実性、公債　　167

急上昇している部分で、財政破綻の確率が0％近辺で少しでも上がると、社会的に将来のリスク費用は急増し、将来の経済見通しを大きく引き下げてしまうことがわかります。

このように、政府債務の累増は破綻時の経済状況の悪化や破綻する確率の上昇を通じて、リスク回避的な国民の経済見通しをさらに悪化させ、その対策に必要なリスク費用も急増させてしまうことがわかります。財政破綻のリスクは決して大きいものではありませんが、小さなリスクの変化でも、リスクの費用として経済に急激なかたちで負担を与え、悪循環のなかで歯止めが効かなくなる可能性があることを忘れてはなりません。

10.6 政府債務と財政破綻の条件

政府債務が維持可能かどうかについて、判定できる条件はあるのでしょうか。もっとも単純な考え方は**ドーマー条件**とよばれるものです。これは名目利子率iと名目GDPの成長率gを比較するだけのもので、名目利子率が名目成長率を下回る、すなわち$i < g$であれば財政は破綻しないというものです。両者がともに膨張すると考えると、膨張速度が重要であり、名目GDPが政府債務残高よりも早く膨張すれば、長期的に見ると政府債務残高は大きな問題にならないという考え方にもとづきます。この条件が満たされていれば、ある時点から単年の財政収支に赤字を生じさせなければ、確かに政府債務は長い時間をかけながら、名目GDPとの比較で小さくしていくことが可能です。t年の政府債務残高をD_t、名目GDPをY_tとすると、t年に新たに財政赤字を出すことなく、$i < g$となっていれば、(10.8)式のようにt期よりも$t+1$期の政府債務残高の対名目GDPは低下するので、政府債務が名目GDPよりも相対的に大きくなり、財政破綻することはなくなります。

$$\frac{D_{t+1}}{Y_{t+1}} = \frac{(1+i) \cdot D_t}{(1+g) \cdot Y_t} < \frac{D_t}{Y_t} \qquad (10.8)$$

なお、これでは非常に単純すぎるとして、ドーマー条件とは直接の関係性はない条件になりますが、財政赤字に注目したものに**ボーン条件**があります。ま

ず、ボーン条件では、t 年の政府債務 D_t と財政収支 B_t、その他の要因 Z_t について(10.9)式のような関係があると想定します。

$$\frac{B_t}{Y_t} = \alpha + \beta \frac{D_t}{Y_t} + rZ_t \tag{10.9}$$

このとき、$\beta > 0$ という条件を満たせば、政府債務が増えるのに合わせて、財政収支が改善すると考えるのがボーン条件です。なお、$\beta > 0$ のときに長期的に政府債務残高を発散させないことを確認するには大学院レベルの数学が必要になりますが、政府債務が増えると財政収支が改善することが、数学的に財政破綻をしないための十分条件となります[6]。財政収支と政府債務残高の関係に注目したボーン条件を用いることで、実際の財政運営における財政の安定性評価ができます。

10.7　景気浮揚と財政破綻のトレードオフ

　不確実な経済環境のもとで、経済状況の悪化への国民の懸念を払拭するため、政府は財政政策によって国民の経済見通しを改善しようとします。一方で、その財政政策によって政府債務が累増することで、財政破綻時の経済状態が悪化したり、破綻する確率が上昇するリスクの費用が生じます。このように考えると、直近の経済のリスクを軽減するために、財政破綻という長期のリスクを引き受けて、財政政策を行っている状況が起きていると確認できます。こ

---

6) 数学における「十分条件」とは「それを満たせば、ある事柄がかならず成り立つような条件」のことです。たとえば、人間であれば動物であることはかならず成り立ちます。これに対して、「必要条件」は「ある事柄が成り立つために必要となる条件」のことで、まずは動物であることが人間であるためには最低限必要で、動物でなければ人間にはなりえないといえます。そのため、十分条件は強すぎる条件、必要条件は弱すぎる条件だといえます。該当部分では十分条件となっていて、十分条件を満たせばただちに財政破綻はしませんが、動物であるために人間であることを要求するかのように強すぎる条件ともいえるため、これよりももう少し弱い条件でも財政破綻は避けられる点にも注意しなければなりません。ちなみに、ちょうどよい条件は必要十分条件となります。

第10章　景気対策と不確実性、公債　**169**

れは政府が短期的な経済リスクを長期的な経済リスクに付け替えているだけということができるでしょう。もちろん、財政破綻のリスクは決して高くないと考えて、リスクの付け替えを行っていると考えることもできます。ただ、リスクを回避しようとする国民性であればあるほど、必要となるリスク費用も増加することを解説しました。

リスク回避的な国民のもとで、政府は短期的なリスクを回避しようとして、長期的なリスクを上昇させ、長期的な経済見通しの評価も低下させてしまい、結局、短期的な経済状況の悪化させることも考えられます。長期的な経済見通しの悪化が、短期的な経済状況の悪化にも繋がれば、リスク回避的な国民性と増幅関係をもって、問題を深刻化させます。その結果、短期的な将来不安を解消するために、政府債務をともなうケインズ対策をとることで中長期の経済見通しを悪化させ、中長期の見通しの悪化を打ち消すために、短期的な経済状況を改善させるためのさらなる景気対策をとって、将来の経済見通しにいっそう負担をかけるという、負のスパイラルが生じてしまう可能性にも注意しなければなりません。

リスクの再分配という観点からは、短期の時間軸でリスクが偏った状態であれば、長期のリスクに付け替えることが悪いわけではありません。しかし、財政政策の創始者であるケインズが想定したのは不景気時には積極果敢に財政政策を行い、好景気時には増税などで景気の果実を得ながらその過熱を抑制して、財政規律を維持することでした。ケインズ政策には**ハーヴェイ・ロードの前提**（the presuppositions of Harvey Road）とよばれる暗黙の前提があると、ケインズの伝記（*The Life of John Maynard Keynes*）を書いたケインズの教え子でもある経済学者のロイ・ハロッド（Roy Harrod）は指摘しています。ケインズが住んでいたハーヴェイ・ロードの周辺には啓蒙的で少数のエリートが集まって政策論争をしていたとされます。すなわち、ハーヴェイ・ロードの前提とは、第9章の公共財で解説したような社会計画者に近い公益性をもった少数の賢人政策立案者によって、政策が行われるのが前提となっているとの指摘です。しかし、第11章の公共選択論で解説するように、民主主義制度のもとでは、ハーヴェイ・ロードの前提と現実は非常に遠いところにあるといえます。

わが国では、好景気時であっても、「好景気の腰を折ってはならない」とい

う常套句にあるような、リスク回避的な景気対策を含んだ予算になる傾向があります。そうなると、過度に短期のリスクを回避することで、長期のリスクに偏る状況が生じてしまうことを忘れてはいけません。景気対策という狭い視野ではなく、短期のリスクと長期のリスク、両者のバランスについても、財政政策や減税政策、財政再建を適切に組み合わせることで、環境を整え、深めていく必要があります。

第11章

公共選択論
——民主主義制度と政治道徳

　政府活動は民間活動に比べて、非効率な部分が多いとよく指摘されます。それはどうしてでしょうか。政治家は選挙を通じて国民の審判を受け、官僚は職務専念義務があるので、ルールが適正に運用されていれば、非効率が起こりにくいと考えられます。また、経済学では個人の選択は合理的に行われるはずで、個人の集合体である社会や国家も、合理的に行動すると予想されます。しかし、現実の結果はその逆が多いと考えられます。このような原因があきらかではない非効率を x-非効率とよびますが、その原因についてさまざまな立場や活動から分析を進めるのが公共選択論です。

　では、公共選択論はどのような視点で政府部門の非効率を分析するのでしょうか。「公共選択論」は「個人」の合理的「選択」とは異なる個人の集合体（社会）で構成される「公共」における「選択」の特性に着目します。**公共選択論は多様な個人の選択を一つの公共の選択に集約する過程の問題点、公共で規範として求められる公益に混ざり込む個人の私益がもたらす個人と社会の食い違いを取り扱います**。個人の意見の集約過程として、投票、組織、議会という各側面で、有権者、政治家と官僚の行動に焦点を当てて、その非効率の生じる原因を解説していくことになります。

11.1　公共選択と政府の失敗

　公共選択論は、政治学者のブキャナンをはじめとした「政府の失敗」の指摘に始まります。公共選択論が生まれる以前は、第10章で解説したマクロ経済学

が説くケインズ政策が花盛りの時代であり、景気対策や福祉国家の流れのなかで大きな政府を志向していました。一方で、税収が政府規模の拡大を十分にまかないきれなくなり、財政赤字が拡大していきました。ケインズ政策によって、第二次世界大戦以前のような景気と雇用の大規模な変動に翻弄される不安定経済状況は軽減できたものの、資本主義国はその代償として、慢性的な財政赤字に苦しむことになりました。

そのようななかで、当時の経済学者はその原因をケインズ政策の調整のむずかしさや社会保障の拡充に求めましたが、政治学者のブキャナンたちは政治的な原因、すなわち政治家が自らの地位を維持するために、利益誘導型政治に邁進することが原因だとして、これを「**政府の失敗**」と主張しました。この認識が経済学にも広がると、ケインズ政策や福祉政策が利益誘導型政治を誘発していたことへの反省から、そのあり方を見直す動きが広まりました。

アメリカにおいては、利益誘導型政治のことを**ポーク・バレル政治**[1]とよびますが、政治家自身の地位を維持するための見苦しい政治をあらため、利益誘導が原因で財政支出が膨張しないように、減税主体の財政政策へと政府規模を適正水準にとどめる取り組みが広がりました。その後、さまざまな政治活動における非効率性が調査され、公共選択論という一つの研究領域として研究が深まっていくこととなります。

11.2 投票のパラドクスと民主主義の限界

投票は民主主義における神聖な行為で、その結果には有権者はしたがうことが望ましいと思われがちです。しかしながら、投票という行為には多くの欠陥があり、本来は注意が必要な行為です。最もよい例が、**投票のパラドクス**です。投票のパラドクスの下では、投票が結果を1つに決められない事象が起こ

---

1) ポーク・バレルとは豚肉の塩漬けの入った樽という意味で、かつてアメリカの奴隷農場で主人が黒人奴隷に褒美として豚肉の塩漬けを与えており、その塩漬け目当てに奴隷が主人の命令にしたがって奔走する見苦しいさまを、地元有権者の利益ために国益を顧みない利益誘導政治家の見苦しいさまと重ね合わせたものといわれています。

第11章 公共選択論　173

表11.1　投票のパラドクス

選好順位	政策 a	政策 b	政策 c
A さん	1	3	2
B さん	2	1	3
C さん	3	2	1

ります。Aさん、Bさん、Cさんという3人の人を考え、a、b、cという3つの政策があるとします。そのうえで、3人の好ましい政策順序が3人ともに異なる**表11.1**のようになるとします。そのうえで、どの政策が望ましいかを決める**多数決投票**を行うことを考えます。このとき、1人1票で好きな政策を多数決投票すると、3人とも異なる政策を投票してしまうので、多数決が成立しません。そこで、トーナメントのようにa対b、b対c、a対cなどある組み合わせの多数決投票で勝ったほうが、それぞれ残りのc、a、bという別の政策との多数決投票で選択されるとしましょう。すると、a対bの場合にはaが勝つものの、a対cの段階でcが最終的に勝ち、b対cの場合にはbが勝つものの、a対bの段階でaが最終的に勝ち、a対cの場合にはcが勝つものの、b対cの段階でbが最終的に勝つというように、最初の2つの組み合わせ次第で最終的に勝つ政策が決まってしまうこまった事態が起こってしまいます。

　このように多数決投票の際に、複数の政策があって、複数の選好がある場合には投票の組み合わせしだいで、結果が変わってしまい、1つの結果にまとまらないことが知られています。このようなことを、**投票のパラドクス**といいます。したがって、投票は民意を反映する体裁をとりながらも、複数の政策の選択肢がある投票の組み合わせを操作することで、意図的な結果を導くことができてしまうことがわかります。このように、民主主義制度には民意を集約するメカニズムにおいて、欠陥があります。そのため、適切に民意を集約するメカニズムがないかを研究した結果、そのようなメカニズムの構築は理論上不可能であると証明した研究があります。これが「**アローの不可能性定理**」とよばれ

るもので、民主主義制度における重要な定理となっています。

　「アローの不可能性定理」は、個人の政策選好が矛盾なく合理的である前提で、3つ以上の選択肢がある場合、4つの条件をすべて同時に満たす投票制度（意見集約をする方法）を構築することが不可能であることを証明します。その4条件とは、①非独裁性（独裁者が発生しない）、②パレート効率性（全員が合意できる選択は社会全体でも選ばれる）、③独立性（追加の選択肢が加わっても、その前に望ましいとした元の選択肢の選好順位は変わらない）、④普遍性（すべての個人の選好順序を用いた政策の選好順位は矛盾なく一貫したかたちで構築可能である）です。この4条件は、独裁者を生み出さないとか、全員が合意できるものは選ばれるはずとか、別の新しい選択肢が生まれても、新しい選択肢は元の選択肢の順序を維持したなかでどこかの上または下に順位づけられるとか、各人の政策の優先順位が決まっている場合に論理的に矛盾なく社会的な優先順位も決められるといった、とくに不自然ではない条件だと言い換えられます。一方で、たとえば、「投票のパラドクス」は組み合わせ次第で矛盾した結果が出てくるため、④で矛盾してしまいます。

　「アローの不可能性定理」は、さまざまな意見がある社会で、どのような投票制度も、客観的に矛盾がなく、さらに独裁者を生み出さないという望ましい条件が実現不可能だと証明してしまいました。このとき、ユダヤ人でもあったアローが問題視したのは独裁の発生でした。第二次世界大戦にいたる過程のなかで、ナチス・ドイツのアドルフ・ヒトラー（Adolf Hitler）は暴力革命によって独裁制を敷いたのではなく、民主主義的なプロセスで首相に選ばれた後に、全権委任法を承認する議会手続きによって独裁者になり、世界を不幸の淵に追い込みました。また、民主主義で民意を矛盾なく集約する場合、独裁政治が生まれることを排除できないという、皮肉なパラドクスも証明することになってしまいました。

　なお、4条件ではなく3条件に限定したり、それぞれの条件を緩めるなどすれば、状況に応じた妥当な投票制度を構築できます。それでも、一長一短が生じることから、完全な民主主義的投票の実現に限界があります。詳細は公共選択論のテキストに譲りますが、たとえば、**ギバード＝サタースウェイトの定理**によれば、独裁制を回避しようとすると、自分の票が死票とならないように、

第11章　公共選択論　**175**

嘘を含む戦略的な案に投票することを避けられないとされ、民主主義では投票者のすなおな意思表明が行われなくなるというやっかいな問題も生じます。このように、民主主義が民意を正確に反映し、独裁者を排除するような健全な仕組みになりえない状況が避けられないことがわかります[2]。

11.3 中位投票者定理と政策中立化

　アローの不可能性定理は、4条件の以前に、3つ以上の選択肢を前提としていました。この3つ以上の選択肢を2つに制限する方法もあります。たとえば、複数の選択肢を2つに集約して、進歩的な政策、保守的な政策という政策セットで投票する方法です。政策が二択となるため、進歩、保守双方の立場であっても、政策を実現するためには、過半数の投票を得る必要が生まれます。このとき、**図11.1**のように投票者の無差別曲線が政策的立場で描かれるとすると、真ん中の投票を得られなければ、自分の政策を実現することはできません。すると、いくら進歩、保守の支持者に配慮するとしても、中位の投票者の意見を無視した政策を主張すると投票では勝てないため、進歩、保守のいずれの政策も中位の投票者が投票したくなる政策に中立化していきます。このように、二択式の政策軸で投票を行うことで、政策が中立化していくことを**中位投票者定理**とよびます。

　「投票のパラドクス」の場合であれば、どちらを進歩、保守とするかが問題になりますが、たとえば、政策aを支持するAさんが進歩、政策cを支持するCさんが保守だと考えます。すると、Cさんにとって政策bは2番目に望ましい政策なので、Bさんの支持を得られるように政策bに譲歩して、過半数を取ろうとするでしょう。もちろんこれが、Bさんが進歩、Cさんが保守であれば、結果は政策aが選択されてしまいますが、1つの評価軸にしてしまうことで、中立化された結果を導くことができます。中位投票者定理が成立すれ

2）たとえば、非独裁性をあきらめれば、独裁者の選好がそのまま社会選好になります。そうすると、個人の選好が前提条件どおりに合理的でさえあれば、独裁者も合理的になるので、パレート効率性、独立性、普遍性は満たされてしまいます。

図11.1 中位投票者定理における政策選択

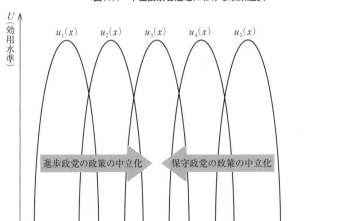

ば、特定の極端な政治家が独裁によって社会を制御することがむずかしくなり、過半数の人々の民意を体現しようとする行動を促すことができます。

11.4 複数選挙のパラドクスと評価の歪曲

　二択式による中位投票者定理を活用して、政策の中立化を促すことができますが、その実施方法次第で、結果や評価を歪曲することが可能です。複数選挙のパラドクスがその例です。たとえば、3つの投票を一括で実施することを考えてみましょう。この3つの投票はいずれも、二択式の過半数投票で決定されるとします。すると、投票者は3つの投票用紙を一度に投票することになります。これはわが国の場合では、たとえば、衆参ダブル選挙とよばれる衆議院選挙、参議院選挙に加えて、知事選挙が同日に行われるような状態を考えればよいでしょう。現在のわが国の衆議院選挙と参議院選挙では小選挙区選挙と比例代表選挙の2つが行われます。知事選は1つの投票ですので、有権者は合計5つの投票用紙を与えられて、投票することになります。比例代表選挙は過半数投票ではないため、過半数投票の3つに絞って考えてみましょう。

表11.2　3人での複数選挙のパラドクス

	I	II	III
1 さん	Yes	Yes	No
2 さん	Yes	No	Yes
3 さん	No	Yes	Yes
勝者	YES	YES	YES

　このとき、**表11.2**のような有権者の選好があったとしましょう。この場合
の Yes は与党、No は野党を支持し、3つの選挙 I、II、III をそれぞれ、小選
挙区選挙の衆議院選挙と参議院選挙、知事選挙だと考えます。有権者の選好
は、3つの選挙の全体で、おおむね Yes（与党）を評価しているものの、すべ
ての選挙を Yes にしたいと考える有権者は1人もいません。もちろん、個別
に判断して投票していると主張できますが、すべてを Yes にしたいと考える
有権者が1人もいない民意も見過ごすべきではありません。また、3つの選挙
を1つの二択投票にして与野党を選んでいない以上、3つの投票のそれぞれの
結果を確認しながら、個別に投票したいという要望も有権者の自然な要望で
す。しかし、投開票を繰り返す手間がかかるという理由から、1回の投票機会
にして手間を減らしたことで、表11.2のような選好になったにすぎないとも考
えられます。

　この結果を開票してみると、すべての選挙で Yes が選ばれます。すなわち、
与党政治家はすべての選挙で与党が当選した結果をもって、与党の政策が「完
全に支持された」と主張できます。しかし、先に述べたように、議員や知事の
すべてを与党にしたいと考える有権者は1人もいませんでした。にもかかわら
ず、民意を集約すると与党の完全勝利という有権者の意図とは異なる結果が起
こります。これは**表11.3**のように投票者数を増やしても同じことが起こりま
す。このように、二択投票であっても、3つ以上の投票を同時に行った場合
に、民意の集約に食い違いが生じることを**複数選挙のパラドクス**といいます。

表11.3　13人での複数選挙のパラドクス

	I	II	III
1さん	Yes	Yes	No
2さん	Yes	No	Yes
3さん	No	Yes	Yes
4さん	Yes	Yes	No
5さん	Yes	No	Yes
6さん	No	Yes	Yes
7さん	Yes	Yes	No
8さん	Yes	No	Yes
9さん	No	Yes	Yes
10さん	Yes	No	No
11さん	No	Yes	No
12さん	No	No	Yes
13さん	No	No	No
勝者	YES	YES	YES

　もちろん、一つひとつの投票を独立して判断したと主張することもできます。しかし、先ほども述べたように、一度の投票機会ですべてを投票する条件だったので、表11.3のような選好になっただけであって、一つずつ投票の結果を示したうえで、次の投票を行っていれば、有権者が次の投票の選好を変える可能性もあります。このように考えると、二択投票であっても一度の投票回数を増やすことで、正確に民意が反映されない可能性があるのです。

　公共選択論の専門書に譲りますが、それ以外にも、中位投票者になりがちな浮動票が投票場に行く気持ちを削ぐように、有権者の行動を把握したうえで、不都合な事実の発覚前や連休シーズンに選挙を実施することで、自らの有利な結果を導くことも可能です。戦前は選挙干渉という手法で反対勢力を暴力的に弾圧することがありましたが、そのような強力な手段を用いずとも、選挙のメカニズムを巧みに利用することで、選挙の結果を有利にできる余地が投票制度にあることがわかります。そのため、投票は神聖なものではなく、実施手続きからその運用にいたるまで、投票ルールを設定できる権力者の意図がどこかに潜んでいないか、有権者は注意深くなければならないのです。

第11章　公共選択論　**179**

11.5 政党制、官僚制の組織問題

　個人は組織に所属することで、個人だけではできない大きな目標を実現できます。とはいえ、個人の目標とは関係なく、組織には組織自身が設立された理由でもある目標があります。政党であれば、与党として党員の求める政策を実現すること、官僚制であれば、省庁の名前に代表される所掌事務が政府活動において重要な位置を占めること、とまとめられるでしょう。

　このように考えると、政治家であれ、官僚であれ、その個人の目標を組織を使って実現するためには、その組織で枢要な地位を占める必要があり、そのためには組織に貢献して組織から評価される必要があります。すなわち、個人は自分の目標を達成するために、まず最初に組織の目標を達成することが求められます。このとき、組織が達成したい目標は、個人のそれと異なるだけでなく、社会全体の厚生増進に繋がるともかぎりません。

　たとえば、組織体質として競争的権威主義を志向する政党を考えてみます。競争的権威主義とは形式的には民主主義の形態を標榜しつつも、実際は独裁政治を実現したいと考える思想で、そのような体質をもった政党は世界にもいくつか存在します。そのような政党は、あえて国民を貧しい状況におきながら、外敵を作って戦争を引き起こすことで、国民が自らの政党に頼ることが解決策だと主張します。このような政党は、社会的に問題視されても、「組織の論理」を推進する人を中枢に据えて、それに疑問をもつ人々を排除します。このように、組織には独特の評価システムが存在します。

　官僚制度でも組織の論理による非効率がたびたび指摘されます。ここでは、代表的に用いられる**ニスカネン・モデル**を用いて、社会と組織の論理の食い違いを解説します。ニスカネン・モデルでは、事業規模を変更できるある政策を考え、**図11.2**のように示されるとします。このとき、事業規模に応じて、①のように総費用、②のように総便益が描かれ、その差額を③のような純便益と考えることができます。事業規模が大きくなるにつれて総費用は逓増し、総便益は逓減すると考えます。すると、事業規模が小さい間は総便益の増加分のほうが総費用の増加分よりも大きいため、純便益が拡大して、④のところで v^* と c^* の幅が最大になります。すなわち、この政策を④のところで実施すると

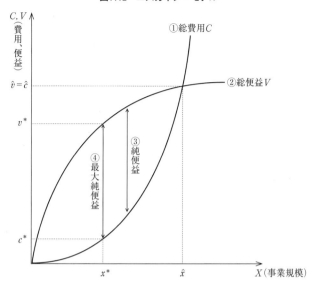

図11.2　ニスカネン・モデル

国民は最大の純便益を得られます。一方、それ以上の規模になってしまうと、最終的には総費用は逓増し、総便益は逓減するので、点 $\hat{x}$ で $\hat{v}$ と $\hat{c}$ の両者は一致してしまい、ここでは純便益がゼロとなってしまいます。このとき、良識的な政府は点 x^* の規模で政策を実施すると純便益が最大の④となるので、点 x^* で政策を実施するべきだといえます。

しかしながら、社会学者のマックス・ウェーバーが述べたように、官僚制度は政治とは異なり、国民の満足度が官僚の地位を決めるわけではなく、地位を決めるのは職員の多さや事業規模が重要とされます。多くの職員を抱え、多くの予算を使うということがその省庁が重要な役割をもつことを端的に表すからです。すると、官僚にとって、点 x^* で国民、そして政治家が喜ぶことよりも、事業規模の拡大によって自身の昇進を目指すほうがよいことになります。さらにやっかいなのは、官僚は事業を設計する立場にあるため、事業に関する細かい情報をもっていることです。一方で、国民も、政治家も具体的な情報をもっていないので、官僚の情報に頼るほかありません。そこで、官僚は、点 $\hat{x}$ を提示して、政策の説明を行います。点 $\hat{x}$ は便益ゼロの事業規模ですが、国

民も政治家もこれしか選択肢がないと詳細な説明を受けると、仕方ないと誤解して、この事業規模を認めてしまいます。そうなると、本来は点 x^* が最適規模にもかかわらず、点 $\hat{x}$ の事業規模にすることで、事業規模を大きくすることができます。もちろん、便益がマイナスにはなっていないので、国民も政治家も問題視するわけにもいかず、公共政策というものはこういうものだと、変に納得してしまいます。このように、官僚制度は事業規模の拡大という目標を達成するために、国民の総純便益の最大化を犠牲にする面があるのです。

11.6 議会制度の限界

　議会では、日程や質問時間、議会手続きなど、多くの意見を聴取し、意見交換するために必要な手続きが詳細に定められています。本来は国民の意見集約や政策の修正を効率的に行うために考案された手続きです。しかしながら、この手続きもメカニズム（仕組み）であることから、メカニズムの限界を逆手に取って、意見聴取の効果を無力化したり、本来承認されない法案を優先的に成立させることが可能です。

　たとえば、議会でよく指摘されることとして、与党の的を得ない答弁があります。何を答えているかわからない禅問答といわれることもありますが、これにも意味があります。議会は会期が決まっているので、審議するための時間も決まっています。与党の政策の問題を追求する野党の側は、限られた時間のなかでさまざまな質問を行わなければなりませんが、与党が不都合な問題だと思った場合には的を得ない答弁によって時間稼ぎをすることが可能です。的を得ない答弁に再質問するにはさらに時間が必要で、これ以上追求しても、同じ展開を繰り返すだけと考えて、結果的に質問をあきらめさせることが可能です。

　また、与党は**議事設定**（アジェンダ・セッティング）の権力をもっているとされます。議事設定とは議会で議論する議題や日程にあたります。与党は議会で審議する内容や順序、日程を自分たちで決めることが可能です。たとえば、野党にとって審議したい議題を与党が審議したい議題の後に審議することを考えてみましょう。議会の会期が決まっている場合、野党がどうしても審議したい議題がある場合には、与党が提案してきた議題をなるべく早く通過させて、次

の審議に移りたいと考えることになるでしょう。

このように、与党は議会運営を有利に進めることが可能です。こうなると、議会で多様な意見を集約するというよりも、民主主義の手続きを成立させる形式的な承認機関となって、民主主義の形骸化を促すことになります。

11.7　公共選択論による社会への示唆

公共選択論は、政府の失敗の指摘を発端としていることからわかるように、政府機能の不全について数多くの指摘をしてきました。政府機能は不全になりやすいという「残念な事実」は、公共財でも触れた制度（メカニズム）に起因する欠陥部分です。すなわち、完全なメカニズムが構築できない以上、民主主義における国民の絶え間ない監視が必要であることを意味しています。言い換えれば、政治における制度（メカニズム）に依存すると、投票、組織、議会というどの側面でも、その機能不全によって、社会的に望ましい結果を導くことができません。しかし、国民が監視というコストを払えば、是正可能です。

たとえば、議会制度の限界で触れた与党にアジェンダ・セッティングの権力がある場合、それを振り回して超然的な姿勢で議会運営する場合に、有権者が議会の議論に強い関心をもっていれば、その態度を問題視して、次の選挙で与党の座を追い払う世論を形成できます。次の選挙で与党の座を失う可能性があると、与党は超然的なアジェンダを設定せずに、野党と意見をすり合わせられる柔軟なアジェンダを設定したほうがよいと判断するでしょう。一方で、国民が議会の状況に関心をもっていなければ、与党が超然的な姿勢をとることを暗黙に容認しているのと同じことになります。

このように、民主主義における国民の監視は、制度がもつ欠点を補正する重要な役割をもっています。有権者の意志を表す1票はとても小さなもので、無力感を感じることも多いでしょう。しかし、小さな1票だからこそ、自分の利益に誘導するのではなく、現状の民主主義政治の欠陥を修正する重要な手段として、現実や理論上の制約のなかで、無力にも見える選挙で意見表明していくほかないのが現状です。その意味で、国民にとって、政府の運営で便益を得るには、租税以外にも、監視という費用がともなうことがわかります。

第11章　公共選択論　**183**

第二次世界大戦中、そして戦後に、イギリスの首相として活躍したウィンストン・チャーチル（首相在任期間1940-45、51-55年）は、1947年の演説で「民主主義は完璧でもなければ、万能でもない。他に試みられたあらゆる形態を除けば、最悪の政治形態といわれてきた」という皮肉な言葉を残しています。もちろん、名君とよばれる専政政治家が国民の高い支持を受けながら、善政を敷いた事例はあります。一方で、名君の善政を打ち消すほどの暴君が生まれることで、同じ王朝が崩壊してきたことも事実です。その試行錯誤のなかで育まれた民主主義は投票から始まり、組織、議会運営にいたるまで欠陥が多い制度です。しかしチャーチルが述べたように、その他の政治形態が最終的に、民主主義を下回る結果しかもたらさなかった以上、その欠陥すらも愛着のある道具だと考えて、手入れしながら上手に使っていくほかないともいえます。ちなみに、チャーチルはこの言葉の直後に、「国民には自身で国家を継続的に統治するのが望ましく、あらゆる憲法上の手続きのうえで表明された世論を通じて、国民の主人としてではなく、国民の公僕として閣僚の行動を導き、統制するのが望ましいという、広範な思いがある」と続けています。裏返せば、国民が継続的に国家を統治する意思を失って、（首相を含む）閣僚を主人として仰ぐような専制政治に戻すのも国民の意志しだいだと暗に示唆しているのです[3]。民主主義は不断の手間をかけ、その命脈を維持しなければなりません。

3）英語の大臣を表す "minister" と漢字の大臣の「臣」はともに「召使い」を語源とする言葉で、首相などの「相」という漢字は「君主を脇からたすける」の意味をもっています（『漢字源』改定第5版）。現代の大臣が、専制化した「君主」と民主化した「国民」のいずれを「主人」とするかは、国民の意志しだいだとチャーチルは示唆しています。

第12章

地方財政
――分権化と相互牽制

　政府のなかには複数の組織があり、非協力になりがちな組織間の相互関係は重要な公共経済学のテーマとなります。とくに、地方財政はわが国では地方自治の本旨にもとづいて、住民自治を進めることが求められ、中央政府はその調整や支援を行うことが求められています。そうなると、地方政府と中央政府、地方政府どうしといった組織間の関係を考える必要が出てきます。財政学では複数の政府組織の間での影響関係のことを**政府間財政**といいますが、本章では地方財政を使って政府間財政を解説します。

12.1　行政組織と所掌事務

　政府には国全体を統治する中央政府と、地域を統治する地方政府で構築されるのが一般的です。わが国の場合、地方政府は都道府県の下に市区町村とよばれる行政単位があり、それぞれの組織において、担当する所掌事務（専門で担当する業務）があります。行政組織間で所掌事務を重複して行うことはなく、それぞれが法律で分けられた事務を行うことになっています。このように考えると、別々の活動をしているとはいえ、法的に連続して繋がっているので、問題ないようにも思えます。ただ、組織が分かれるということは、公共選択論で述べたように、それぞれの組織の論理にしたがって、目標とする方向性が異なります。その結果、一方の行政行為がもう一方に影響を与えることになります。そのため、それぞれの組織の論理とその影響関係をあきらかにしながら、望ましい組織関係を構築する必要があります。

第12章　地方財政 **185**

12.2 地方分権の意義

第二次大戦後の日本国憲法では地方自治の本旨にもとづく、住民自治を推進することになりました。戦前のような国家の目標を中央集権的に実現するための地方統治ではなく、地方政府は住民の幸福を増進するために主体的に自治することが使命となりました。その結果、全体主義的な国家運営ではなく、民主主義的に運営することを目指すことが可能になります。このような住民自治が、中央集権的な行政よりも、経済的にもよりよい社会が構築できることが、**オーツの分権化定理**として知られています。

オーツの分権化定理は、地域間の平等を目標とする中央による画一的な統治が非効率を生む一方で、住民の幸福増進を優先する地方分権のほうが効率的な結果が得られることを示しています。**図12.1**には公共財 G の価格 P が p^* で与えられている状況で、それぞれの地域 A、B が異なる需要関数をもつ公共財について、中央政府あるいは地方政府によって供給される状況を表しています。需要関数の位置が違うのは、たとえば、小中学校に設置するエアコンの需要について、夏に猛暑ということはあまりないため、エアコンがあまり必要性ない北海道、夏にはとくに冷房が必須な沖縄のような場合を考えるとよいでしょう。このとき、中央政府と地方政府で公共財の供給水準はどうちがうのでしょうか。

住民でもある国民が地方政府のすべての運営費も含めて税金として、中央政府に納め、中央政府が公共財を供給すると考えてみましょう。そのとき、中央政府が住民の要望を聞くのは大変なので、地域間の平等を優先して公共財を準備する場合を考えます。もちろん、地元に政府担当者がいた場合でも、中央政府の判断に従う職員は中央政府の組織の論理、すなわち地域間の平等という行動様式にしたがうことになります。中央政府からすれば、地域が多様すぎてその特性を把握しきれず、地元の担当者も住民の要請よりも、地域間に平等に公共財を供給する中央政府の方針に従おうとするため、地域間の平等を実現する行動様式が優先されます。その結果、地域を問わずに①のような点 g_C の水準で供給してしまいます。すると、A 地域にとっては②のように不足、B 地域にとっては③のように過剰という問題が生じてしまいます。すると、中央集権的

図12.1 オーツの分権化定理

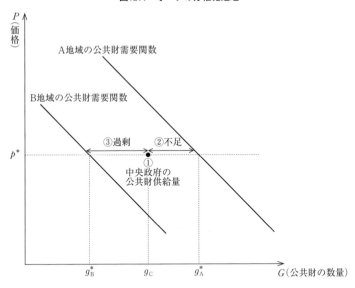

な地方自治体運営には無駄がともなうことがわかります。

つぎに、中央政府が全国共通に等しく提供しなければならない部分に限って地域政策を担当して、地域の個別事情が生じる部分については、公共財の供給水準や税収を地方政府が決められると考えてみましょう。図12.1は地域事情によって需要関数が異なるので、地方政府はそれぞれの需要関数と公共財の市場価格 p^* の交点である g_A^* と g_B^* をそれぞれ選ぶことになるでしょう。もちろん、その費用は地域住民に課税して調達することになりますが、中央政府は地方の個別事情にあたる費用は課税しないので、それぞれの地域が必要としているサービスを地元の租税によって適正な水準で購入することができます。したがって、地元に必要な公共サービスは地元の費用負担で自主的に判断することで、社会的にも望ましい水準の供給ができることになります。このように、オーツの分権化定理は、中央政府が地域に一律の行政サービスを強制するより、地域に自由な予算権限を与えて地域の判断で政策を行うことが望ましいことを示しています。

12.3 地域間の相互影響

　地方政府には効率的な支出も促進できる一方で、地域間競争という側面もあります。現代の国民は、昔の農奴制のように居所を政府に決められることなく、住居の自由が認められ、満足のいく土地での生活が可能です。一方で、地方政府は引っ越しをすることができません。そのため、地方政府にとって見れば、多くの住民を抱えることで財政基盤を強化し、住民サービスを強化したいと考えるでしょう。住居による地方政府の選択を、ティブー（Charles Tiebout）は「足による投票」とよびました。足による投票にもとづけば、他の地域の住民が住居を決める判断について、便益と費用の2つの要因に分けて考えることができます。

　住民はその地域に住むことによって、交通の便など便益を受けることが考えられます。一方で、地方政府は住民税による税収を得られます。地方政府は地方税収をもとに市民サービスを行うことが可能です。市民サービスは、非競合性と非排除性をもつという公共財の特徴から、住民が追加しても便益が減らないと考えることができるでしょう。ただし、住民はその地域に住むことで生じる費用も存在します。まずは住民税が考えられるでしょう。さらに住民が集まることでさまざまな費用が生じます、住民が集中することで窮屈さが生じます。それだけではなく、住居費や物価の上昇などもあり、住民が増えることは居住する混雑費用の増加を意味します。

　図12.2はこの関係を示しており、横軸に住民の数 N、縦軸にその地域の住民の存在にともなう1人あたり便益や費用をとった便益曲線（①と❶）と費用曲線（②と❷）が示されています。地方、都市の相違による影響を見るために、都市の便益曲線を❶のように地方よりも大きいと考えます。都市は地方に比べて交通網の充実や仕事や学校、商業地へのアクセスもよいため、地方よりも便益が高いと考えられるからです。一方で、都市は地方に比べて1人あたりの土地面積などが少ないので、地価の上昇、物価の上昇をはじめとした混雑の費用が急増すると考えられるため、都市は地方よりも❷のように急勾配をもつ費用曲線が描けると考えます。そのうえで、住民の居所選択は住民の経済的便益から経済的費用を引いた純便益で決まると考えることができます。すると、

図12.2　地域居住の費用と便益

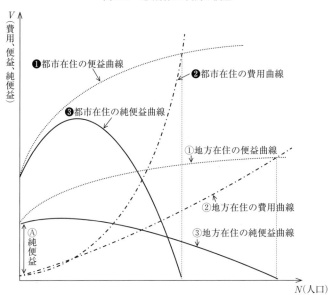

Ⓐのような便益曲線と費用曲線の差となる純便益曲線を③や❸のように描くことができます。都市も地方も、純便益曲線の形状は山型になりますが、❸の都市のほうが高くなり、急減する性質をもつことがわかります。

　最初に、地方のみに絞って、純便益曲線を使って、A地域とB地域の2つの地域を考えて、一方の地方政府の政策が与える影響を考えてみましょう。**図12.3**にはA地域とB地域の純便益曲線をv_Aとv_Bで描いています。まず、両地域のn^*で両地域の住民が均衡していることがわかります。これは両地域の純便益が一致するからで、住民を点n^*で分け合っていると考えることができます。このとき、①のようにB地域が政策を改善して、B地域に居住する際の純便益を上昇させた場合を考えてみましょう。B地域に在住していた人の純便益は住民の水準に関係なく、全体的に一定額増加しますが、とくにn^*のあたりに位置するB地域の住民にとっては純便益がA地域の住民よりも上昇してしまいます。その結果、n^*のあたりのA地域の住民は②のように経済的便益の高いB地域に転居するほうが便益が高くなります。それが繰り返される

第12章　地方財政　|　189

図12.3 B地域の政策改善による居所への効果

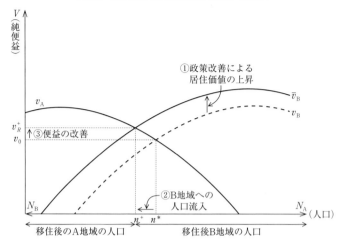

と、n^+ までA地域からB地域に住民が移動してしまいます。その結果、A地域もB地域も、③のように1人あたりの純便益が v_0 から v_R^+ へと上がることがわかります。B地域からすれば、A地域から住民が移住してきて税収が増えるのですが、混雑費用も生じるので純便益の上昇幅が抑えられ、点 n^+ で移住が止まります。一方、A地域にとっては住民が減ることで税収が減ってしまうのですが、混雑も同時に減るので、純便益が増えています。全体で見ると、社会の純便益も上がることを意味しています[1]。この結果から、一方の地域の厚生増進的な政策効果が自地域の人口増加を促し、別の地域の住民にも厚生増進的な変化を与えることがわかります。

同じ政策改善について、都市部（urban area）と地方部（rural area）の影響の程度の違いを示したのが**図12.4**です。先程と同じく、①のようにB地域に居住する際の経済的便益を上昇させた場合を考えます。なお、A地域が都市

---

[1] 住民の減少によって、税収が減りすぎる効果が出て純便益が急減するような場合は、図12.3における純便益曲線の上下を反転させた形状になります。ただ、このような形状の場合には便益が上昇した地域に全員が居住することが望ましくなってしまうので、ここでの分析の意味をなさなくなります。

図12.4 B地域の政策改善の都市部への効果

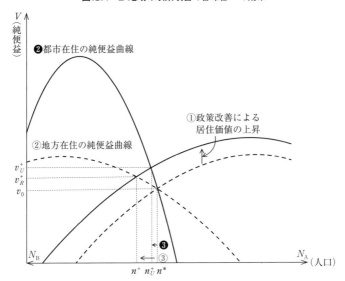

で、B地域は地方としたとき、少子高齢化のなかで、地方政府が地域住民の満足度を上げようと、政策に工夫をした場合と考えればよいでしょう。図12.4からはB地域の政策改善効果が、A地域が地方の②の純便益曲線のときの住民移動量❸（点n^+）よりも都市の❷の住民移動量❸（点n_U^+）のほうが、元の均衡である点n^*より住民移動が少なくなっていることがわかります。都市であるA地域のほうが混雑効果が高いのですが、住民減少によって生じる混雑効果の減少も大きくなります。一方、政策改善したB地域への移住の純便益が都市のA地域の混雑効果の急減に追いつかないため、住民移動が限られてしまいます。住民移動は少なくなってしまいますが、A地域が都市のときの純便益v_U^+は地方のときの純便益v_R^+よりも上昇しています。これは地方のB地域の政策改善が地方への移住を誘発することで、都市の混雑を大きく緩和する効果をもたらすからです。その結果、B地域の政策改善はA地域が都市だった場合にはA地域の過密を解消し、A地域が都市でなかった場合よりも、両地域の便益（すなわち居住する厚生）を高くできます。

最後に、国全体の人口減少（depopulation）で都市部と地方部の両方の人口

図12.5 人口減少による都市と地方の人口割合への影響

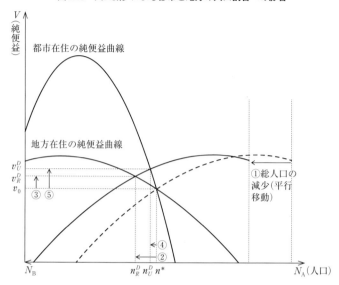

が減少した場合を考えてみましょう。図 12.5 には人口減少による効果を示しています。まず、人口減少は①のように B 地域の純便益曲線の左への移動として描くことができます。なぜなら、純便益曲線は住民数で変化するので、両者の和で示される総人口を B 地域の始点部分を左に動かすことで総人口の減少として表現できるからです。その結果、地方部どうしの均衡が②のように n^* から n_R^D へと移動していることがわかります。そして、③のように純便益水準が v_0 から v_R^D へと上昇していることもわかります。次に、A 地域が都市部と B 地域が地方部であった場合と比較をしてみましょう。A 地域が都市だった場合の住民人口は④のように n_R^D よりも大きい n_U^D になっていること、純便益水準も⑤のように v_R^D よりも大きい v_U^D になっていることがわかります。A 地域と B 地域の両方が地方である場合、人口減少で両地域の住民が等しく減少したと考えれば、A 地域が都市だった場合との比較の基準として考えることができます。すなわち、住民人口 n_U^D が n_R^D よりも大きいということは、地方どうしだった場合よりも都市と地方だったほうが B 地域との人口の比率で見て、相対的に都市の人口割合が大きくなっていることを意味するのです。つまり、

人口減少によって両地域の住民が減った場合、地方の人口減少よりも都市の人口減少のほうが比率で見て小さくなる、そのため都市の過密は少子化のなかでも大きく改善することがむずかしいことがわかります。人口減少のもとでは相対的な都市居住への促進効果が生じるので、地方の住民を増やす取り組みがその努力にもかかわらず、地方人口の増加に大きな成果を得にくいことを示しています。

以上のように、複数の地域で住民が自由に居所を決められる場合には他の地域の政策が自地域の住民の満足度に影響を与えることがわかります。一方で、わが国は少子高齢化のなかで、地方の住民が都市に流入するという課題が続いています。本章で示した結果からも、人口減少は両地域の純便益を改善するものの、地方の人口減少を食い止めることがむずかしいことがわかります。このように考えると、地方の経済便益の増大を中心とした地域活性化の取り組みによって、都市の混雑効果を緩和しながら、国民全体の厚生を増進する方策を考える必要もあるといえるでしょう。

12.4 地方財政と将来像

政府間財政は中央政府と地方政府、地方政府どうしという政府組織の相互作用の影響をふまえて、望ましい関係を構築しようとする分野です。地域がそれぞれの地域事情に合わせた政策を実行することが、経済的に効率的な結果を得られます。12.3節の効果を逆にするとわかることですが、非効率な政策を行えば、不満をもつ住民が逃げ、逃げ先の地域の人々の生活水準も悪化させてしまいます。また、少子高齢化と過疎化の進行は、都市部と地方部の関係において、地方政府自身の努力だけで解決するのにも構造上の限界があります。そのため、相互的に影響関係がある地方政府どうしに問題解決を任せるだけでなく、中央政府による地方政府への関与のあり方についても、検討が必要なことを意味します。このように、中央政府と地方政府の関係性について、さまざまな検討が必要であることがわかるでしょう。

本書では取り扱いませんでしたが、政府間財政は国際的な分野でも検討されます。国境をまたいだ頭脳流出や国際企業の本社機能の国家間移動など、地方

第12章 地方財政 **193**

財政とはそのスピードが違いますが、国境間の人々の移動が国家間の関係にも影響を与えることになります。このように、財政運営に失敗した地域がきびしい状況に陥るという競争性が国家間の財政にもあることを理解しなければならないでしょう。このように、政府間財政は国内問題だけでなく、国際問題でも、相互の経済厚生の増進のために重要な分野だといえます。

第13章

社会保障
——非対称情報と現実的折衷

　各国の国民が福祉国家を強く志向するなかで、社会保障は重要度の高い分野です。わが国でも、性質別歳出のなかで、社会保障関係費が最も大きくなっており、今後も増加していくことは変わりません。そのため、社会保障分野のあり方はどの国においても、財政状況を左右する大きな要素であり、とくに高齢化が進む先進国においては、負担と便益の点で重要な分野だといえます。

　社会保障という考え方は1929年に起きた世界恐慌の後のアメリカに生まれ、世界各国に伝播し、福祉国家への要請として第二次世界大戦後に充実していきました。わが国では、第二次世界大戦後から生活保護を含めた社会福祉が充実しはじめました。その後、高度経済成長で国内経済に余力が出てくるにつれて、医療費を支援する健康分野、老後も所得を維持する年金、失業時の所得を支える失業保険が充実しました。一方で、慢性的な医療費の上昇への対策として、健康保険から分かれるかたちで、介護保険が導入されました。本章では健康保険と生活保護を例に、社会保障の経済的効果を解説します。

13.1　社会保障の役割

　社会保障という言葉はアメリカの「社会保障法」（1935年）に由来します。保障という言葉は、保ち障ぐ（ふせぐ）から安心を保ち不安を防ぐという意味で、英語では security として、「離れる」を意味する接頭語 se-と「不安」を意味する語幹 cure、すなわち日本語の「保障」の意味とほぼ同じ、「安心できるように不安から離す」、すなわち「安心確保」の意味となっています。社会

保障とは国民が生活上直面するリスクに対して社会全体で安心を保障する仕組みと言い換えることもできます。社会保障法ができた当時、世界恐慌によってアメリカ経済も荒廃し、とくに失業対策、年金、社会福祉といった問題への解決が求められました。年金については、それまで企業単位で行ってきた年金制度が大恐慌による企業倒産で破綻し、生活に支障をきたしました。そのため、自助を重視するアメリカにおいても、政府を通じたリスク解決への社会的支援が不可避となりました。

　現代の社会保障は、国際労働機関（ILO）が国際基準として、①高齢者、②家計支持者を失った遺族、③障害者、④労働災害の被害者、⑤保健医療支援、⑥育児などをする家族、⑦失業者、⑧住居支援、⑨生活保護などの9分野への給付に大別しています。基本的に、社会保障は政府が対価を必要としないかたちで、国民の生活を保護する支出項目です。しかし、経費がかさむものについては社会保険として国民相互でリスクを共有化する（「**リスクをプールする**」といいます）ことで、国民を保険に**強制加入**させたうえで、政府が保険者となって保険を運営する形態を取ります。社会保険にすると、政府からの資金補助が行われるものの、基本的には給付金の状況で保険料が柔軟に変動する仕組みになっているので、政府財政への過度な負担を避けることができます。本章では、社会保険となっている健康保険と生活保護について触れ、両者の経済効果と課題への対応策について解説します。

13.2　不確実性、情報の非対称と強制保険

　健康保険は国民が病気になったときに、低い医療費でサービスが受けられる**社会保険**です。民間でも医療保険という名前で医療費を補填したり、休業費用などを支給する保険が販売されています。民間の医療保険では、病気に対して一定額の保険給付金が支払われることが多く、政府の健康保険では医療費の一定割合を保険料が支払い、残りを加入者が支払うかたちになります。このとき、なぜ政府が健康保険を運営しなければならないのでしょうか。ここには病気になるリスクの問題、さらには加入者と保険者の情報の非対称性の問題があります。保険には保険料の支払がかかるので、あきらかに健康リスクがないと

図13.1 完全情報での民間保険

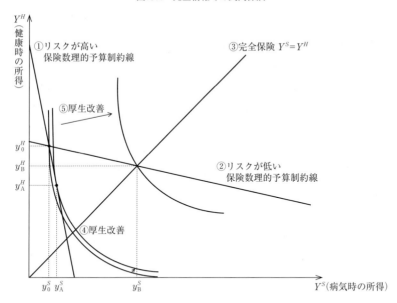

考える人は保険料を払うだけで、医療サービスをほとんど受けないため、保険料を無駄だと考えるでしょう。一方で、高齢者だったり、病弱な場合には、医療サービスを受ける機会が多いので、保険料を払って自分の負担を減らせると考えるでしょう。

病気になるリスクの情報が加入者だけでなく保険会社も知ることができる完全情報を前提にした保険契約を、**図13.1**に示しています。なお、本章のリスクに関する解説がむずかしい場合には、第2章の期待効用理論を振り返っておくことをすすめます。まず、健康な状態 H (health) と病気になった状態 S (sick) を考えて、病気になるリスクに直面していると考えます。このとき、健康な状態 H と病気になった状態 S の所得水準を y_0^H と y_0^S で示すことにします。そのうえで、病気になるオッズが高いタイプAの人（病気になりやすい人）と低いタイプBの人（病気になりにくい人）の2タイプの人を考えます。すると、双方のタイプの等期待値線を①と②で引くことができ、この等期待値線は医療保険の保険数理的予算制約線を意味します。すなわち、たくさんの同一タイプ

第13章　社会保障　197

の人を集めて保険を作ると、保険数理的予算制約線にあれば、保険会社が赤字になることはありません。すなわち、病気になりやすい人、病気になりにくい人、それぞれを集めた保険を作ることができるので、保険会社は病気になりやすさのタイプに合った保険を提供します。

病気になるリスクは違うものの、効用を表す両タイプの無差別曲線は同じだと考えます[1]。すると、両者のタイプとも保険に加入することで、効用を改善することができます。たとえば、病気になりやすいタイプ A の人が健康であれば所得水準 y_A^H、病気になったら所得水準 y_A^S になる保険契約を結ぶと、保険料は $y^H - y_A^H$ に病気時の保険金は $y_A^S - y_0^S$ で示すことができます。

一方、病気になりにくいタイプ B の人は③のように保険料 $y_0^H - y_B^H$ を支払って、健康であれば所得水準 y_B^H、病気になったら所得水準 y_B^S になる保険契約を結びます。このとき、病気になりにくいタイプ B の人は**完全保険**になっているといいます。完全保険とは病気になるかどうかにかかわらず、所得水準が $y_B^H = y_B^S$ となっていて、リスクが生じても生じなくとも同じ水準の経済状況が維持できることを意味します。④と⑤で示されるように、保険契約によって両者とも効用水準は上昇していますが、病気になりにくいタイプ B の人のほうが効用水準が大きく上昇します。これは病気になる人が少ないため、病気になっても手厚い保障が受けられ、病気になってもならなくても経済状況が変わらない完全保険が成立するからです。

病気になりやすいタイプ A の人が集まった保険は財政的にきびしいために保障は十分でなく、効用の改善も病気になりにくいタイプ B の人よりも小さくなっています。このように考えると、保険サービスはリスクのタイプ別にリスクをプールすることで、加入者の厚生改善をするサービスだといえます。ただし、病気になるリスクの情報が保険会社側にも知られてしまう場合には、病気になりやすい人が不利な保険にしか加入できません。

---

1) 期待効用関数にもとづく無差別曲線では、病気になる確率を経済主体が認知している場合、病気になりやすいタイプ A と病気になりにくいタイプ B で無差別曲線の形状が異なります。しかし、リスクタイプ別に整合的な無差別曲線を図示すると、図が煩雑になる一方で、解説自体は本章と同一の結論になることから、無差別曲線の形状はタイプにかかわらず同一だとして解説しています。

図13.2　情報の非対称での強制保険と厚生水準

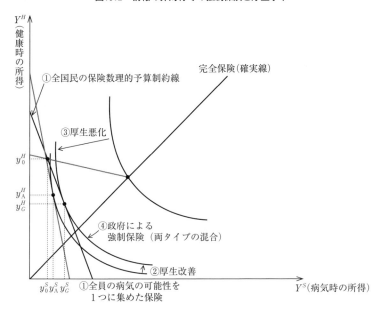

　次に、自分が病気になりやすい、なりにくいのいずれかのタイプを知っているものの、保険会社がその人の病気になるリスクのタイプがわからない場合を考えてみましょう。ただし、加入希望者は必要に応じて、自分のタイプを証明することができると考えます。すると、保険会社はまず、**図13.2**の①のような両者のタイプを混ぜた保険を準備します。このとき、全国民の保険数理的予算制約線（等期待値線）は点 (y_0^S, y_0^H) を軸として、2つのタイプの加入者比率に応じた両者の間の傾きになります。図13.1のときの両者のタイプ別の保険に加入したときの効用水準と比較して、両者を混合した保険は病気になりやすいタイプAの人にとって、病気にならなければ所得水準が y_A^H から y_C^H に減るものの、病気になったときの所得水準が y_A^S から y_C^S に増えることで、②のように効用の改善に繋がります。一方で、病気になりにくいタイプBの人には③のように効用が悪化してしまいます。そうなると、病気になりにくい加入者は自分のタイプを、私的情報として隠すよりも、家族の既往歴、健康診断やDNA検査などを活用して、対外的に証明しようとするでしょう。もし対外的に証明

第13章　社会保障　　199

できれば、病気になりにくいタイプＢの人専用の保険を作ることができるからです。一方で、病気になりやすいタイプＡの人は、対外的に病気になりにくいことを証明できないため、病気になりにくい人専用の保険に入ることはできません。その結果、保険会社は混合した保険を提供できなくなります。

　もし病気になるリスクを混合した医療保険を提供すると、病気になるリスク（オッズ）が低い加入者は加入に躊躇して別の保険に逃げてしまい、逆に病気になりやすい人々だけが保険加入してしまいます。そうなると、混合した医療保険は保険財政の維持のために保険料を大きく上げざるをえず、結局病気になりやすい人専用の医療保険になってしまいます。すなわち、さまざまなリスクをプールしようとすると、病気になりやすい人だけが保険に加入してしまい、保険財政を支えることが期待されるはずの病気になりにくい人が加入しないという困ったことが起こります。保険財政を維持するために、加入してほしい人々が加入せず、財政面の維持がむずかしくなる人々だけが加入してしまうということから、保険には「逆選択」が生じるといいます[2]。したがって、病気に関するリスクが保険会社にわかる場合で解説したように、通常の保険サービスはタイプ別にリスクをプールする特徴をもっていることがわかります。

　福祉国家において、低廉な医療サービスを受けたいとの国民の要望があります。しかし、市場取引では逆選択のためにタイプ別の医療保険は提供可能ですが、社会全体でリスクをプールする医療保険は提供できません。これは生まれながらにして病気になりやすいタイプでなかったとしても、大きな問題をもっています。たとえば、同じ人でも、若年者のうちは安い保険料で良質な医療保険に入ることができますが、高齢者になると高い保険料で質の低い医療保険にしか入れないことになります。また、一度でも大きな病気をしてしまうと、それ以降は質の低い医療保険にしか加入できなくなるでしょう。そこで、政府は、病気になりやすいリスクなどの私的情報で加入の有無を決めることがない、公的な健康保険を社会保険として運営することを考えます。その際には、

　2）リスクの高い人だけが保険に集まってしまう逆選択とは反対に、リスクの低い加入者だけを集めて、満足度の高いサービスと高い収益性を確保することをクリーム・スキミング（cream skimming）といいます。

図13.3 強制保険の所得への効果

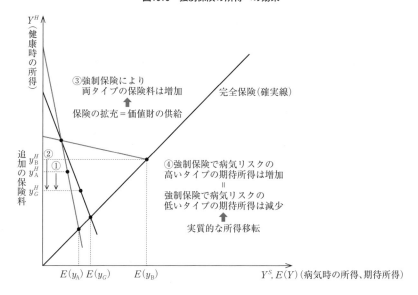

　すべての国民を強制加入させる**強制保険**という手段を取ることで、タイプ別の医療保険とは異なり、社会全体のさまざまなタイプのリスクをすべて1つにプールすることにします。すると、図13.2の④は、全国民に強制保険を適用した効果として見ることができます。政府は先程の民間の医療保険と同じように、病気になるリスクの低い人と高い人を混合した保険を準備します。ただし、民間の医療保険とは違って、健康保険は国民全員の強制加入となっています。このとき、政府は保険財政が維持されるように、加入者の無差別曲線をふまえた最適点 y_G^H と y_G^S の水準で保険サービスを提供すると考えます。

　強制保険であれば、すべての人々を同じ保険に加入させることができますが、これが実質的に何をもたらすのでしょうか。**図13.3**には強制加入の保険料と期待所得への効果を示しています。まず①と②を見ると、各タイプを分けた民間の医療保険料と比べて、両タイプの加入者の健康保険料はともに増えています。病気になりやすいタイプ A の人は①のように保険料が y_A^H から y_G^H へと増えますが、まず病気になったときの支援も横軸の点が右側に移動していることから手厚くなっていることがわかります。その結果、病気になりやすいタ

イプ A の人の効用を改善させていることは図13.2の②でも示しました。一方で、病気になりにくいタイプ B の加入者も保険料が図13.3の②のように保険料が y_B^H から y_G^H へと増えています。しかし、タイプ B の人はタイプ A の人とは逆に、病気になったときの所得水準が民間の医療保険での完全保険よりも悪化しています。これは強制保険が病気になりにくいタイプ B の人の所得を悪化させ、病気になりやすいタイプ A の人の所得を改善させていることを意味します。このように、社会的観点から国民に（強制的に）消費させるのが望ましい財を**価値財**といい、③のように強制保険は価値財といえます。

　その理由となる加入者のタイプ間の実質的な所得移転になっていることを確認するために横軸の期待値 $E(y_G)$ を見てみましょう。保険数理的予算制約線と確実線の交点はリスクにおける期待値になっていると第2章で述べました。政府による強制保険加入がない場合の各タイプの人の期待所得について、病気になりやすいタイプ A の期待所得は $E(y_A)$ になっていて、なりにくいタイプ B の期待所得は $E(y_B)$ になっています。すなわち、タイプ別の期待所得はなりにくい人よりも低いといえます。一方で、強制保険による期待所得は両タイプとも $E(y_G)$ となります。したがって、④のように保険の強制加入によって、両者とも期待所得は $E(y_G)$ になるので、病気になりやすい人は期待所得が増加し、なりにくい人は減っていることがわかります。このように、強制保険はリスクが生じる場合の期待所得で見た所得格差の是正を行っていることがわかります。健康保険に強制加入させて、医療サービスの提供をすることで、期待所得のレベルで所得再分配をする効果をもっているともいえます。

　また、本章では健康状況に関する個人情報を加入者本人は知っているという「情報の非対称性」を前提に解説しましたが、強制加入であれば、本人すらもリスク情報を知らない「無情報」であっても問題ありません。すなわち、生まれもっての病気になるリスクという国民自身が対処できない部分については、期待所得の所得格差の是正をする役割を、健康保険が担っていることがわかります。もちろん、病気になってしまった後でも経済状況が変わらない完全保険までは実現できませんので、強制保険でも国民のリスクを完全にカバーしていないことにも注意が必要です。

13.3　診療費と社会保険財政

　強制保険による健康保険は国民の医療面での期待所得の格差を是正する機能をもっていることがわかりました。わが国の場合、健康保険の一定割合が保険料で支払われ、残りが本人負担となっています。すなわち、廉価で医療を受けられる仕組みになっています。本来は13.2節のように徴収する保険料と支払う保険金が一致する保険財政中立的な保険契約が望ましいですが、社会保障を手厚くした他の国民の要望に応えて政府から健康保険に補助金を与えて、保険料の抑制と安価な診療費にするのが一般的です。このとき、健康保険が支払う診療費の割合をいっそう高めて、加入者である国民が支払う診療費を安くしたら、加入者はどう行動するでしょうか。

　政府補助の効果を理解するために、ある財・サービスの価格が低下した場合の経済効果について確認しておきましょう。2つの財・サービスにおいて一方の価格が低下した場合には、第3章で述べたような所得効果と代替効果が生じます。図13.4には、医療サービス M とその他の財・サービス X における M

図13.4　医療サービスの価格低下と経済効果

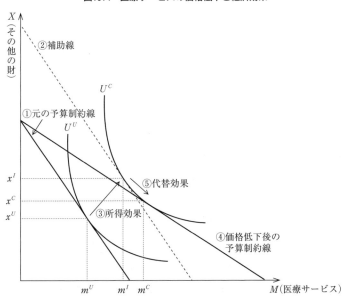

の価格低下で生じる経済効果を示しています。まず、価格が変化する前の均衡
点を m^U と x^U として、このときの効用水準が U^U とし、医療サービス M の
価格が低下したときの均衡点を点 (m^C, x^C) として、このときの効用水準を
U^C とします（U^U は保険のカバーない uncovered、U^C は保険のカバーがある co-
vered 状態です）。所得効果と代替効果をわかりやすく示すために、元の予算制
約線①の傾きと平行な補助線②を引いてみます。すると、価格低下の効果は予
算制約線①から補助線②への移動で示される③のような所得効果をもっていま
す。財・サービスの価格が低下すると、それ以前に比べて支出額が減り、他の
財・サービスを買う余地が生まれます。これを実質所得の増加といいます。実
質所得の増加は経済水準の上昇を意味するので、財・サービス点 (m^U, x^U) か
ら点 (m^I, x^I) へとバランスよく増やそうとします。これが③の右上への矢印
のような所得効果となります。

　一方、価格が変化すると、第 3 章でも述べた代替効果も生じます。代替効果
は補助線②と価格変化後の予算制約線④の間で生じる右下への矢印⑤で表すこ
とができます。代替効果は相対的に安いものを多く利用して、高くなったもの
の利用を減らす効果です。ここでの価格下落は、たとえ一方の価格が変わらな
くとも、相対価値の変化をもたらすので、相対的に安価になった方の利用を増
加させます。その結果、相対的に安くなった医療サービス M は m^I から m^C
へと利用量を増やし、価格は変わらなかったものの相対的に高くなってしまっ
たその他の財・サービス X は x^I から x^C へと利用量が減少します。

　その結果、医療サービスの価格が下がった場合には利用量を増やす方向で所
得効果と代替効果が一致しますが、価格が変わらなかったその他の財・サービ
スは実質所得の増加による所得効果が利用量を増やす効果、相対価格の上昇に
よる代替効果が利用量を減らす効果として現れるため、お互いに打ち消し合
い、どちらの効果が上回るかは両効果の強弱によって異なります。

　図 **13.5** には医療サービスとその他の財・サービスとの選択のなかで、診療
費の違いと医療サービスやその他の財・サービスの購入への影響について示し
ています。まず、強制保険である健康保険が導入されたうえで、政府が補助金
（subsidy）を使って、診療費を安くすると、医療サービスを①だけ増加させる
ことが可能です。一方、医療サービスではないその他の財・サービスの需要は

図13.5 公的支援による医療サービスの価格低下の効果

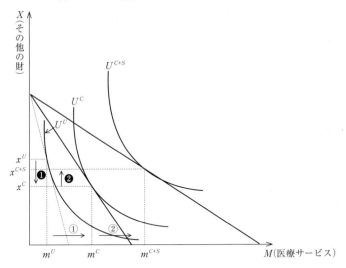

x^U から x^C へと❶の分だけ減ってしまいます。次に、政府がこの保険に追加の補助金を使って、健康保険がカバーする診療費の割合をさらに増やした場合を考えます。すると、補助金で医療費がさらに安価になった分、②だけ医療サービスを追加して利用できるようになります。一方、その他の財・サービスの需要は x^C から x^{C+S} へと❷の分だけ増加しています。このようになる理由は、所得効果と代替効果にあります。まず、診療費の低下による①と②は所得効果と代替効果が同じ方向を向くので、価格低下によって利用量が増加します。一方、医療サービスではない財・サービスの需要は、❶の段階では所得効果よりも代替効果が大きくなってしまうために利用量を減らしますが、❷まで診療費が下がってしまうと代替効果よりも所得効果が上回ってしまい、結果的に利用量を増やしてしまうのです。

健康保険に政府の補助金を加えて、利用者の診療費を安くすることで、効用が U^U から U^C へと改善し、さらに診療費を下げることでさらに U^{C+S} まで効用を改善できることがわかります。これは、あまりにも医療サービスを安価にしてしまうと、診療費を安くする効果を超えて、その他の財・サービスへの実質所得の支援をしたのと同じ効果を生じさせることを意味します。すなわち、

診療費をあまりにも安くしてしまうと、診療費の補助だけでなく、健康時の衣料や食品などの生活費の補助にもまわってしまうのです。本来、診療費の利用者負担は需要者に適正な水準の医療サービスの選択を促す重要なシグナルです。市場で運用される保険制度であれば、本章の等期待値線のような予算制約のなかで保険を設計しますが、社会的要請がある場合には政府による強制保険に資金補助をすることも必要です。ただ、社会的要請に応じた補助金であるため、市場原理で適正水準を決めたわけではない分、政府が保険財政や加入者間の所得移転の観点で適切な価格づけを考える必要があることがわかります。

13.4 生活保護と負の所得税

生活保護は生活に困窮した人が政府に申請することで、生活費の一部または全額を政府から支給してもらう制度です。生活困窮者に対して、最低限の生活水準を維持できるよう、政府は生活保護費を提供しています。図13.6には横軸に余暇、縦軸に所得を描くことで、この生活保護の効果を示しています。一

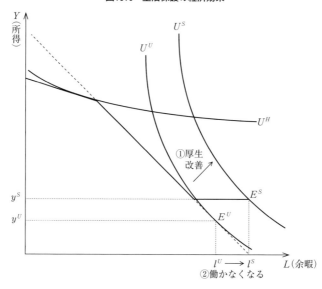

図13.6 生活保護の経済効果

般的な環境を考えるために、累進課税制度と生活保護制度がある予算制約線を考えてみましょう。図13.6の予算制約線には2回折れている箇所があります。右側で折れて、横軸と平行になっている部分が生活保護制度になります（なお、図13.6の y^s, l^s, U^s は生活保護を受けている状態（secured）を示します）。このとき、生活保護水準 y^s 以下の所得にならないようになっていることがわかります。左側で折れて、低い傾きになっているのが累進課税の部分になります。傾きが低くなる理由は税率が高いほど低くなるからです。

　現状の累進課税制度や生活保護制度を予算制約線で描いたうえで、家計の体調別の無差別曲線を考えます。無差別曲線は個人の選好だけでなく、環境でも変化します。たとえば、U^H は健康な状態で、労働を積極的に行っていた状況を表しています。その結果、累進課税にあたる予算制約線と接するかたちとなっています。体調を崩すなどした場合には、所得を通じて消費を謳歌するよりも、余暇時間を大事にしたいと考えることもあるでしょう。たとえば、U^H のような無差別曲線で就労していた人が、体調を崩して U^U のように選好が変わってしまうことを考えてみます。すると、就労するものの、所得水準は生活保護水準を下回る水準 y^U で予算制約線と接してしまいます。このとき生活保護制度があると、①のように U^s へと効用水準を上昇させられますが、就労時間が②の U^s ように減ってゼロになってしまいます。

　生活保護は生活困窮者の緊急避難的な役割をもっているので、無差別曲線の変化に表れる環境の改善に応じて、徐々に保護割合を削減することが望まれます。わが国でも、環境改善と受給者の就労を促すために、生活保護費の支給の期間中、政府から派遣されるケースワーカーが被保護者の支援の一環として就労を促しています。ただ、無差別曲線の形状ともいえる、被保護者がどの程度社会復帰できるかは、被保護者本人しかわからない、プライバシーの部分です。もちろん、一定の就労が可能だと思ったものの、実際は無理だったということがあり、どの程度の就労が可能かを判断できるのは、就労の費用と便益を知る本人だけです。本人の返答も、本当に就労が困難なのか、就労は可能だができないと嘘をついているだけなのかを知ることはできません。ここでも情報の非対称性の問題が存在しています。

　さらに、就労する気になったとしても、就労で得られた給与と同じだけ、生

第13章　社会保障　**207**

活保護の給付金額が減らされてしまうと、手に入る所得は変わらないのに、就労で余暇時間が減ってしまうために効用は低下、「働いたら負け」という状況になってしまいます。このように、たんに生活保護水準以下の人々に生活保護費を給付するだけでは就労を促すという観点で、第9章で説明したような誘因両立性をもたないことがわかります。このような状況のもとでは、本人が自ら自分の情報を示す便益を与えて、正直に行動することを促す必要があります。

　生活保護受給者の体調がよくなってきた場合、一定の就労に対して、一定割合の便益があるようなかたちで就労したくなるように促すべく、**負の所得税**（negative income tax）とよばれるメカニズムを利用するのが望ましいことが知られています[3]。**図 13.7**の①には実際のメカニズムが描かれています。負の所得税は就労すると、賃金の全額ではありませんが一定割合の所得が得られる性質をもっており、生活保護を受給しながら働くことで所得を増やすことが可能です。図13.7の無差別曲線 U^{S+} は図13.6の生活保護を当初受給したときの無差別曲線 U^S に比べて、受給者の環境の改善によって、消費への選好を高めた（U^{S+} の無差別曲線の形状が U^S よりも急に曲っている）状況を示しています。このとき、①のように負の所得税が導入されれば、環境改善後の無差別曲線は予算制約線と交わっているので、無差別曲線と予算制約線の接点は余暇水準で l^N となって、就労して所得 y^N を得るのが望ましくなります。負の所得税では生活保護費の一部が減額されるものの、結果的に所得が増えて生活費に使ってよいことになります。無差別曲線が図13.6の U^S のような形状になっている場合には、生活保護の受給当初から就労せずに受給するだけということが起こりますが、徐々に状況が改善した U^{S+} の場合には就労することで、U^N となって②のように効用を高めることが可能です。状況改善が進み、無差別曲線が消費へとさらに志向するようになれば、無差別曲線の形状が図13.6の U^H に近づくため、労働時間を増やして生活保護を受けなくてもすむようになります。

　負の所得税は政府にとっても大きな便益をもたらします。生活保護受給者は

　3）負の所得税は、政府が資金の給付と徴税を一体化することから、一定の所得水準を下回ると課税とは逆の給付が生じることから、マイナスの所得税という意味として負と名づけられています。

図13.7 負の所得税の効果

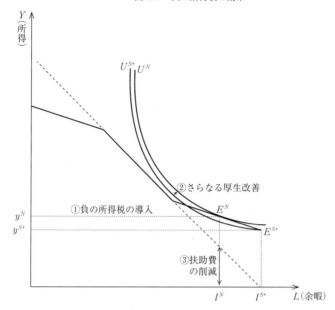

賃金の一部を所得とできると述べましたが、残りの部分は③のように生活保護費の減額になります。すなわち、生活保護受給者が働いてくれることで、生活保護費の節約に繋がります。その結果、生活保護受給者の厚生改善だけでなく、政府の経費節減にも繋がり、両者にとってパレート改善できることになります。このように、政府は制度の再設計により、被保護者の環境が改善するのに合わせた生活保護との誘因両立的な関係を構築できます。

13.5 情報の非対称性、リスクと政府介入

本章では国民が抱える疾病や困窮のリスクと情報の非対称性の問題を用いて、社会保障による対応方法について解説しました。リスクのプールは逆選択、プライバシーは情報の非対称性の問題を解決することで、国民の福祉を増進する余地があります。

福祉国家では、個人の努力ではどうにもならない疾病や困窮のリスクが社会

で解決されるべきテーマですが、市場活動では十分に問題解決機能がなく、さらに所得格差の源泉にもなることから、政府が中心となって強制力を活用することで、課題を一定程度解決できます。たとえば、強制保険によって社会全体でリスクをプールして、疾病リスクにともなう所得格差を是正できます。また、生活保護受給者の状況改善にしたがって、生活保護費と課税の枠組みを繋ぐことで、誘因両立性を確保したかたちで生活改善を促すことが可能です。したがって、政府は適切なメカニズムを利用することで、社会が求める望ましい結果を提供できます。

　しかし、これですべての問題が解決できるわけではありません。本書では解説しませんでしたが、健康保険が充実していることで、日々の健康管理がおろそかになって、生活習慣病が蔓延することが考えられます。さらに、現実的問題もあります。たとえば、健康保険では低所得のために保険料を支払えていないケースもあります。負の所得税であれば、一つの税制として全国民に適用してしまうと、低所得者が増えすぎてしまった際に給付する財源が足りなくなるといった問題があります。このように、よいメカニズムを考案しても、現実的な制約で機能しないこともあります。したがって、理論上の問題に加えて、財政学で議論されるような現実の制約、制度上の問題に注意をしながら、情報の非対称性についても、実行可能な制度設計について議論する必要があります。

第14章

公共経済学と厚生増進
——自由と強制の調和に取り組む

　本書を通じて、公共経済学がもつ強力な手段である強制力を使った現実的な
課題の解決について解説してきました。本来、経済学は社会活動の費用と便益
の理解を通じて、人々の幸福を増進することを目標としています。本書でも、
人々の幸福の代替表現である厚生という概念を用いて、費用と便益をあきらか
にしてきました。ただ、幸福と厚生は近い考え方ではありますが、同じもので
もありません。本書の締めくくりとして、厚生増進ができることと、その限界
について考えてみましょう。

14.1　本書で得られた教訓

　まず、本書のまとめとして、公共経済学から得られる教訓を振り返ってみま
しょう。経済学は規範的分析と実証的分析に分けることができますが、そのい
ずれであっても、ラーニング（教訓）とか、インプリケーション（含蓄、ある
いは含意）という表現で、分析を深めたことから得られる学び、あるいは教訓
を要約することが一般的です。そこで、本節もそれに倣って、本書を通じて得
られる教訓をまとめてみましょう。

14.1.1　市場は失敗し、政府も失敗する

　経済学においては、政府は市場の失敗を補正する機能をもつことから、その
存在が望ましいとされています。本書でも、政府という人為的に市場活動に介
入する手段を使って、完全競争市場が機能しない部分を補正する方法について

解説してきました。しかし、同時に政府自体が失敗することを、第7章から第11章にかけて解説してきました。とくに、公共選択論を解説した第11章では公益を機能とするはずの政府部門が、私益を優先した人々によって管理されると、本来の機能が歪められ、一部の人々の私益を実現する機関になってしまいます。政府はもともと、強制力をもつ制度や裁量によって、経済活動に介入することが可能です。このとき、政府は特定の人々を優遇するために、レントとよばれる超過利潤（利権、あるいは権益）を創出することができます。この超過利潤は付加価値の創造で生まれた便益ではなく、市場活動を行う人々から余剰を収奪しているにすぎず、そのレントを保護することで、中世の特権階級のようになりうることも解説しました。政府は万能でも、最善でもなく、市場の問題を解決する介入の手段にすぎないという理解が必要です。

14.1.2　市場介入には便益だけでなく費用もともなう

　市場介入は便益の打ち出の小槌ではなく、費用が生じます。第2章から第5章の課税では政府は課税によって所定の税額を得ることができますが、超過負担が生じることを解説しました。これは市場から政府への資源移転にとどまらず、見えない費用が生じていることを表しています。第6章の外部性ではピグー税が租税にともなう超過負担がないので望ましいともいえますが、政府が正しく外部効果を計測できなければ、非効率な状況を生じさせてしまいます。第7章の産業振興でも補助金の厚生損失について解説しました。これらが示すことは、政策介入には直接的に観測できる以外の費用が生じることにも注意深くなければならないということです。どのような薬にも主作用と副作用があるように、市場介入をする際も便益だけでなく、見えない費用についても意識するようにして、安易に政策介入を重ねないことが重要だといえます。

14.1.3　柔軟性の高い経済活動への政府介入には注意を要する

　政府による政策介入は経済活動をする家計や企業が利用する財・サービスに直接の影響を与えて、何らかの効果を得ようとします。その際、影響を受けた経済主体は行動を変化させますが、必要以上に行動を変化させてしまうことを示しました。その原因は代替効果であり、代替効果は経済主体が政策を実施す

る際に影響を受ける財・サービスによって大きく異なりました。代替効果とは経済主体が購入や販売において、代わりになる選択肢をもっている場合には大きくなり、少ない場合には小さくなる特徴があります。すなわち、直接影響を与えた財・サービスがその影響を受ける経済主体にとって、柔軟に対応できるものであるほど、政策の直接効果を他の財・サービスに振り替えることで、政策介入の効果が過剰や過少になってしまいます。すなわち、政策介入をする際には、対象となる財・サービスが家計や企業にとってどう位置づけられているか、すなわち経済主体における財・サービスの利用実態を十分理解する必要があるといえるでしょう。

14.1.4　情報の非対称とリスクは社会的費用を生じさせる

　情報の非対称の完全な解消は、社会規範（社会道徳）として、プライバシーの権利を認めず、政府が強制的に個人の情報を引き出す権利を与えれば可能です。また、リスクについても、社会規範として、リスク回避的であることは臆病さの表れであり、リスクに臆する態度は社会的に認めない、発覚すれば政府がきびしく罰するとすれば、罰するという恐怖にかられて、リスクを取ることも可能でしょう。しかし、プライバシーにしても、リスク態度にしても、多分に個人の個性ともいえるものであり、自由を尊ぶ社会では他者を傷つけるものでなければ、尊重されるべきというのが、人類の発展の歴史のなかで得られた教訓であり、公共経済学が前提として共有するジョン・ステュアート・ミルをはじめとした自由主義の価値観です。たとえ、プライバシーやリスクが社会的な費用であったとしても、尊重が望ましいのであれば、それらを損わずに生じる費用の軽減に務めることが経済学の使命ともいえるでしょう。

14.1.5　制度も裁量もバランスが重要である

　政府部門が手段として利用する、制度、裁量の双方に長所と短所があります。制度に傾斜しすぎれば、効率的に課題を解決できますが、問題解決が硬直的となり、制度の限界を見据えた悪用（クラッキング）すらも出てきます。一方で、裁量に傾斜しすぎると、個別に細やかな対応ができますが、作業量が膨大となって判断ミスが生じるだけでなく、判断をする末端の職員に大きな裁量

第14章　公共経済学と厚生増進　213

が生じてしまい、特定の人への不公平な優遇という問題も出てきます。すなわち、制度と裁量はどちらかに頼りすぎることのないベストバランスが必要で、それは社会や時代によってつねに調整が必要だといえるでしょう。さらに、それは制度で自動調節できない以上、アリストテレスがエートスと名づけた良識にもとづく裁量的な判断が必要です。ただ、この良識的判断（裁量）は常時判断の費用がかかるため、国民が主体的に行うのか、公共財の社会計画者として述べたようなエリート主義のもとで一定のエリート（国王や政治家、官僚）に任せるのか、国民自身が選択することも求められています。

14.1.6 強制力の利用は最小限が望ましい

　自発的な活動にもとづく市場活動において、強制力は交通整理の役割をもっており、一定の強制力の活用は自由を活性化するためにも必要であることを学びました。同時に強制力が強まるほど、超過負担や厚生損失が加速度的に増えることを学びました。また、強制力を多用すると、その負担が累増したり、複雑化しすぎてどのように生じるかがとらえられなくなるなどの問題も生じます。そのため、政府介入という強制力はできるだけ最小限かつシンプルに使うのが望ましいことになります。強制力は便益だけでなく、費用を十分に意識したかたちで、わかりやすく軽度に使うことが望ましいといえるでしょう。

　本書を通じて得られた教訓は、「政府は市場の失敗を一定程度補正できる。ただし、政府部門自体に限界や課題があるので、適正な使用と、費用と便益のバランスが重要である」とまとめることができます。ありきたりな教訓でもありますが、政府機構を制度として信頼しきるのではなく、その機能について、注意深く監視していくことが必要ともいえるでしょう。政府の政策を手放しに信頼したり、逆にそのすべてを反対するのではなく、それぞれの価値判断のもとで、バランスよく是非を判断するために、公共経済学はその材料を提供しているともいえるのです。

14.2　経済学としての公共経済学

　公共経済学はそれ自身で単独に成立する学問ではなく、基礎経済学が解明し

た現実の経済活動の自律性を尊重しながら、強制力によってどう補正するかを考える学問です。現代経済学では、市場は家計と企業という経済主体が自由に交換（取引）をすることで、他所からの継続的な力を頼りとせずに、自律的かつ自発的な厚生増進を実現できる点が強調されます。しかしながら、本書で見てきたとおり、自由な交換だけですべての課題が解決できるとするには、外部性のような問題が見過ごされたり、安全保障の観点からも農業のような衰退産業を放置できないという現実問題を解決できません。そのため、公共経済学が、自律性の限界を補うために、他律の望ましい使い方について探求します。他律を加えることで、市場経済の自律性に任せるだけよりも、望ましい政府の存在が社会の厚生増進をすることが期待されます。一方で、政府が行う政策にともなって不可避的な厚生損失が生じ、さらに公共選択論で学んだ為政者の私益に公器である政府が利用されることで、政府が社会の厚生減退の源泉（すなわち、政府の失敗）となることすらあります。

　厚生増進や厚生減退についても単純に考えることができません。厚生、すなわち幸福の増進を測る際に必要な幸福像は人それぞれです。他者のことは考えずに自分の幸福だけが幸福と考える人もいれば、他者との共存、さらには昨今の脱ヒューマニズムにあるような、機械、動物、植物、そして地球や宇宙などとの共存を幸福と考える人もいます。財政学は統治者の意を実現するための方法論を考察する学問と述べましたが、現在の財政にとっての主人である国民や市民の幸福の形自体を、財政学や公共経済学が規定することは、もちろんできません。このように、公共経済学を学ぶなかで、自由と強制、幸福と不幸といったテーマに、単純化困難な繊細な考察が必要だと気づくこともできるでしょう。公共経済学を通じて、自由の望ましい姿、自分と社会の幸福の姿について、あらためて見つめ直す機会にしてほしいと思います。

14.3　空気が読めない経済学と不都合な真実

　イギリスの歴史家トーマス・カーライル（Thomas Carlyle）は1849年に経済学を「陰鬱な科学」と評しました。この言葉には奴隷制度の存否が大きな影を落としています。イギリスの奴隷制度は、英国国教会をはじめとする人道主義

第14章　公共経済学と厚生増進　**215**

者や経済学者の支援によって、1833年の奴隷制度廃止法がすでに成立し、廃止されていました。ただ、アメリカの奴隷制度廃止が1863年だったことからわかるように、当時まだ、世界では奴隷制度が残っており、奴隷制度の回帰への主張（黒人問題に関する時節的談話）でカーライルが使ったのが、この言葉でした。カーライルは奴隷制度を社会的必然と考え、奴隷制度による社会秩序を支持していました。その背景には、世界を統治する神から与えられた身分（貴族から奴隷まで）を全うすることが、人類社会の幸せであるとの発想があったとされます。一方、経済学は人間の機能に目を向け、社会を統治するのは賃金をはじめとした経済合理性であり、経済合理性の前では人々は平等であるとし、社会的役割を固定する奴隷制度を支持する立場に与しませんでした。キリスト教プロテスタントによる信仰復興運動のなかで生じた道徳的価値観とは異なりますが、それらの主張に経済合理性という価値観からの支持を与えたともいえるでしょう。奴隷制度支持者にとって見れば、このような主張は耳の痛いものだったのではないでしょうか。

　経済学はその時代の社会に歓迎されにくい、時代に迎合しない「空気の読めない言説」をよくしてきました。奴隷制度の存続について、当時は「空気の読めない言説」であったとしても、その後の歴史の流れを見れば、奴隷制度を否定する世界的コンセンサスが確立され、カーライルの考え方のほうが逆に不適切とするのが妥当でしょう。その後の男女平等、多様性の容認へと拡大するなかでも、経済学は個人の役割を経済合理性のなかで評価することはありますが、人々を平等と考えて、社会変化のなかで自由にその移動を認める立場を変えていません。もちろん生産性で人々を順序づける部分など、経済合理性という価値判断について評価が分かれる部分がありますが、伝統的身分からの決別や、自由と平等を重んじる価値観にもとづく「空気の読めない言説」は一聴に値するといえるのではないでしょうか。

　ひるがえって、わが国の財政状況についても、国と地方を合わせた公債残高がGDPの2倍を超えて増加し続けている状況があります。財政学者は問題視していますが、政治的には歓迎されず、一部の経済学者も含め、江戸時代や明治時代などの政治体制維持のための超然的で苛烈な緊縮財政や、為政者の豊かさを維持するために所得格差を配慮せずに国民を苦しめた「五公五民」政策を

引き合いにして、現代の財政規律を批判する向きもあります。昔の高い公的負担の原因が主に為政者の浪費や西南戦争などの体制移行期の内戦による負担増加である一方で、現代は最終的に国民に還元される社会保障費の増大や、国民が監視を怠ったことで、特定の利益団体にレント（超過利潤）が生じた無駄な公共事業を放置したことが負担増加の原因です。そのように、累増してしまった政府債務が、人口減少のなかで維持可能なのかという指摘は、わが国における「空気の読めない言説」として無視すべきでしょうか。政府債務の望ましい規模について、公共経済学が明確な答えを出せないのは心苦しいですが、政府債務の累増には一定のリスクがあり、リスク費用となって経済全体に降りかかるという公共経済学による指摘を、時代に迎合しない「空気の読めない言説」として国民は耳を傾けておくべきだと思います。

14.4 「強制力」を学び、「自由」に立ち返る

「強制」は本書で繰り返しも学びましたので、あえて自由とは何か、立ち返ってみましょう。自由は、自然という限られた資源や環境のなかで、人々の欲望をその人の優先順位に合わせて満たしてゆく際に、認められなければいけない権利だといえます。自由があることで、優先順位が低かったり、好まないことを他者に強制的に強いられず、自分自身の試行錯誤のなかで欲望を満たす取り組みを行うことができます。ジョン・ステュアート・ミルが自由の概念として、人々に迷惑をかけなければ、人の自由は尊重されるべきとしたのはこのような理由から生まれたものと考えることができます[1]。周囲に迷惑をかけないで、自分の欲望を追求することは、社会相互で尊重されるべきことであり、資本主義社会ではこの遵守を最も重視し、私たちも重視すべきことだといえるでしょう。ただ、「周囲に迷惑をかけない」というのは非常にむずかしいことで

1）ミルはたんなる満足の積み上げでなく、「満足した豚であるよりも、満足しない人間であるほうがましである。満足した愚か者であるよりも、満足しないソクラテスであるほうが好ましい」という、他者ではない各個人が納得のいく満足の質にも配慮した質的功利主義にもとづいた社会改良を主張します。

もあります。また、自由が非協力な利己主義に矮小化されてしまうと、協力（連帯）していれば得られた便益を失ってしまうことすらあります。

　公共経済学は自由と平等を尊ぶ市場活動のなかでの強制力を活用する学問であると述べました。そして、本書では市場の失敗をはじめとする市場における現実的課題に対して、強制力を用いることで得られる主作用となる便益と副作用として生じる費用について繰り返し解説しました。資本主義国家において、自由と平等は最も尊重されるべき理念であり、市民革命をはじめとする多くの犠牲のもとで獲得された国民の権利であり、教訓でもあります。しかしながら、自由と平等は完全無欠のメカニズムではなく、自由にも、平等にも、便益もあれば費用もあります。これも本書で繰り返し指摘したことですが、すべてが便益や費用だけということはなく、便益や費用の一方が相対的に大きいだけであることが一般的なのです。自由の対極に位置するのが強制ですが、強制は自由な社会における薬のような役割をもっています。「毒薬変じて薬となる」、「良薬口に苦し」という言葉がありますが、適切に強制を使えば、自由をよりよいものにする手段として有効に機能できますし、一方で毒として社会を大きく傷つけることもあります。「草かんむりに楽」に由来する薬の文字通り、自由の行き過ぎにともなう弊害を、強制によって楽にもできるのです。

　公共経済学は「毒にもなれば薬にもなる」強制力という手段がどのように毒になり、薬になるのかを学ぶよい機会です。政府をはじめ統治的立場に立つと、統治者が提唱する方策について、国民に批判させないように便益を強調し、あたかも費用はなきがごとく主張することがあります。しかし、費用を見過ごせば、その費用が顕在化して社会問題化した場合に、統治者の権威が大きく失墜して失脚するか、失脚を免れるために強い強制力を用いてうやむやにしようとするでしょう。統治者自身は社会からの批判を避けるために便益を強調しがちですが、費用もていねいに説明することが必要です。したがって、主権者であると同時に、統治される側の私たちも、自由を尊ぶ社会で強制力という手段が、（経済学では弾力性が高いと表現される）繊細な対象に使用される場合に、その主作用と副作用に注意深くなければならないのはあきらかでしょう。また、読者自身が、将来、会社や政府機関で統治的立場に立つ場合もあるでしょうし、家庭内で親として強制という手段に向き合うこともあるでしょう。そ

のときに、公共経済学が主題としている強制にまつわる費用と便益について思い返し、薬を劇薬として使わないのと同様に、強制力が暴力とならないようにつねに注意深く取り扱える人であってほしいと願います。

14.5　幸福増進と社会科学

　では、自由の行き過ぎはどう判定したらいいでしょうか？　これは公共経済学だけでは答えが出ない問いです。規律が行き渡る社会を好む人もいれば、かなり社会が乱れていても自由を優先すべきという人もいます。これは価値観の問題で、人によっても違いますし、資源制約をはじめ社会環境でも大きく変わりうるものです。新型コロナ感染症の感染拡大時には、世界的にもメディアで強制を多用する権威主義社会を再評価する論調が活発化し、自由主義社会の問題点が多数指摘されたことは歴史的にも記録しておくべきでしょう。自由は完全無欠でもなければ、ポストコロナでの自由への再々評価を見れば、その価値が脆いものでもありません。

　ところで、財政学は統治の学問であると述べました。財政学は法学部でも設置されますが、公共経済学が設置されることは稀です。法学は正義にもとづく規範を構築する営みであり、経済学は豊かさを実現するための規範を構築する営みだといえます。法律と統治というのは非常に馴染みやすく、財政学が正義にもとづく統治規範を経済統治という観点から研究すると考えれば自然です。また、法学も正義がもたらす秩序によって、人々の幸福増進を支援することを目標としているといえます。

　すなわち、法学は正義による秩序、経済学は費用と便益による厚生改善という、手段は違いますが、幸福の増進を目標としているといえます。また、法学は秩序という統制を志向し、経済学は選択の自由を志向します。財政学は統治、すなわち統制よる政治であり、望ましい規律を考え、公共経済学は自由を重んじる立場として、財政学が陥りがちな統制の行き過ぎによる、厚生悪化を財政学内部から批判する役割をもつともいえます。もちろん、自由が行き過ぎることについて、法学や財政学が公共経済学をはじめとした経済学を批判することもあります。第9章で述べたような全知全能の社会計画者は歴史的には今

第14章　公共経済学と厚生増進　**219**

のところ生まれてこなかったという事実を前に、それぞれの学問領域が各方面の知見を深めながら、お互いの長所と短所を指摘し合いながら、対話を通じたバランスのとれた判定をする必要があるといえるでしょう。

　財政学における系譜においても、イギリス流の財政学とドイツ流の財政学の概念について簡単に触れました。失敗する自由も含めて個人の自由を尊重するのか、自由は幸福の手段にすぎないのだから幸福を提供できれば自由は制限してもかまわないのか、いずれの立場を取るべきかは公共経済学では解決できない問題です。そして、この主題は、財政学のなかだけでなく、自由主義と権威主義、多様性と画一性、資本主義と社会主義といった、経済、社会体制のあり方にも繋がっています。幸福とは何か、幸福のなかで自由はどのような位置づけをもつのか、いずれか一方に先鋭化するのではなく、上手なバランスを探し求める必要もあるといえるでしょう。これが洋の東西を問わず重視されてきた中庸という考え方であり、先鋭化した先に真理はなく、よりよい組み合わせを探しつつ、変わりゆく社会のなかでさらに調整する姿勢が必要でしょう。

　いずれの学問領域においても、真理の探求という学問という性質上、何らかの価値観を振りかざして、その価値観にはめ込むような姿勢は、その学問自体の将来を閉ざすものであり、望ましいとはいえません。価値判断はその時代の人々の判断に預け、その実現のための手段を考察することが学問の役割であるともいえるでしょう。そして、多様な人々の間の価値観の統合には絶え間ない対話が必要であり、ときに対立し、寄り道をしたとしても、最終的には協力し合う過程を通じて、相互の理解を深め、社会全体で「つねに暫定的な結論」を出し続けることが必要です。その意味で、私たちは自由と強制の調和という課題に、これからも学問し続けなければならないといえるでしょう。そして、正義と悪、費用と便益も、それぞれの学問が幸福達成のために用いる手段と目標も、人々の間で、近いとはいえ同じではないという「不都合な事実」にも意識的であるべきでしょう。このように、それぞれの専門領域における真剣な取り組みの一方で、社会はそれぞれの学問の限界を見きわめて活用することも重要です。

14.6　公共経済学の限界と社会との関わり

　公共経済学は自由と平等を尊ぶ市場活動における強制力の役割を考察する学問であると述べました。裏返せば、それ以外の部分、人々の幸せのカタチや日々の思い、世界平和や地球環境のあり方などを規定するようなことはしません。公共経済学が属する財政学がそうであるように、そのカタチを決めるのはあくまでも現代の統治者である国民です。もし、財政学や公共経済学が人々の生活に指示命令をするようになったら、統治者を無視した越権行為であり、周囲がその暴走を止めなければなりません。また、財政学も公共経済学も、国民の意志が明確に示されれば、それがどのような価値判断であったとしても、その目標の実現に向けて、もてる能力をつくす学問でもあります。

　一方で、政府の経済的やりくりを考える財政顧問ともいえる財政学や公共経済学は、統治者の空想に付き合っていればよいと、仕事の手を抜いているわけでもありません。家産国家の時代と同様に、統治者の意を汲みながら、目的達成のために知恵を絞りつつも、論理的、あるいは現実的に実現が困難だったり、危険が生じたりする場合にはそれを空気の読めない言説と嫌われることを覚悟して進言することも、職業人としての責務です。この耳の痛い意見を聞き入れるのか、無視するのかは、統治者である国民自身の責任で決めなければなりません。また、財政事情に関心をもたずに、財政顧問などに問題を任せきりにして、遊興にふけったいにしえの君主たちが、後世の社会に暗い影を落とした歴史も忘れてはなりません。

　その意味で、財政顧問の営みを体験する公共経済学の学びが、エリート政治や哲人政治の偉大さを確認する機会ではなく、国民自身が社会のあり方を財政顧問に指示する立場であることを自覚する主権者教育の機会になってほしいと願っています。平等を重んじる民主主義社会では、家産国家のような主人と従者という構図は相容れないと思われるかもしれません。ただ、公共経済学をはじめとした財政学は、民主主義の中心ともいえる国民を主人に戴き、主人のよりよい幸福のために、封建時代の財政顧問や勘定奉行と同じく、今も変わらず、現実経済との辻褄を合わせながら財政をやりくりするお仕事をしていると理解してもらえれば、よいでしょう。

第14章　公共経済学と厚生増進　**221**

第1章の1.3節では経済学の英語 economics の由来を「社会に今ある資源を有効活用する手段を考える学問」と述べました。このテキストを通じて取り扱い、さらに最後は個人の判断に任せられるとしたのは、費用と便益のバランスでした。言い換えると、経済学は「社会の人々を幸福にするため、今ある資源をやりくりする学問」だといえます。もちろん、全員が喜ぶことになるパレート改善に向けた資源配分を追求すべきですが、そのような配分は多くの場合で市場メカニズムを通じて解決ずみです。公共経済学は租税と給付を通じた資源の移転政策をはじめ、利害対立が生じるような課題を取り扱うことが多く、便益の裏側ではかならず費用も生じることを前提に、より望ましい「やりくり」を考えなければなりません。そのときには、なるべく費用と便益を漏れなく把握ができていることが、政策を決断する人に求められる素養であり、経済学を学んだ人が提供できる能力であると考えます。そして、国民に主権者として、十分に費用と便益を把握したうえで、個人、そして個人の集まりである社会において、その国、その時期に適した判断を下せるようになってほしいと願っています。

あとがき

　教育と研究は、たとえば、前者は予防接種、後者は新薬開発のような実用的な意味合いをもっています。教育はこれまで得られた知見を題材に学修者の認知感覚を磨き、それまでもっていた世界観さえも変え、その教育を受ける前よりも広い視野で人生を歩む武器を提供します。後者はこれまでの人類が見落としていた知見を見出して、社会で生きる人々がさらに生きやすい社会を構築する技術を創造します。視野を広げる活動という意味ではどちらも同じです。公共経済学のみならず、大学教育として学問を学ぶことは、研究者になるわけでなければ、一般教養としての学びを深め、変化の早い社会を先読みして先回りする武器とすることも効能の一つです。さらに私自身は、一般教養の予防接種としての効能には、目の前の問題に無意識のうちに巻き込まれないように、意識的に一定の距離を取って多様な認知と判断ができるようになり、自らが生きる可能性を拓くこともあるのではないかと考えます。

　社会に出れば、目先の問題の解決に忙殺され、心配や不安に心を奪われてしまうでしょう。そんなとき、一定の教養教育を通じて磨かれた眼は、目の前の問題も、昔の誰かが経験してきたことに酷似してすぐには解決困難だったり、小手先の対応では想定できないほどの奇抜な発想が答えであったりと、その課題から距離を取り、少し高い位置から自分の状況を見つめ直す機会を通じて、自分の取り巻く状況を絶対視せず、相対化できます。本書で示したような、完全な解決策の不可能や発想の転換、目先だけではわからない負担などは、公共経済学とは関係のない社会生活であっても、誰しも何度か目撃してきたはずであり、人生上の課題に闇雲に当たるのをやめて、別の補助線を引けないかと考える契機にもなるはずです。

　相対性理論を構築したアインシュタインは「教育とは学校で学んだことをすべて忘れた後に残るものである」と述べていますが、まさに予防接種を受けた

後に、わずかでも免疫が体に残ることで、その病に罹患しても軽度ですむように、本書を学び、すべてを忘れたあとでも、人生で目先の課題に縛られずに、少し離れて補助線を試し続ける姿勢が読者に残っていれば、大学教育はその意義を果たしていえると考えます。

また、補助線の引き方は人生経験を通じて、習熟度を増していきます。大学生時代の公共経済学を入口に探究型学修を通じて、経済学の各分野、さらには中学、高校で学んだ歴史や哲学への繋がりを意識化できるようになると、生涯を通じた学びの便益を理解でき、以前とは異なる補助線が引けるようになった自分に成長を感じることもできると思います。探究型学修はその意味で、生涯学習を促す重要な機会として、読者の皆さんに一定の価値を提供できると思います。本書でも財政政策において出てきたケインズは代表的な著書『雇用・利子および貨幣の一般理論』において、「経済学者や政治哲学者の思想は、それが正しい場合にも間違っている場合にも、一般に考えられているよりもはるかに強力である」と述べていますが、読者のみなさんも、実生活のなかで本書で学んだような考え方をしていることに気づくことがあるはずです。経済学と政治哲学の接点でもある財政学のなかにある公共経済学を振り返りながら、豊かさと正しさ、その先にある幸福を増進するには、どのような補助線が望ましいかを考えてみてほしいと願っています。

最後に、「まえがき」でも述べましたが、本書は公共経済学の学びの原作（テキスト）に位置づけられます。テキストが小説と違う点をあげるとすれば、原作者が読者のもった原作のイメージを変えてしまうことが望ましくないのが小説である一方、原作者が読者の誤解や混乱を解きながらも、最終的な学科や教材への感想は読者の自由な判断に委ねるところがテキストだと思います。

今回、公共経済学のテキストを執筆するにあたって、ていねいに煮詰めて執筆しましたが、同時に、内容を煮詰めすぎたために理解しにくくなった点をかみ砕いて説明してほしいとか、日常と関連づけて理解を深めたいといった、さまざまな要望に応えるには、授業をはじめとしたその他のツールやメディアに頼らざるをえません。担当教員は授業において読者の様子を直接見ながら対話することができます。一方で、筆者は自身の教材ホームページや YouTube を用いて解説を行うことができます。本書の説明で非力だった点などがあれば、

その他のメディアで補足説明をしたいと思います。また、読者、担当教員いずれでも、さらなる関心や改善点についてご意見がありましたら、気軽に筆者へご意見を頂戴できましたら、ありがたく存じます。

*　　　　　　*

最後に、筆者が提供しているオンライン・サービスの情報を掲載します。無料で閲覧可能で自由にコメントができるようにしてありますので、下記のホームページやYouTubeチャンネルに直接ご質問や要望をいただけましたら、時間の許す範囲で返答したいと思います。オンラインによる著者との対話を通じて、相互理解を深める機会となればと願っています。

■ホームページ（教材サイト）
https://sites.google.com/view/kawadem-lec-slides/

■YouTube チャンネル（学修チャンネル）
https://www.youtube.com/@kawademclass

索　引

あ　行

IS 曲線……40
アジェンダ・セッティング……182
足による投票……188
アローの不可能性定理……174, 176

一括税……50
一括補助金……114

ヴィックリー＝クラーク＝グローブ・メカニズム（VCG メカニズム）……148
ウェーバー、マックス……3, 181

益金……74
x-非効率……172
LM 曲線……40

オイコノミア……4
応益説……48
応能説……48
オーツの分権化定理……186
オッズ……43

か　行

カーライル、トーマス……215
外部効果……95
外部費用……96
外部費用の内部化……96
価格弾力性……18, 88, 111
　　需要の――……33
　　供給の――……34
確実性等価……162
確実線……42, 162
課税物権……85
価値財……131, 202
完全競争市場……23, 37
完全保険……198

機会費用……72
企業統治（コーポレート・ガバナンス）……79
期待効用理論……20, 41, 197
ギバード＝サタースウェイトの定理……175
逆選択……200
キャッシュフロー課税……81
供給曲線……26
強制保険……201
強制力……7, 11
共有資源財（コモンプール財）……131

クラーク税……149
クラウディング・アウト効果……41
クラブ財……131

景気循環論……38
経世済民……4
ケインズ、ジョン・メイナード……155
ケインズ政策……155, 159
決定的参加者……149
限界革命……18
限界効用……23
限界効用逓減の法則……24
限界収入……29
限界収入曲線……121
限界消費性向……156
限界代替率……30
限界費用……25, 29
限界費用価格形成原理……122
限界費用曲線……121
限界費用逓増の法則……25
限界利潤……29
減価償却制度……80
現実的交換比率……30, 137

交換取引……15
公共財……131
厚生経済学の第一基本定理……38
厚生経済学の第二基本定理……38
厚生損失……109
合成の誤謬……39
コース定理……100
互恵……15
コモディティ商品……112

さ　行

サミュエルソン、ポール……3
サミュエルソン・ルール……137
参加制約……152

GDP ギャップ……157
市場の自律性……10
自然独占……120
執行ラグ……160
私的財……130
私的費用……96
資本コスト……76
　加重平均——……76
社会契約説……1
社会費用……96
社会費用曲線……97
社会保険……196
収穫逓減の法則……25
収穫逓増の法則……120
従価税……83
従量税……83
主観的交換比率……30, 137
需要曲線……24
準公共財……131
乗数効果……40, 158
消費者の限界余剰……27
消費者余剰……28, 88, 109
情報の非対称性……147, 209
所得効果……31, 50, 51, 54, 58, 203, 204
自律……22

スミス、アダム……2, 8
スルツキー分解……32

生活保護……206
生産者の限界余剰……28
生産者余剰……88, 109
税収中立……61
政府の失敗……159, 172, 173
潜在 GDP……156

総余剰……28
租税の帰着……86
租税の転嫁……86

損金……74

た　行

耐戦略性……151
代替効果……31, 54, 58, 203, 204, 212
代替の弾力性……112
タックス・シールド……77
タックス・ヘイブン（租税回避地）……79
他律……22
弾力性……17

チャーチル、ウィンストン……184
中位投票者定理……176
超過負担……49, 60, 69, 110, 212
　金銭基準の——……61
　厚生基準の——……61
超過利潤……116, 212

ティブー、チャールズ……188
転用……104

等期待値……44
等期待値線……44, 162, 199
投票のパラドクス……173, 174, 176
ドーマー条件……168
独占企業……124
取引費用……100

な　行

ナッシュ、ジョン……22

二重課税……73
ニスカネン・モデル……180
二部料金制……127
ニューディール……158

納税者……85

は　行

ハーヴェイ・ロードの前提……170
パレート改善……35
パレート最適……36

ハロッド、ロイ……170

ピーク・ロード料金……127
非競合性……131
ピグー税……98, 212
ヒトラー、アドルフ……175
非排除性……131
費用と便益……11, 18
比例税……52

ブキャナン、ジェームズ……159, 172
複数選挙のパラドクス……177, 178
負の所得税……208
プライステイカー……16

法人……67
法人擬制説……67
法人実効税率……74
法人実在説……67
法人税……66
法人税の負債バイアス……77
ポーク・バレル政治……152, 173
ボーン条件……169
保険数理的予算制約線……44, 199

ま　行

マネー・ロンダリング（資金洗浄）……80

ミル、ジョン・スチュアート……35, 213, 217

無差別曲線……29

メカニズム・デザイン……140

や　行

誘因（インセンティブ）……77
誘因両立性……148
有効需要の原理……155

余剰分析……28

ら　行

ラムゼイの逆弾力性命題……92

リスク・プレミアム……162
リスク回避的……45
リスク中立的……45
リスク費用……163, 166
リンダール・メカニズム……141

レント……116、212

浪費……11

●著者紹介

川出真清(かわで・ますみ)
日本大学経済学部教授。1998年、大阪大学経済学部卒業。2003年、東京大学大学院経済学研究科博士課程単位取得退学。財務省財務総合政策研究所研究官、新潟大学経済学部准教授、日本大学経済学部准教授などを経て、2015年より現職。専門は公共経済学、財政学、実証分析。著書・論文:『コンパクト統計学』(新世社、2011年)、「2010年代の日本における家計の所得変動と政府の所得調節」『経済分析』第205号、pp.92-113、2022年など。

日本評論社ベーシック・シリーズ＝NBS

公共経済学
(こうきょうけいざいがく)

2025年2月25日　第1版第1刷発行

著　者	川出真清
発行所	株式会社　日本評論社
	〒170-8421　東京都豊島区南大塚3-12-4
電　話	03-3987-8621(販売)、8595(編集)
印　刷	精文堂印刷株式会社
製　本	株式会社難波製本
装　幀	図工ファイブ

検印省略　©Masumi Kawade, 2025　ISBN 978-4-535-80606-1

[JCOPY]〈(社)出版者著作権管理機構　委託出版物〉本書の無断複写は著作権法上での例外を除き禁じられています。複写される場合は、そのつど事前に、(社)出版者著作権管理機構(電話 03-5244-5088、FAX 03-5244-5089、e-mail: info@jcopy.or.jp)の許諾を得てください。また、本書を代行業者等の第三者に依頼してスキャニング等の行為によりデジタル化することは、個人の家庭内の利用であっても、一切認められておりません。

経済学の学習に最適な充実のラインナップ

※表示価格は税込価格です。

入門経済学 [第4版]
伊藤元重／著　　　　　　　　(3色刷) 3300円

マクロ経済学 [第3版]
伊藤元重／著　　　　　　　　(3色刷) 3300円

ミクロ経済学 [第3版]
伊藤元重／著　　　　　　　　(3色刷) 3300円

ミクロ経済学パーフェクトガイド
伊藤元重・下井直毅／著　　　(2色刷) 2420円

ミクロ経済学の力
神取道宏／著　　　　　　　　(2色刷) 3520円

ミクロ経済学の技
神取道宏／著　　　　　　　　(2色刷) 1870円

入門マクロ経済学 [第6版]
中谷 巌・下井直毅・塚田裕昭／著 (4色刷) 3080円

マクロ経済学のナビゲーター [第4版]
脇田 成／著　　　　　　　　　　3300円

入門 公共経済学 [第2版]
土居丈朗／著　　　　　　　　　　3190円

入門 財政学 [第2版]
土居丈朗／著　　　　　　　　　　3080円

最新 日本経済入門 [第6版]
小峰隆夫・村田啓子／著　　　　　2750円

経済学を味わう 東大1、2年生に大人気の授業
市村英彦・岡崎哲二・佐藤泰裕・松井彰彦／編　1980円

[改訂版] 経済学で出る数学
尾山大輔・安田洋祐／編著　　　　2310円

計量経済学のための数学
田中久稔／著　　　　　　　　　　2860円

例題で学ぶ 初歩からの計量経済学 [第2版]
白砂堤津耶／著　　　　　　　　　3080円

例題で学ぶ 初歩からの統計学 [第2版]
白砂堤津耶／著　　　　　　　　　2750円

文系のための統計学入門 [第2版]
河口洋行／著　　　　　　　　　　3080円

大学生のための経済学の実証分析
千田亮吉・加藤久和・本田圭市郎・萩原里紗／著 2530円

実証分析入門
森田 果／著　　　　　　　　　　3300円

経済論文の書き方
経済セミナー編集部／編　　　　　2200円

日評ベーシック・シリーズ

経済学入門
奥野正寛／著　　　　　　　　　　2200円

ミクロ経済学
上田 薫／著　　　　　　　　　　2090円

計量経済学のための統計学
岩澤政宗／著　　　　　　　　　　2200円

計量経済学
岩澤政宗／著　　　　　　　　　　2200円

ゲーム理論
土橋俊寛／著　　　　　　　　　　2420円

財政学
小西砂千夫／著　　　　　　　　　2200円

マーケティング
西本章宏・勝又壮太郎／著　　　　2200円

国際経済学
鎌田伊佐生・中島厚志／著　　　　2200円

〒170-8474 東京都豊島区南大塚3-12-4　TEL：03-3987-8621　FAX：03-3987-8590　**日本評論社**
ご注文は日本評論社サービスセンターへ　TEL：049-274-1780　FAX：049-274-1788　https://www.nippyo.co.jp/